U0629652

Sociological Essences of China (III)
Collection of
Awarded Papers from
Lu Xueyi Sociology Foundation

群学荟萃III

（上卷）

陆学艺社会学发展基金会
“社会学优秀成果奖”
获奖论文集
（第5—6届）

中国社会科学院社会学研究所
北京市陆学艺社会学发展基金会
编

社会科学文献出版社
SOCIAL SCIENCES ACADEMIC PRESS (CHINA)

出版说明

为了贯彻落实习近平总书记在哲学社会科学工作座谈会上的重要讲话精神，坚持以新时代理论和实践问题为主攻方向，构建中国特色社会学话语体系，鼓励社会学领域产出优秀成果，由中国社会科学院社会学研究所、北京市陆学艺社会学发展基金会发起设立了“社会学优秀成果奖”。

自 2009 年启动以来至 2023 年已举办八届，入选优秀成果充分反映出中国社会学恢复重建以来取得的重要学术成就和进展，对推动中国社会学界营造良好的学术氛围、鼓励青年人才施展才华、提倡不同学术观点的学术争鸣等都起到了重要作用，已经获得中国社会学界的高度认同和重视。

为了更好地扩大优秀论文成果的影响力、传播力，每两届的优秀论文成果结集公开出版，已由社会科学文献出版社出版四届共两部成果，即《群学荟萃》Ⅰ和《群学荟萃》Ⅱ，现将第五届、第六届、第七届、第八届优秀论文成果结集公开出版。为保持原状，除了必要的文字编辑外，对所收录论文的内容未做较大改动。

序言

李培林

陆学艺社会学发展基金会按照既定规划，结集出版“社会学优秀成果奖”中的优秀论文，这是一件对我国社会学发展具有重要意义的大好事。我曾经担任基金会的第一任理事长，辞去理事长职务后又应基金会之请担任基金会学术委员会主任，对基金会的发展、基金会开展的各项活动，尤其是社会学优秀成果评奖活动，我一直努力参与。这不仅是为了表达对陆学艺先生的怀念，也是为了践行他的嘱托和推动社会学事业的发展。现在，基金会邀请我为文集作序，我欣然应允。

陆学艺社会学发展基金会是我国著名社会学家陆学艺先生生前发起创办的一家非公募基金会，资金来源于陆先生本人及其子女、弟子和学界朋友的捐赠。基金会的宗旨是通过奖励社会学优秀成果，推动我国社会学的建设与发展。陆学艺先生一生致力于“三农”、社会结构、社会流动和社会分层、社会建设等领域的学术与政策研究，对促进我国农村发展和社会现代化建设作出了重大贡献。陆学艺先生曾先后担任中国社会科学院农村发展研究所副所长，社会学研究所副所长、所长，中国社会学会会长、名誉会长，北京工业大学人文社会科学学院院长等职，长期为中国社会学界的团结和社会学学科的发展进步而殚精竭虑。陆学艺先生一生的学术成就和社会贡献，得到了学界和社会各界的广泛认可，也得到了党和国家的肯定，他先后担任第八、第九届全国人民代表大会代表，1986 年被评为国家有突出贡献的中青年专家，1995 年荣获全国先进工作者称号，2006 年任中国社会科学院荣誉学部委员。

成立一家基金会，推进中国社会学的学科发展与人才培养，促进国家社会建设，是陆学艺先生多年的愿望。基金会的创办几经周折，最终于

2008年11月23日得到北京市民政局批准，2009年4月10日在北京召开成立大会。基金会的成立，得到了全国社会学界的热烈欢迎和支持，许多资深学者欣然应邀加入基金会组建的学术委员会，为基金会的发展出谋划策，并承担由基金会组织的两年一度的社会学优秀成果评奖工作。

在成立大会上，陆学艺先生就基金会的宗旨和目的作了完整的说明。他指出，这个基金会首先志在为社会学这个学科的重建和发展尽绵薄之力；其次要作为推动社会事业发展的力量，按照费先生所言，尽社会学志在富民的力量；最后要为从事社会学研究的青年人搭建一个平台，通过这个平台可以给国家作一些贡献，给社会学事业的发展作一点贡献。他还用“心想事成”来表达对基金会成立的喜悦之情。

我作为基金会第一任理事长，也在基金会成立大会上作了主旨发言，对基金会成立的来龙去脉、其所秉承的基本理念和所要达成的主要目标以及以后的发展思路，进行了说明。我特别指出，陆学艺先生把一生贡献给了中国社会学事业，现在又在其家人和学生的支持下创办了中国社会学界的第一个基金会，他期望借助这个平台，为中国社会学的发展提供一种持续的助力。我特别希望基金会的各位理事、监事以及学术委员会委员能够尽职尽责，做好基金会的各项工作，搞好优秀成果评奖活动，办好基金会的学术讲坛，组织好基金会的相关学术研讨会议，将其建设成为一个学界普遍关心、社会广泛认可的基金会，真正为中国社会学事业的发展提供持续的助力，进而为中国社会的现代化发展作出应有的贡献。陆学艺社会学发展基金会成立到现在已经过去17年了，可以说，在基金会全体理事、监事和学术委员会委员的共同努力下，并通过基金会秘书处全体同事的辛勤工作，基金会很好地践行了自己的宗旨，一步一个脚印，朝着自己的目标迈进。

陆学艺社会学发展基金会的一项重要工作，是组织两年一度的中国社会学优秀成果评选活动。陆学艺社会学发展基金会“社会学优秀成果奖”，是一个旨在推进社会学学科建设和学术研究，鼓励中国社会学教学科研人员，尤其是中青年学者努力生产出具有原创性和创新性的社会学学术成果的公益性专门奖项。中国社会学学科从1980年恢复重建到本基金会成立之前，蓬蓬勃勃地发展了近30年，其间涌现和积累了不少经得住实践检验与时间考验的优秀学术成果。遗憾的是，其他社会科学学科先后建立了自己的专项学术成果奖项，有的学科（例如经济学）甚至建立了多个这样的奖项，但社会学一直缺少一个自己的有影响力的专门奖项。陆学艺社会学发展基金会设立“社会学优秀成果奖”，可以说很好地弥补了这一缺憾。

陆学艺社会学发展基金会“社会学优秀成果奖”每两年评选一次，奖励那些具有突出的原创性、创新性，对促进中国社会学学科发展和学术研究产生了重大影响，为中国社会发展作出了重要贡献的学术专著和学术论文。按照基金会章程，原则上每届评奖活动可以奖励优秀学术著作3部、优秀学术论文6篇。陆学艺先生亲自设定了基金会的评奖取向，要求获奖的论文和专著要突出关注中国经济社会发展中的重大理论和现实问题，要为解决和应对中国经济社会发展中存在的问题和面临的挑战作出一定的贡献——这也是他终生秉持的学术路线和学术精神。在每次评奖的时候，学术委员会都非常重视这一评奖取向，把它作为衡量优秀成果的重要准则之一。

2013年5月13日，陆学艺先生因心脏病突发溘然长逝，距他的八十寿辰仅仅三个月。在陆学艺先生不幸辞世之前，基金会就优秀成果评奖活动的后续工作提出了两个设想，一是出版获奖学术论文集，二是组织再版获奖专著系列。陆学艺先生本人对此非常支持，基金会也与社会科学文献出版社初步商定了有关事宜。由于陆学艺先生不幸突然辞世，论文结集出版的工作推迟到2015年下半年才开始筹备。至于获奖专著系列再版计划，则由于其他原因，须待时机成熟才能付诸实施。

“社会学优秀成果奖”首届评选工作自2009年7月启动，每两年举行一次。获奖论文的主题范围广泛，基本涵盖了社会学的主要分支学科和研究领域，体现了中国社会学界的学术水平和重要学术成就，也体现了中国社会学专家学者关注中国现实、回应中国问题、探索中国经验的学术志趣，由获奖优秀论文结集出版的《群学荟萃》陆续推出。

将这些获奖论文结集出版，一方面能够更好地为中国社会学的学术积累提供条件；另一方面可以使这些优秀成果得到更加广泛的传播，为中国社会学教学科研人员和学生提供学习、参考与研究的学术文献，从而成为中国社会学学科发展和人才成长的一个很好的阶梯。我想，这也是陆学艺先生愿意看到的吧。

目　录 Contents

陆学艺社会学发展基金会第五届
“社会学优秀成果奖”获奖论文

陆学艺社会学发展基金会第六届
“社会学优秀成果奖”获奖论文

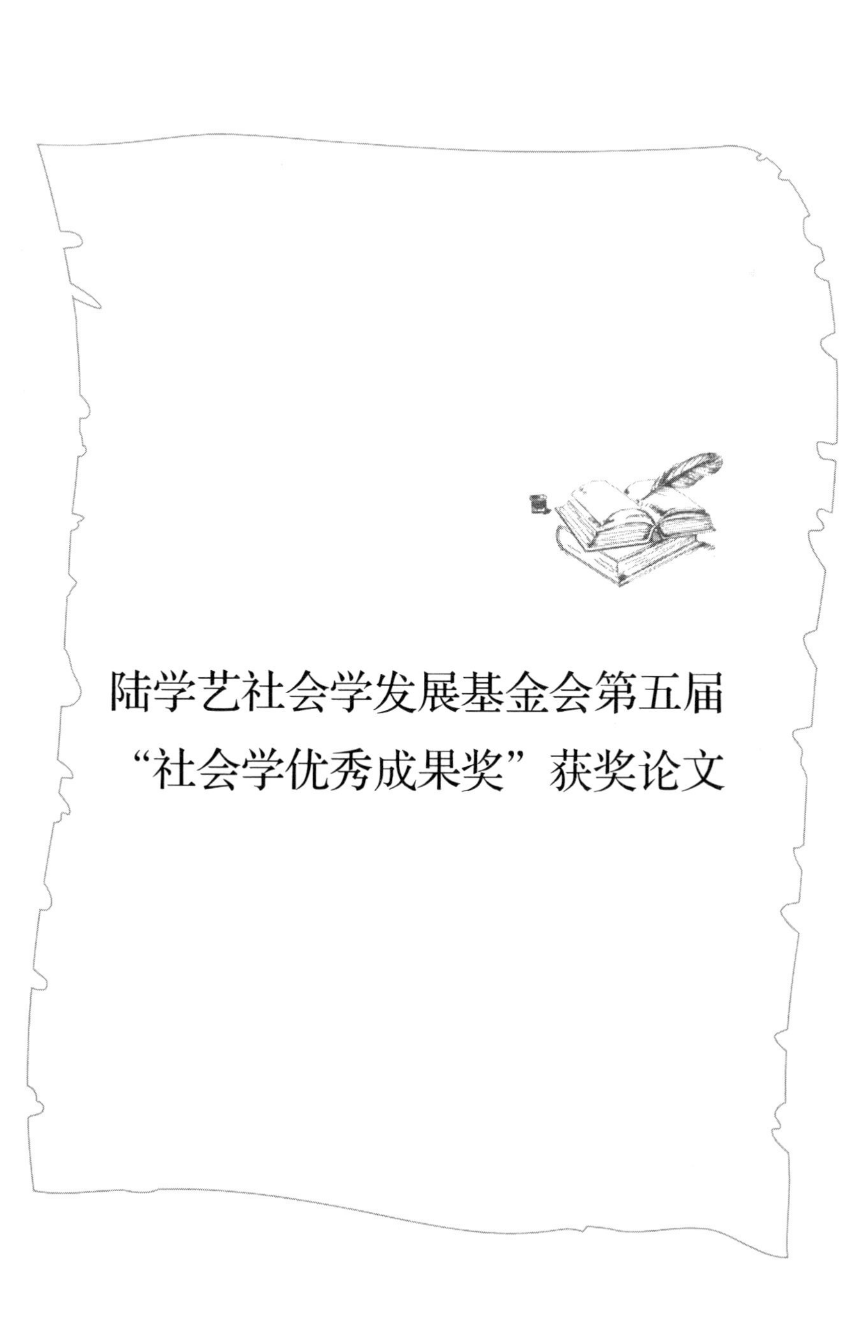

陆学艺社会学发展基金会第五届“社会学优秀成果奖”获奖论文

土地集体化与农村传统大家庭的结构转型*

王天夫　王　飞　唐有财　王阳阳　裴晓梅**

摘　要： 根据农村70岁以上老年人的口述史资料，可分析他们在20世纪50年代中期土地集体化之前、50—70年代土地集体化时期及家庭联产承包责任制时期的家庭生产与生活情况，以及这三个时期农村家庭结构的变化。研究发现，中国传统大家庭向小家庭的转型并不是由西方传统意义的工业化促成的，作为1949年后国家早期工业化策略的农村土地集体化彻底改变了传统家庭生产与生活的组织方式，改变了父权制度下的代际关系与结构，进而启动了家庭结构转型的历史进程。这一解释有别于经典的家庭变迁的"现代化理论"。

关键词： 土地集体化　传统大家庭　结构转型

一　问题的提出

近代以来，中国家庭经历了沧海桑田般的巨变，出现了明显的家庭规模小型化趋势。这种转变被视为社会现代化的一部分，也被称作家庭模式的现代化。古德指出，随着世界范围内工业化和城市化进程的推进，世界

---

* 本文原载《中国社会科学》2015年第2期。本研究的部分工作得到教育部人文社会科学研究规划项目"社会变迁与家庭结构组织形式"（10YJA840041）与清华大学人文社科振兴基金研究项目（2010WKYB009）的资助。感谢匿名评审的中肯意见。

** 王天夫，清华大学社会学系教授；王飞，清华大学社会学系博士研究生；唐有财，华东理工大学社会学系副教授；王阳阳，清华大学社会学系博士研究生；裴晓梅，清华大学社会学系教授。

各地的家庭形式都在或快或慢地走向夫妇家庭（conjugal family）的结构形式。[①] 这就是著名的家庭模式“趋同理论”。仔细审视古德理论中一系列有关家庭结构变迁过程与机制的论述，可以得出工业化与城市化是推动家庭结构核心化结构转型的动力这一结论。

我们认为，趋同理论在讨论社会变迁与家庭结构变化过程时存在因果机制的缺损，即该理论将工业化视为生产与生活组织方式变化及家庭结构变化的直接原因。事实上，除了古德所说的工业化及其伴随的城市化，历史变迁中的其他机制与力量也可能导致家庭结构的变化，甚至可促使家庭结构转型为趋同理论所预言的核心化。中国农村的土地集体化是国家工业化战略发展中的重要组成部分。这一进程完全有别于古德讨论的西方工业化进程，却改变了中国农村家庭的生产与生活组织方式和家庭结构。

通过对当代中国半个多世纪的农村家庭变迁过程的考察，我们提出如下观点：传统中国大家庭结构瓦解的动力并非趋同理论所言的工业化与城市化，而是 1949 年后，国家发展战略选择中的农村土地集体化带来了农村家庭生产与生活组织方式的变化。

二　家庭结构变迁理论与中国家庭变迁

（一）趋同理论及其修正

古德在其经典论著《世界革命与家庭模式》中提出的趋同理论明确指出，（西方的）工业化开启了经济生产范畴的变革，削弱了宗族与家庭的亲属关系，因此成为家庭结构核心化、夫妇家庭涌现的根本原因。[②] 古德的理论深刻影响了后来的家庭理论研究，几乎所有有关家庭结构变迁的讨论均基于趋同理论展开。[③]

这一研究模式同样深深地影响了中国的家庭研究。以往探讨中国家庭结构转型，基本上都采用现代化理论分析框架，[④] 把工业化视作中国家庭模

---

① William Goode, *World Revolution and Family Patterns*, New York: The Free Press of Glencoe, 1963, pp. 368-369.

② William Goode, *World Revolution and Family Patterns*, New York: The Free Press of Glencoe, 1963, p. 6.

③ 围绕趋同理论有大量的理论与史料的争论，本文的讨论暂不涉及这些。

④ 唐灿：《国内家庭研究的理论与经验（1995—2007）》，《转型社会中的家庭与性别研究：理论与经验》，呼和浩特：内蒙古大学出版社，2010，第 37 页。

式转型的主要推动力。[①] 有学者提出，已有的大多数研究以 20 世纪 70 年代末开始的改革开放为界，将之前视作中国婚姻家庭的传统时期，之后视作后传统的变革时期。[②] 显然，这种研究思路与古德的论述具有高度一致性。

在我们看来，无论是从趋同理论出发，还是从当代中国家庭变迁的角度，都应当深入思考家庭结构变迁背后的机制和逻辑，而不是简单地将趋同理论套用于中国家庭变迁的实践中。首先，古德的论述更多的是一种功能解释，缺少对机制作用的说明。作为宏大社会变迁的工业化需要通过中介机制才能影响到家庭变迁的进程，那么中介机制到底是什么？其次，趋同理论将当代家庭变迁的驱动因素囿于传统工业化这一动力，是否有其他力量也可能推动近现代家庭结构的转型？

我们认为，这种中介机制无疑是存在的。这一机制就是家庭经济生产与生活组织方式以及家庭财产制度。[③] 家庭之外的工厂承担了社会生产的组织功能，也改变了家庭在组织生产与生活过程中的角色与行为。

根据这一分析路径，可以得出一个推论：如果有其他力量导致了家庭经济生产组织方式与家庭财产制度的变化，那么，这种力量也可以成为家庭结构变化的主要推动力。这意味着，家庭结构变化的主要推动力可以是政治行为、土地和财产制度变化等其他力量。

20 世纪 50 年代中期，土地集体化进程改变了家庭生产与生活组织方式，从而开启了中国传统家庭的变化历程。当时，广大农村家庭一直从事传统农业生产，没有经历西方历史上的工业化与城市化进程。由于国家战略需要，农村实施了土地集体化，[④] 既为工业化提供农业资源的供给，同时

---

① 杨善华：《经济体制改革和中国农村的家庭与婚姻》，北京：北京大学出版社，1995，第 10 页；杨善华、沈崇麟：《城乡家庭：市场经济与非农化背景下的变迁》，杭州：浙江人民出版社，2000，第 232 页；唐灿：《中国城乡社会家庭结构与功能的变迁》，《浙江学刊》2005 年第 2 期。

② 王跃生：《社会变革与婚姻家庭变动：20 世纪 30—90 年代的冀南农村》，北京：生活·读书·新知三联书店，2006，第 33—34 页。在本书中，作者显然并不完全赞同现代化的理论框架，认为历史上的农村土改已经开始了缩小农村家庭规模、改变农村家庭结构的过程。

③ Arland Thornton 和 Thomas Fricke 详细论述了由于组织模式的不同，东西方家庭结构产生了巨大差异。正是受这一思想启发，我们提出家庭经济生产与生活组织方式、财产制度的变化决定家庭结构的变化这一观点。（Arland Thornton and Thomas Fricke, "Social Change and the Family: Comparative Perspectives from the West, China, and the South Asia," *Sociological Forum*, Vol. 2, No. 4, 1987, pp. 746-779.）

④ 20 世纪 50 年代的土地集体化包括三个层面的内容：土地生产资料由个体私有变为集体所有；劳动生产方式从以家户为单位组织进行变为以集体方式进行；劳动成果亦由以家户为单位分配变为个体劳动力以工分形式进行分配。

也为工业化提取剩余、完成积累提供了制度性基础。当时的农村土地集体化（即土地资料归集体所有、劳动生产方式以集体的形式进行、劳动成果以个体工分形式进行分配）对于农业生产的促进有限，但构成中国工业化进程的一个部分。① 在此过程中，农民的生产与生活发生了深刻的变化，农村家庭也开始了小型化的进程。

而20世纪70年代末期之后的农村工业化进程，只是在家庭结构已经转型之后巩固与加强了小型化的趋势。本研究的分析框架可用图1表示。

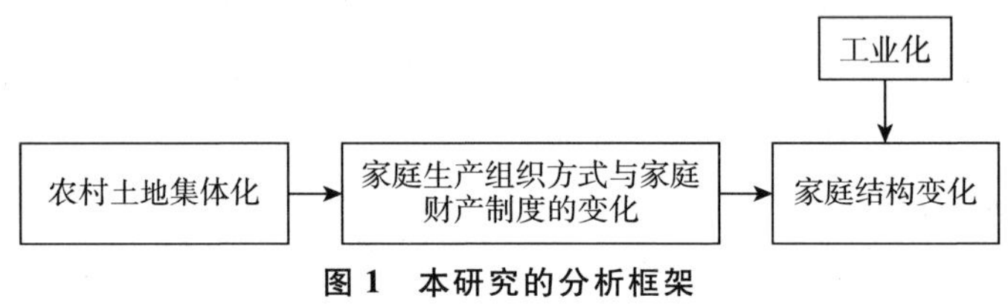

图1　本研究的分析框架

（二）作为生产与生活共同体的中国传统家庭

传统的中国家庭首先是一个基本的生活单位，一个人的出生、成长、成家、立业、养老、离世等所有的重要人生历程，都在家庭里完成与实现；其次是一个基本的经济单位，是一个自给自足的经济实体。

传统中国家庭经济具有两个鲜明的特征：土地等主要生产资料的私有制形式与家户主在家庭经济中的支配地位。就前者而言，农业社会最主要的生产资料——土地以及牲畜、农具等都属于家庭的私有财产，家庭对它们拥有自主的支配权力。因此，家庭可以依靠自己的力量从事经济生产。就后者而言，家户主通常就是家庭中的男性长者，是土地等生产资料以及家庭财富的所有人。他在家庭经济生产过程中，扮演着支配、指挥和管理的角色。他不仅支配家庭中物的因素，即土地、牲畜、农具、房屋、钱财、生活用品等，而且支配家庭中人的因素。费孝通指出，大家长掌管着传统家庭这个生产单位所有的经营与财务活动，形成了父权制度的经济基础。②

---

① 参见温铁军《中国农村基本经济制度研究》，北京：中国经济出版社，2000。具体的农业生产为工业化提供的资金积累估算从7000多亿元到17300亿元，参见严瑞珍等《中国工农业产品价格剪刀差的现状、发展趋势及对策》，《经济研究》1990年第2期；冯海发、李溦：《我国农业为工业化提供资金积累的数量研究》，《经济研究》1993年第9期；《农业投入》总课题组：《农业保护：现状、依据和政策建议》，《中国社会科学》1996年第1期；孔祥智、何安华：《新中国成立60年来农民对国家建设的贡献分析》，《教学与研究》2009年第9期。

② 费孝通：《论中国家庭结构的变动》，《天津社会科学》1982年第3期。

显然，土地的家户私有制形式是家户主支配家庭财务的先决条件。

与家庭经济和生活密切相关的另一个主题是家庭财富的积累与继承。从单个代际的角度来理解家庭财富积累，它就是一个家户主从继承家产开始到将家产分给儿子结束。这一财富积累过程就是家庭在家户主的组织领导下代际内的经济活动历程。从多代际的角度来理解家庭财富积累，它涵盖家庭财富的代际转移与继承，是一个延续的过程。家庭财富本身就包含了代际转移的成分，因为土地、牲畜、农具、房屋、钱财、生活用品等很大一部分都来自继承；此外，代际转移是家庭财富积累的一个主要渠道。

基于传统中国“诸子均分”的家产继承制度，通过分家产生的新家庭从父辈家庭中或多或少分得一些家庭财产。新家庭以此为基础，在新家户主的领导和组织下，开展家庭经济的生产，维持家庭的存续和发展。于是，就有了家庭财富“继承—积累—继承”的循环推进过程。这也是父权家长制再生产的过程。

（三）传统家庭的生命周期与结构

建立在上述家庭生产组织方式、财富累积与继承模式基础上的家庭结构又会是何种状况呢?

记录显示历朝历代的家庭人口数少则低于 3 人，多则超过 6 人，大多在 5 人左右。[①] 一些散见的民国数据显示，当时的家庭人口数也在 5 人左右，而三代及三代以上的复杂结构家庭比例仅在 15%左右。[②] 但是，传统中国家庭结构的确显示出了与西方不同的复杂结构特征。[③] 这种传统中国家庭的偏好模式与文化理想，是在家庭的生命周期中得以实践与延续的，[④] 也形成了与

① 袁祖亮：《西汉至明清家庭人口数量规模研究》，《中州学刊》1991 年第 2 期。

② 参见李文海主编《民国时期社会调查丛编・乡村社会卷》，福州：福建教育出版社，2005。

③ 诸多历史学、人类学文献与文学记载都呈现了传统中国大家庭的结构特征。更多的社会学论述，参见费孝通《论中国家庭结构的变动》，《天津社会科学》1982 年第 3 期；John Hajnal, “Two Kinds of Preindustrial Household Formation System,” *Population and Development Review*, Vol. 8, No. 3, 1982, pp. 449-494; Arland Thornton and Thomas Fricke, “Social Change and the Family: Comparative Perspectives from the West, China, and the South Asia,” *Social Forum*, Vol. 2, No. 4, 1987, pp. 746-779; Jack Goody, “Comparing Family Systems in Europe and Asia: Are There Different Sets of Rules?” *Population and Development Review*, Vol. 22, No. 1, 1996, pp. 1-20。

④ 王天夫、王飞：《中国传统大家庭数量为何被低估?》，《中国社会科学报》2014 年 7 月 25 日，第 A08 版。

此相关的繁复的社会与法律制度。[①]

本研究无意争论三代及以上复杂家庭在传统中国是否占有更大比例，而是在给定这样的偏好模式与文化理想的前提下，讨论这种复杂家庭结构在家庭生命周期的循环往复中逐渐趋于消亡，并深入探索导致这一趋势的制度性动力机制。

传统的中国家庭在不同的生命周期阶段显示出了不同的特征。为了分析的便利，我们先以因分家而出现的小家庭作为讨论起点。它一般包括一对夫妇，同时也可能包含他们的未成年子女，以及土地、房屋、牲畜、生产工具、生活用品等。此后，这个家庭在男性家户主的带领下，开展经济生产并积累财富，随后子女也相继长大成婚。这意味着家庭规模开始膨胀，家庭结构也变得更加复杂。具体而言，从核心家庭成长为主干家庭或扩大家庭。当然，大家庭并不会一直持续下去，老家户主的辞世、诸位兄弟全都成家或由于家庭事务而导致的家庭成员之间矛盾的增多，都有可能导致大家庭的解体，并最终通过分家的形式分裂为多个小家庭。但是，分家并不等于大家庭的彻底消失。分裂出来的多个小家庭又朝着大家庭的方向演化。这样，就形成了一个“小家庭（核心家庭）—大家庭（扩大家庭[②]）—小家庭—大家庭”的发展周期。

从家庭生命周期的角度，我们发现，传统社会中大家庭的比例即使不高，但每一个人几乎都可能在大家庭里生活过。应当注意到，从一个核心家庭成长为扩大家庭至少需要一代人之20多年的时间，而从一个复杂的扩大家庭分裂为多个小型核心家庭有可能在一天之内就可以完成。时段上的差异决定了任何一个时点的横截面统计考察都将得出核心家庭比例较高的结论；而从整个家庭发展周期来看，大家庭与小家庭又总是稳定地交替出现。在传统社会中，大家庭是家庭结构选择的偏好形式与文化理想，只要条件具备，小家庭一般都会成长为大家庭形式。

（四）土地所有制变化与家庭结构转型

特定的家庭生产与生活的组织形式，决定了作为生产与生活共同体的中国传统大家庭的结构特征。传统中国家庭的生产与生活组织方式的制度性基础正是延续两千多年的家户私有制制度，其中最为核心的是土地的私

① 参见滋贺秀三《中国家族法原理》，张建国、李力译，北京：商务印书馆，2013。

② 也包括多代际、多对夫妇的主干家庭。

有制与家户主的支配地位。如果土地的所有制形式发生了变化，家庭的组织结构也必然会发生变化。作为国家工业化战略的重要组成部分，20世纪50年代的农村土地集体化彻底改变了农村家庭的生产与生活组织形式以及家庭财富的积累和继承模式，从而改变了原有的家庭关系模式，并最终导致了中国传统大家庭结构的转型。我们认为，农村土地集体化成为传统中国家庭结构转型的重要推手。

20世纪中叶以后，中国农村经历了多次土地改革。早期的改革，强化了原有的农民土地私有制，其后的土地改革则朝着土地非私有化的方向推进。到了农业合作社的高级社阶段（1955年前后），土地的所有权性质才真正发生了变化，参加合作社的农民必须将土地及其他重要的生产资料上交，变成集体所有。[①] 至此，千百年来的土地私有制在中国的历史舞台上走向消亡。而1958年开始的人民公社，将农业集体化运动也推向顶峰。[②]

伴随着土地、牲畜、农具等主要生产资料由家庭私有变为集体公有，家庭经济的生产组织方式也发生了根本的变化。在农业集体化时期，生产的组织者、领导者、分配者是生产队队长或村民小组组长。组织生产的“工分制”是一种土地集体所有，家庭成员参加集体劳动，劳动方式、劳动内容以及劳动报酬的计算都由生产队统一核算安排的劳动制度。[③]

新的生产组织方式进一步导致了财富积累和继承模式的变化。在传统家庭中，家庭成员的劳动收获由家户主统一分配，并不以劳动报酬的方式进行发放。因此，这种情况下的家庭经济是一笔“糊涂账”，没有办法清楚地核算单个家庭成员的劳动贡献与消费支出。[④] 这就导致子代成员对家庭财富的贡献无法量化，所有家产归家户主一人。因此，财富继承一般指的是继承父代的家产。在土地集体化时期，由于采用了工分制，这使得每个人的劳动所得都以具体、明确的数额的形式表现出来。更重要的变化在于财富继承内涵的转变：每个家庭成员清楚自己在家庭财富积累过程中的贡献，分家时子代家庭所分得的财富一般就是他们自己创造出来的，而非继承父辈的财富。

---

① 《高级农业生产合作社示范章程》，载中华人民共和国国家农业委员会办公厅编《农业集体化重要文件汇编（1949—1957）》（上册），北京：中共中央党校出版社，1981，第567页。

② 参见张乐天《告别理想——人民公社制度研究》，上海：上海人民出版社，2012。

③ 张江华：《工分制下农户的经济行为——对恰亚诺夫假说的验证与补充》，《社会学研究》2004年第6期。

④ 费孝通：《家庭结构变动中的老年赡养问题——再论中国家庭结构的变动》，《北京大学学报》1983年第3期。

概括来讲，在农业集体化的冲击下，家庭不再作为一个独立的生产单位，家户主失去了控制土地等生产资料的权力，进而失去了安排家庭成员劳动和为家庭成员分配劳动产品的权力。与此同时，子代的生产活动与劳动所得在家庭中变得相对清晰与独立。当子代结婚建立新的家庭时，其财富的积累可以独立完成以避免稀释到父代控制的大家庭中，这必将导致潜在的分家。因此，农业集体化消解了家庭的生产组织角色，削弱了父权制度，增加了子代独立生产与积累财富的潜力，从而导致大家庭向小家庭的转型。

土地集体化以后，传统家庭生命周期随之而改变。当生产与生活组织支撑结构坍塌后，复杂家庭结构的偏好与理想难以为继。一种可能是子代选择“成家即分家”的策略。这是因为分家后的子代成员可以独立开展生产，为自己的小家庭发展积蓄财富。这种情况下，小家庭根本就没有机会成长为大家庭。另一种可能是，大家庭维系的时间将大幅度缩短。在传统家庭模式中，分家一般会发生在老家户主逝世以后，或者所有子代男性成员成婚以后；而现在老家户主的权力衰弱，无力阻止子代小家庭的分家和自立行为。这意味着，即使偶然出现了大家庭，它的维系时间也会大幅缩短。同理，老家户主逝世后，寻找其他成员担任新家户主继续维持大家庭的情形几近消失。由此可见，无论哪一种可能，小家庭发展为复杂大家庭的潜力已经不存在了，复杂家庭结构在家庭发展周期中趋于消亡。

三　研究方法与资料收集

根据本研究目的，需要获取能够展现中国家庭近60年来变化情况的资料，以比较土地私有制时期（集体化之前）、土地非私有化时期（集体化之后）、联产承包责任制时期三个时段的农村家庭结构状况。同时，收集的资料中需要包括家庭人口、家庭日常生活、代际关系、生产安排等各个方面的详细情况。显然，任何形式的历史性统计资料都难以满足本研究对资料的要求。因此，我们决定深入访谈老年人，获取他们口述生活历史资料。

本研究的田野工作时段为2009—2010年，选择的访谈对象均为70岁以上的老人。这些老人出生在1940年以前。20世纪50年代时他们至少是十多岁的少年，对土地私有化时期其父辈或祖父辈担任家户主的家庭生活已经有了一定的印象；在20世纪50—70年代，即土地非私有化时期，正是他们成家立业的时期，也见证了土地非私有化这一历史进程对于家庭组织结构的影响；20 世纪 70 年代末期以后，即施行家庭联产承包责任制以来，他们已经到了祖父辈的年龄，也经历了改革开放时期家庭生活的新变化。在此历程中，中国农村家庭在没有经过工业化洗礼的时候经历了土地非私有化的过程，也经历了后来改革开放带来的工业化的冲击。通过对这些资料的分析，可以重构 20 世纪中叶以来中国农村家庭生活方方面面深刻变化的图景，描绘中国家庭结构变迁的路径。

田野访谈地点包括山西省永济市徐家村与河南省巩义市方家村。[①] 本研究的目的是提出一个新的假设性理论猜想，因此从调查资料中是否能够合乎逻辑地归纳出理论思路成为考量的重心。我们与这两个村庄有着密切的联系，进入村庄调查访谈相当便利。显然，选取这两个访谈地点就是为了尽最大可能获取详尽的口述史资料。

进入村庄后，首要的任务是选取访谈对象。通过全面梳理村庄 70 岁以上老年人的名单和挨家挨户初步接触，排除语言表达不清与记忆不清的老年人，确定剩余老年人作为访谈与收集资料的对象。在山西徐家村，我们访谈了全部满足访谈要求的 18 位老年人；在河南方家村，我们访谈了满足访谈要求的绝大多数，共 8 位老年人。

访谈内容主要涉及各个历史时期的以下方面：（1）家庭的规模和结构：包括家庭人口数、谁是家户主以及家庭成员之间的关系；（2）家庭经济生产：家庭经济开展方式、家庭财产和收入的管理和分配方式；（3）分家：主要涉及分家的时点与过程。

四　土地集体化与家庭组织结构的转型

为了比较分析的目的，我们以时间为序，分别考察 20 世纪 50 年代以前的土地私有制、50—70 年代的土地集体所有制，以及 70 年代末期以后家庭联产承包责任制三个时期的家庭组织结构状况。在分析中，重点关注以下议题：谁是家户主，家庭生产与生活开展的方式以及家庭的组织结构。

（一）20 世纪 50 年代以前的土地私有时期

通过访谈对象对少年时代家庭生活的回忆，可以了解土地私有时期的家庭状况。

---

① 文中的村庄名及受访人名均为化名。

1. 谁是家户主

根据一些老人反映的情况，在他们年幼时，家户主一般为祖父或父亲。据山西徐家村康英豪讲述：

> 爷爷奶奶去世早，没有印象了。父亲他们是三兄弟，在黄河边住，一次黄河发大水，村子冲掉了，大水退了三兄弟再回来，就各自种自己的地了，算分了家。分家后，父亲当家。父亲当家的时候，家里有十多口人，我们兄弟就有5个。父亲靠全家的劳动，给我们5个都娶上了媳妇，结婚之后也是在一起过。

不过，也存在由其他家庭成员担任家户主的情况，如大伯、叔叔、奶奶、母亲、兄长等，这多半是因为祖父或父亲过早离世或能力不足以及其他因素。男性家户主的逝世一般并不会立即导致大家庭的解体，而是会从家庭中选出一个成员继续担任家户主，维持大家庭的运转。例如河南方家村楚玉莲提到：

> 爷爷去世早，先是奶奶当家，后来是大伯当家。我父亲那一辈是2个儿子、4个女儿。到两兄弟分家时，大伯家有3个儿子、4个女儿，我们家是3个儿子、3个女儿。

2. 家户主的职责与家庭生产组织方式

家户主这一角色究竟意味着什么？其在家庭中的地位又是如何体现的呢？访谈资料显示，除了为子孙后代安排婚姻大事以外，一些家户主更多与劳动、钱财联系在一起。如山西徐家村古开兴提到：

> 爷爷死后，我大伯当家……这个大家庭种着30亩土地，在大伯手里进一步积攒家业，在原来3间门房、6间厢房的基础上又买下旁边的土地，把纵向的门房改成了横向的门房，加盖了3间车房。在这个大家庭中，只有当家的大伯掌着家里的经济大权，其他人就是给他干活，管饭不给钱，到过年的时候给几个未成年的孩子发几毛钱零花钱，大人一年四季没有私房钱。

可见，无论谁当家户主，其职责都是统管家庭中的经济财务大权。以上内容基本反映了土地私有时期家庭经济和家庭生活的概貌，也与前述分析一致：家户主一方面给家庭成员分派劳动任务，生产家庭所需要的产品，努力扩充家产；另一方面负责分派劳动产品供全家消费，维持家庭的存续和发展。可以说，整个家庭都围绕家户主运转，他在家庭中拥有最高权力，其他家庭成员都必须服从其安排和领导。

3. 家庭组织结构

有关土地私有时期家庭的组织结构，康英豪的口述资料描述了其当时的家庭状况及分家过程。他讲述的信息如下：

> 一家（整个大家庭）人干活挣钱给小的娶媳妇……到我娶了媳妇过两年（1958 年、1959 年前后）三门峡修水库，我们家就成了移民。上一次发大水避水的时候在寨子有两间房子，我和媳妇就住在这两间房子里，父亲和 4 个兄弟他们被安置在另外一个村里。这样就算分家了。

上述康英豪的两段回忆呈现了两次家庭组织结构变动的情况，第一次是从祖父到父亲，第二次是从父亲到自己。尽管祖父母去世较早，但仍然可以判断出他们在世时的家庭结构，即祖父母和三个儿子以及各自的儿媳妇，甚至还有孙子、孙女，这是一个规模庞大的扩大家庭。祖父母逝世后，这个大家庭并没有立即解体，而是继续维持了一段时间（应该是长兄当家），后因黄河发洪水才分了家。分家后，康英豪老人当时所在的家庭就是一个核心家庭：父母和自己的兄弟姐妹。然后，由于父亲先后给五个儿子娶上了媳妇，这个核心家庭开始膨胀，先是主干家庭然后是扩大家庭，子辈结婚后，大家庭仍继续维持，直到移民才分了家，分裂出各自的小家庭。根据康英豪的回忆，他所在家庭的发展周期是“扩大家庭—核心家庭—主干家庭—扩大家庭—核心家庭”，总体而言，是一个大家庭和小家庭交替出现的发展历程，这也与我们前文的理论分析相一致。

而其他访谈对象的回忆，也基本再现了这种典型的家庭发展周期。如河南方家村方高升提到：

> 开始是爷爷当家，家里有 20 多口人，父亲一辈有 4 个兄弟，父亲排行第二……1935 年分的家，分家时父亲他们 4 个兄弟都已经结婚。分家后，我父亲是 1942 年去世的，母亲去世得也早，我自己十几岁就

当家了，当时领着3个弟弟、1个姐姐过日子……自己3个弟弟除了一个在新疆自己找了媳妇，其他两个都是我看着结的婚。（河南方家村方高升）

（二）20世纪50—70年代的土地集体化时期

土地集体所有时期，用访谈对象的话说就是“入社”，即土地并入高级社或人民公社的时期，根据前文的讨论，这意味着家庭生产组织形式的变化。

1. 土地集体化时期的生产组织形式

在这一时期，农村家庭不再承担组织生产的功能。山西徐家村肖明芸讲道：

生产队时，我们夫妻两个在生产队挣工分，跟大部分家庭没什么两样。

由此可见，在生产队干活、挣工分就是当时的劳动形式，而生产队根据工分给每个人分配劳动产品就是当时的分配形式。家庭已不再是一个自给自足的经济体。尽管家庭经济还在继续，家庭依然要积累财富，但是家庭经济活动的组织者和领导者不再是家户主，传统家庭经济中家户主所拥有的权力被削弱。子代成员可以不用在家户主的领导和指挥下而独立创造财富，他们独立、自立门户的能力相应增强。父代权力削弱、子代能力增强，反映代际关系的重心向子代倾斜，必然进一步推动家庭结构的变化。

2. 土地集体化时期的家庭结构

生产队组织劳动之后，家户主出现了代际间的替代。如肖明芸提到：

入生产队的时候公公已经不怎么管事了，家里是我丈夫当家。我们有5个男孩2个女孩。公公就在家看孩子，我们俩在生产队挣工分。

可见，与土地私有时期相比，一个明显的变化在于祖父辈当家的情形已经没有了，这也意味着，那种由多对夫妇组成的多代际扩大家庭亦不复存在。尽管家庭中依然有祖父辈成员，但他们一般都处于边缘位置，最多就是照看孙子，或者啥事不管、只管吃饭。正是由于家庭中代际关系的变化，导致了小家庭中子代男性当家的情形普遍出现。这一方面是由于子代独立创造财富的能力增强，如同上述访谈对象所表述的，他们分别在生产队的不同岗位劳动挣工分，不受祖父辈的约束和领导；另一方面，农业集体化时期的劳动报酬发放制度也容易导致小家庭从大家庭中独立出来。

在土地私有时期的案例讨论中，一个家庭经历了爷爷死后大伯当家（大家庭）、父亲当家（大家庭）、父亲死后大哥当家（大家庭）的家庭结构形式，实现了大家庭在代际间的延续。不过，到了农业集体化时期，上述大家庭模式消失。山西徐家村古开兴讲道：

> 我们三兄弟分家大概在 1952 年、1953 年前后，分家前家里有母亲、三兄弟及各自媳妇、各自小家庭的孩子。因为土地入了社，家里情况开始困难。本来是大哥当家，但他无法再维持一家人的生活开销，只好分家各自想办法维持生计。分家以后我就自己当家了，当时，家里有我们夫妻俩、2 个男孩、2 个女孩，母亲是轮流照顾……后来经人介绍，大儿子娶了媳妇、生了孩子，但那时家里还是没有钱，他们小孩病了打针问我要 3 毛钱，我也没有，老大只好找出嫁的大姐借。在这种情况下，大媳妇就不干了，闹着分家。老大提出分家时，老二还没结婚。但不分也不行，因为不分，老大一家就不好好干活，日子也过不成。先是老大分出去，分了 1 间房，他们自己搭个伙房，1 套厨具，按人头分了当年的粮食，就自己过去了。老二跟我们一起过，等攒钱给老二娶下媳妇以后，我们老夫妻就分开另过了。分开没几年，地就分开了。

在上述案例中，扩大家庭分裂为小家庭是由于入社后家庭经济开始出现困难，作为家户主的长兄无计可施，只好分开来各自想办法。如前所述，农业集体化时期，家户主的权力削弱，几乎没有可以调用的资源，除了分家也没有其他更好的选择。分家后，访谈对象自己当了家户主，然后大儿子成婚。但是在二儿子尚未成婚的情况下，大儿子提出了分家。按照访谈对象的说法，“不分也不行，因为不分，老大一家就不好好干活，日子也过不成”。由于安排劳动任务、分配劳动成果的权力不在家户主手中，如果大儿子一家不好好干活，家户主自己的劳动成果还要白白分给大儿子一家。于是，分家成了迫不得已的选择。不仅如此，待二儿子成家后，再次分家，访谈对象选择了单独居住，而不是固定或轮流与儿子同住。由此可见，传统的扩大家庭模式在农业集体化时期基本消失，即小家庭只是短暂地发展为主干家庭，根本没有机会扩展成为扩大家庭。

在访谈得到的材料中，分家的过程与模式可以提取出三种类型。第一种是小家庭成立后立即与父母分开居住，如山西徐家村肖明芸提及：

> 大儿子结婚之后他们就分出去了，我们老两口跟老五一起过（老二老三老四送人了，家中就老大和老五是男孩）。分家不久，我丈夫就因病去世了，我就一直跟着老五，老五结婚后也是一起过。

第二种类型是大儿子婚后还留在大家庭里，不过一旦二儿子成婚，扩大家庭迅速分裂，如山西徐家村肖炳芬讲道：

> 大儿子结婚后多年都没分家，二儿子结婚之后就马上分家了，因为老二媳妇“弯里劲大”（厉害），家里吵得过不拢，那时候（1976年）三儿子（老六）才3岁。分开后，大儿子一家、二儿子一家，我和我丈夫还有婆婆跟三儿子一起过。三儿子结婚后，我们3个老人就单独过了。

第三种类型是扩大家庭出现之后经历了相当长一段时间，然后才分裂成多个小家庭。河南方家村崔香花讲述了其所在的扩大家庭维持了8年之后，由其丈夫的弟弟提出分家要求而分裂为两个核心家庭。不过，在我们的访谈中，农业集体化时期能够维持长达8年的扩大家庭，仅此一例。

> 我嫁过来时已经入社了，集体劳动。公公去世早，丈夫这边还有1个弟弟、1个妹妹，我丈夫当家。这个大家庭维持了8年后，弟弟提出分家。因为他能干，而且只有2个子女，而我们家有4个子女（3男1女），最大的才9岁，他嫌累赘得慌，就分家了。分开也算完，自己的难自己作，分开供学生，不分开得一起供。

从上面的讨论中可以看出，在农村土地集体化时期，农村家庭的生产与生活的组织方式发生了巨大的变化，家庭不再是生产组织的单位，劳动所得的分配过程也改为生产队来组织完成，家庭内部的财富创造与积累也发生了根本的变化。第一，家庭成员的劳动形式和劳动产品的分配形式不再由家户主决定而是由生产队领导统一安排，这从根本上改变了传统的家户主统一管理的家庭经济生产的组织形式，从而导致代际关系向子代倾斜、家户主地位的衰落。第二，家庭成员创造的财富不再记在家户主名下。农业集体化时期子代家庭成员可以独立创造财富，为小家庭积累财富的诉求使得分家的要求越早提出越好，这样个体的劳动所得就不会“稀释”到大家庭中去。

所有这些反映在家庭结构上，就是多代际扩大家庭日趋消失。即使出现三代家庭，这类家庭中的祖父辈成员基本处于家庭中的边缘位置。与此同时，兄弟妯娌同住模式消失。农业集体化时期独特的劳动形式和分配形式为小家庭的独立和自立创造了条件，从而推动了婚后即分家，或次子婚后不愿与父母、长子家庭同住的居住模式。传统家庭结构表现为小家庭与大家庭交替出现的发展周期。在农业集体化时期，传统意义上的扩大家庭在家庭发展周期中趋于消失。

（三）70年代末期以来的新时期

70年代末期，农村土地的使用制度再度发生变化，家庭联产承包责任制把土地等生产资料重新分给农户，由农户自主经营。与土地私有时期相比，现在的土地依然属于集体所有，农户不得出卖或购买土地；而与土地集体所有时期相比，农村家庭恢复了组织生产的功能，农户可以自主决定在自家土地上种植何种农作物，劳动任务由各农户自行安排。这样一来，家庭又成为一个独立的经济生产单位。那么，这是否会导致传统大家庭模式的重新出现呢？访谈显示，这种现象并没有发生。需要注意的是，70年代末期以后，访谈对象的子代已经到了成家立业的年龄。

1. 分家

在这一时期，子代结婚以后基本上迅速分家单过。山西徐家村康英豪的例子具有代表性。

> 分家是一个一个分出去的，就是一个儿子娶了媳妇，给他盖上3间房，再给他置办一套锅碗瓢盆就分一个出去。其他的就跟着我们干，攒钱给下一个儿子结婚盖房子，直到最后一个老五。老五结了婚，我们老两口就搬到滩里包了九亩地单过了。

由此可见，家庭联产承包责任制的实行并没有使农村传统大家庭模式重新恢复。子代结婚一个分家一次，儿子全部成家后父母单独住成为山西、河南两地共同的分家模式。在这种家庭发展周期中，家庭结构一直保持小家庭状态，最多是父母与其中一个子代家庭组成主干家庭。

2. 家庭经济与财富积累

在前述分析中，家庭的组织结构是围绕家庭的生产组织和家庭财富的积累而展开的，那么，就有必要考察上述家庭发展周期背后的家庭经济状况。山西徐家村沙文芝的家庭颇为典型。

> 儿子夫妇俩在家种地，他们有1个男孩、1个女孩。孙子刚娶媳妇，以前在外面打工，孙女也在外面打工。现在孩子打工挣钱基本不上交了。

与50年代土地集体化时期以前农村家庭普遍务农的情况不同，70年代末期以后，农村剩余劳动力外出打工的现象越来越普遍，家庭成员的生产活动无法由家庭来组织。工业化来临，家庭之外的非农生产大规模地吸纳了年轻农民外出务工。

3. 工业化与家庭结构变动

工业化——以工厂作为组织生产单位，并将农民大规模转化为产业工人的社会化生产形式——深刻影响了中国农村，这也是访谈中出现的农村居民纷纷在乡镇企业或是外出从事非农工作的一个宏观背景。正是这样的工业化创造了诸多的非农就业机会，才使得农村家庭经济生产的组织方式、财富积累模式并未恢复至50年代以前的传统模式。一方面，农村家庭子代的职业分化程度深，另一方面，留在农村的子代家庭也并不一定与父代同住。如崔香花提及：

> 女儿毕业后分到开封工作，在那儿安了家；二儿子大学毕业后又到美国留学，现在留在美国工作；三儿子研究生毕业后留在郑州工作，在郑州买房结婚安了家；只有大儿子一家在村里。二儿子三儿子出钱在村里建了新房子，三年前我们老两口就搬到新房子里住，离大儿子家也就百十米远。现在与大儿子家是分锅吃饭，平时是他不管俺，俺也不管他，俺有时还得倒贴他呢。

工业化进一步强化了土地集体所有时期出现的家庭结构小型化与核心化趋势。先是土地非私有化改变了传统的家庭发展周期，从而导致家庭结构转型。此后，工业化与市场经济接续施加影响，加快了家庭结构小型化与核心化趋势。

综上，我们分析了三个不同时期的农村家庭结构模式，分别对应着不同的土地制度和家庭生产与生活的组织形式。显然，其中最重要的变化发生在土地集体化前后。土地集体化从根本上改变了家庭生产与生活的组织形式，改变了家户主权力的经济基础和家庭财富积累与传承的形式，形成了子代成员结婚后的分家动力，导致传统大家庭向小家庭的转型。家庭联产承包责任制以及此后的更大规模的工业化与城市化等因素进一步强化了土地集体化时期出现的家庭结构模式。

表 1　三个时期的家庭模式

时期	家庭生产组织形式	财产记名	消费支出	分家	家庭结构
50 年代以前，土地私有化	家户主组织家庭成员开展农业生产并分派劳动任务、分配劳动产品	家户主是家庭财产所有人	家户主统一安排	尽量保持大家庭状态，一般为一次性分家	大家庭为偏好模式，总体呈现为大、小家庭交替出现的周期模式
50—70 年代，土地集体化	所有家庭成员接受生产队的领导，由他们安排劳动任务、按工分分配劳动产品	一般为劳动者本人，每个人清楚自己对家庭财富的贡献	家户主名义上有安排支出的权力，但要尊重家庭成员的意见	结婚即分家或者一次性分家	大家庭分裂为小家庭，核心家庭纷纷涌现
70 年代末期以来，家庭联产承包责任制	老一辈种地，子代成员多转向非农活动	每个人的劳动所得记在每个人的名下，家户主亦不例外	各人安排自己的消费支出	系列分家，即结婚一个分出去一个	一般为小家庭或短暂的主干家庭

在土地私有时期，家庭组织结构是一个小家庭和大家庭交替出现的发展周期模式，其中，大家庭是偏好模式。我们之所以认为土地集体化构成了家庭组织结构转型的主要推动力，是因为它打破了上述家庭发展周期，使得扩大家庭在家庭发展周期中趋于消失，或者即使存在扩大家庭，也仅存在短暂的一段时间。同时，家庭成员对这种家庭模式的认同度，以及家庭成员之间的关系，尤其是父代与子代之间的权力关系，也都与土地私有时期完全不同。20 世纪 70 年代末期以来的工业化与市场经济改革，又进一步强化了土地集体化时期涌现的这种家庭模式。

五　讨论

本研究的目的是重新定义工业化与家庭结构变化（大家庭向小家庭的转型）之间的关系。以下将进一步拓展我们的论断，将之与其他地方的家庭变化进程作横向比较，同时也与更长历史时期中国家庭结构的变化趋势作比较。

（一）工业化、家庭生产与生活组织形式和家庭结构转型的复杂关系

土地集体化进程是传统中国大家庭组织结构转型的动力，这一观点的提出绝不是为了简单地否定“工业化导致了核心家庭的流行”这一经典命题，而是力图表明历史变迁的复杂性。在我们看来，直接决定家庭结构转型的是家庭经济生产的组织方式和家庭财富的积累与继承方式的变化。在很多社会中，驱动家庭结构转型的动力确实是工业化与城市化。但是，在特定地区的特定历史时段，驱动它们的并不一定是古德所说的西方意义上的工业化与城市化。

中国的工业化进程与古德所说的西方工业化有着根本区别。由于国家发展战略的需要，中国在20世纪50年代开始的工业化带来了农村的集体化进程。正是在这一过程中，中国农村土地集体化开启了不同于西方意义上的传统家庭结构的转型。

如果存在西方工业化以外的其他机制改变了家庭经济生产的组织方式与家庭财富积累和继承的方式，那么家庭结构转型就存在其他推动力，而并非只有传统工业化这一种力量。

根据社会生产是否为工业化生产（对比农业生产），家庭是否承担组织生产与生活的功能，表2以理论上的2乘2划分以及跨历史时期与跨区域的比较，来说明工业化、家庭生产与生活组织形式和家庭结构转型间关系的历史复杂性。

表2　工业化、家庭生产与生活的组织方式、家庭结构转型

	农业生产	工业化生产
家庭化生产与生活组织方式	传统中国大陆农村家庭 1. 50年代前 2. 土地私有 3. 家庭组织生产与生活 4. 扩大家庭、小家庭循环	台湾地区经济起飞早期家庭 1. 60—70年代 2. 土地私有 3. 家庭作坊式的工业化生产 4. 扩大家庭增多
非家庭化生产与生活组织方式	中国大陆农村集体化时期家庭 1. 50—70年代 2. 土地集体化 3. 生产队组织集体化生产 4. 家庭小型化趋势	工业化之后的西方家庭 1. 工业化以来 2. 土地私有 3. 工厂组织生产 4. 家庭核心化

以左上的传统中国农村家庭作为起点，家庭的变化可以朝着其他三个方格的方向（根据历史上工业化、土地制度的实际变化情形）推进。

首先，表 2 中的左上“传统中国大陆农村家庭”与右下“工业化之后的西方家庭”两个方格，构成了一个完整的现代化理论所描述的家庭结构趋同发展变化的过程。此一过程揭示的是，工业化所带来的家庭生产组织方式的瓦解与家庭外产业化工人的出现与壮大，导致家庭结构向核心家庭转变。① 这也是以往中国家庭结构研究中强调的，改革开放带来的工业化社会生产导致家庭结构的小型化趋势。

其次，表 2 中的左上“传统中国大陆农村家庭”与右上“台湾地区经济起飞早期家庭”两个方格，显示社会生产由农业生产转向工业化生产，但是家庭生产与生活的组织方式没有发生变化，其代表是 60—70 年代经济起飞早期台湾地区的家庭。在台湾地区早期的工业化进程中，以分散式的制造业参与国际化工业分工体系，加上大家庭生产协作的传统，工业化的推进模式更多的是以家庭作坊或小型家庭工厂的形式开展。这就形成了西方与中国台湾地区在家庭生产组织形式上的差异，从而进一步导致了家庭结构上的差异——西方家庭走向核心化，而中国台湾地区的大家庭比例反而在工业化早期上升了。②

---

① 参见 William Goode, *World Revolution and Family Patterns*, New York: The Free Press of Glencoe, 1963, pp. 368-369; Arland Thornton and Thomas Fricke, “Social Change and the Family: Comparative Perspectives from the West, China, and the South Asia,” *Social Forum*, Vol. 2, No. 4, 1987, pp. 746-779。

② 一般认为，60 年代是台湾地区工业化、城市化发展最为迅速的时期，1973—1981 年则为台湾地区工业化的中期阶段。（参见杜雪君、黄忠华《台湾工业化与城市化发展经验及启示》，《台湾研究》2009 年第 5 期。）葛伯纳和葛瑞黛夫妇、雷伟立、胡台丽的研究分别代表了工业化推动家庭规模扩大的三条路径。虽然工业化改变了家庭经济生产的内容，但没有从根本上改变家庭组织经济生产的形式；反而因家庭的工业化生产所带来的对劳动力的需求以及家庭经济条件的提升，导致大家庭结构形式的重塑。葛伯纳和葛瑞黛的研究显示，工业化导致家庭经济生产从农业转向非农业，而且子代成员也在从事不同的非农工作，但大家庭形式得以保留，甚至比传统大家庭更有凝聚力。（Bernard Gallin and Rita Gallin, “The Chinese Joint Family in Changing Rural Taiwan,” in Sidney Greenblatt et al., eds., *Social Interaction in Chinese Society*, New York: Praeger Publishers, 1982.）雷伟立的研究显示，工业化没有改变家庭农业生产的内容，但在形式上吸纳了工业化的要素（比如规模化、机械化生产），从而走向家庭农场的道路。（William Lavely, “Industrialization and Household Complexity in Rural Taiwan,” *Social Forces*, Vol. 69, No. 1, 1990, pp. 235-251.）而在胡台丽的案例中，家庭工厂成为家庭经济生产的组织形式，尽管生产的内容从农业转向了非农业，但家庭成员在家庭工厂中依然采取传统的关系模式，从而保留了大家庭的形式。（Hu Taili, *My Mother-in-Law's Village: Rural Industrialization and Change in Taiean, Taipei: Institute of Ethnology*, Academia Sinica, 1984.）

随着台湾地区工业化进程的推进，家庭作坊与家庭工厂发展成为现代化的大规模工厂，家庭再也无法完成组织生产的功能，同时也无法维系大家庭结构的组织方式，从而使得台湾地区的家庭结构转型在工业化深入的背景下走向核心化。

最后，表 2 中的左上“传统中国大陆农村家庭”与左下“中国大陆农村集体化时期家庭”两个方格，显示了社会生产仍然以农业生产为主，但是家庭在组织生产与生活中的角色发生了根本性变化，其代表是 50—70 年代中国大陆的农村家庭。中国大陆在 20 世纪 50 年代经历了土地从私有变为非私有的重大转变；与此同时，农村家庭却没有经历工业化的过程。正是由于土地所有制度的变化，使得当时的中国农村家庭在没有经历工业化的情况下，原有家庭生产的组织方式走向瓦解，而生产队与人民公社成为组织生产与生活的重要实体单位，从而导致传统大家庭向小家庭转型。

上述的比较显示了关于家庭结构变化的理论意义。

1. 无论是否经历工业化，只要家庭继续承担组织生产与生活的重要角色，家庭结构就会表现出大家庭的结构形式（表 2 左上“传统中国大陆农村家庭”与右上“台湾地区经济起飞早期家庭”的对比）。

2. 即使没有经历工业化的洗礼，只要家庭生产与生活的组织形式发生了根本变化，大家庭向小家庭的转型趋势就会启动（表 2 左上“传统中国大陆农村家庭”与左下“中国大陆农村集体化时期家庭”的对比）。

可以得出，西方因为工业化进程的影响（没有类似中国的土地所有制变化），中国大陆在 50 年代因土地所有制变化（没有经历工业化），都促成了家庭在组织生产过程中的原有角色的衰退或消亡，从而最终走向相同的家庭结构小型化与核心化的趋势。

在不同的区域或不同的历史时期，家庭结构变化的目标可能一致，但是驱动这一变化的动力机制却可能完全不同。家庭结构历史变迁的图景比“趋同论”描述的要复杂得多。

（二）中国家庭结构转型的时间节点

有关中国家庭结构转型时间节点的争论至少有两个重要结论。一是“家庭革命”发生于 20 世纪早期，特别是新文化运动对于一切旧思想观念的革新，使得中国传统家庭开始疾风骤雨般地变革。二是中国家庭一直没有根本性的变化，直至 20 世纪 70 年代末家庭联产承包责任制开始前都可以归为传统家庭，只有改革开放带来的工业化与市场化转型才从根本上启动了中国农村家庭的结构转型。[①]

本研究不同意上述观点。在我们看来，中国家庭结构转型的时间节点既不在 20 世纪初，也不在 20 世纪末，而是在 20 世纪中期。在 20 世纪 50 年代中期开始的土地集体化进程，从根本上改变了支撑中国传统大家庭结构的生产与生活组织方式，启动了家庭结构转型。[②]

首先，直到 20 世纪中期以前，中国家庭的组织结构并未发生根本变化。杨庆堃对此有过精彩的论述。[③] 19 世纪晚期以来，“家庭革命”逐渐成为中国社会变迁的重要维度，但是这一革命始终处于“兴起—高涨—高潮—衰落—幻灭—再次兴起”的发展周期中，杨庆堃分别以辛亥革命、新文化运动、1937 年全面抗战作为节点，描绘了这一周期性的运动。[④] 在此期间，尽管家庭革命的观念或思潮越来越流行，但事实上的家庭制度并未发生根本的变化。考虑到近代中国较低的城镇化水平，绝大部分人生活在农村，如果农村的生产与生活组织形式没有根本性的变革，家庭制度不可能发生根本性变化。

在杨庆堃看来，从 1937 年兴起的家庭革命运动，随着 1953 年以后的国有化进程而放缓。[⑤] 我们的观点与之不同。正是这看起来并非为改造家庭结构为目的而实施的农业集体化运动，才真正导致了家庭制度的彻底转型，因为它改变了传统家庭制度的根本基础，即农户的土地所有权。土地集体化进程几乎席卷了全国所有的农村和家庭。就土地集体化对于家庭制度的影响而言，无论是深度上还是广度上，都是之前的家庭革命运动所不能比的。

其次，在 20 世纪 70 年代末期开始的工业化与城市化作用于家庭制度之

---

① 参见唐灿《国内家庭研究的理论与经验（1995—2007）》，《转型社会中的家庭与性别研究：理论与经验》，呼和浩特：内蒙古大学出版社，2010，第 37 页。

② 王跃生认为土改以来的诸多农村社会变革导致了农村家庭结构的转型。（参见王跃生《社会变革与婚姻家庭变动：20 世纪 30—90 年代的冀南农村》，北京：生活·读书·新知三联书店，2006。）我们更为明确地指出土地集体化开启了农村传统家庭结构转型的进程，并讨论了土地集体化改变家庭生产与生活组织方式、代际权力关系以及家庭财富的积累与传承方式，进而导致家庭内部结构转型的过程。

③ 参见 C. K. Yang, *The Chinese Family in the Communist Revolution*, Cambridge, MA: The MIT Press, 1959。

④ C. K. Yang, *The Chinese Family in the Communist Revolution*, Cambridge, MA: The MIT Press, 1959, pp. 208-209.

⑤ C. K. Yang, *The Chinese Family in the Communist Revolution*, Cambridge, MA: The MIT Press, 1959, p. 208.

前，特定历史时期的农村集体化运动已经导致家庭组织结构的根本变革。所以，中国农村家庭组织结构转型是由土地集体化开启的，而非西方意义上的工业化与城市化。

（三）为什么在70年代末期以后没有回归大家庭模式

为什么在70年代末家庭联产承包责任制重新恢复了农村家庭作为组织生产与生活的基本单位后，却没有恢复大家庭的结构形式？

至少有四个原因使得大家庭的结构形式的恢复变得不可能。首先，作为家庭财富积累根本所在的土地并没有恢复私有化，不能买卖，也无法进入家庭财富的传递中。在土地私有时期，土地是农民积累家庭财富的基础。但20世纪70年代末期以来，农村土地集体所有，不允许自由买卖，每个人拥有多少土地由村民小组统一划分。父代与子代之间没有私有的土地份额可传递。

其次，家庭作为组织经济生产与生活的功能已经不可能得到完全的恢复。这是因为，农村改革后家庭之外的非农务工很快成为普遍现象，非农收入成为农村经济收入的重要来源。人多地少、农业生产效益低下使得寻找非农工作成为农民增加收入的必然选择。尽管土地等主要生产资料重新分配到农户，农户也有了经营自主权，但家庭经济开展的过程及形式，无法恢复为土地私有时期的家户主主导的生产模式。

再次，农民家庭收入分配与财富积累的形式发生根本变化。年青一代的非农工作是在家庭之外的工厂完成的，他们的劳动以及劳动所得与家庭没有直接关系。经济生产形式的变化导致家庭收入分配、代际经济分割以及收入分配方式等各种生活组织形式发生变化。

最后，随着改革开放的深化，工业化、市场化以及农民工进城务工成为改变社会经济生活的重要机制。为适应这样的变化，农民家庭更快、更彻底地走向小型化。在此过程中，众多的农民家庭被割裂为城市—农村两部分的“分裂的家庭”。

六　结论

描述和解释家庭在西方工业化与城市化背景下走向小型化的趋同理论，没有明确指明其间的因果传导机制，这一缺损的中介机制就是家庭在组织生产与生活过程中的形式。我们使用两个村庄年龄在70岁以上的老年人的口述史资料，详细描述了在20世纪50年代中期土地集体化之前、50—70年代的土地集体化时期与70年代末期以后家庭联产承包责任制时期的农村家庭生产与生活情况，以及这三个时期农村家庭结构的变化，提出近现代中国农村传统大家庭向小家庭的转型并不是直接由西方传统意义上的工业化与城市化促成的，而是作为中国1949年后国家战略发展下特定选择的土地集体化彻底改变了传统家庭生产与生活的组织方式，消解了家庭原有的生产组织角色，削弱了父代对家庭生产与生活的控制，增加了子代独立生产与积累财富的潜力，进而驱动了家庭结构的根本性转型——传统大家庭不再是家庭成长周期中的偏好模式，并逐渐在家庭的成长周期中成为极其短暂的现象，甚至趋于消亡。而70年代末期来临的工业化只不过是巩固与加强了这一转变趋势。

上述论断不是为了否认西方工业化对于家庭结构变化的影响，而是力图强调除西方工业化外，其他形式的社会变革也带来了独立于西方工业化之外的影响。家庭结构的历史变迁具有超出我们想象的复杂性与多样性。与西方家庭转型以及中国台湾地区经济起飞初期家庭转型的比较，进一步确认了工业化对于家庭结构转型的影响需要通过家庭生产与生活的组织方式这一中介机制。这也正是我们用来剖析家庭变迁历史复杂性的关键点。

这一理论是对原有家庭社会学理论的补充：经典的趋同理论认为，世界各地的家庭因为同一类工业化的原因，将朝着核心化的姻亲家庭迈进；而我们的理论则认为，即使世界各地家庭变化的结果可能相同，都是朝向小型化家庭的趋势，但是驱动这一变化的动力机制可能各不相同，并显示出多样化的特征。20世纪50年代的中国农村土地集体化的过程建立了一种区别于之前的新型生产关系，是当时国家工业化战略的重要组成部分。显然，由此建立的新型生产关系根本上改变了传统中国大家庭生产与生活的组织方式，从而改变了家庭本身存在的结构模式。

同时，我们的结论改变了以往有关中国传统大家庭结构转型的动力机制与时间节点的看法。既然中国农村家庭变革的动力机制不是20世纪70年代末期开始的工业化，而是50年代中期的土地集体化进程，那么以往认为中国传统家庭结构转型开始的时间节点就往前推移了20多年。事实上，50年代中期集体化以后的中国农村家庭财产的所有与继承、生产活动的组织、劳动产品的分配、家庭权力的分布、代际关系的维系以及家庭成员之间的互动模式等都发生了翻天覆地的变化，家庭结构模式也与历史上的传统大家庭有着根本差异。

本文的经验材料来源于两个村庄的老年人访谈资料。但是，我们相信本文分析的历史背景事件在全国各地均有发生，我们分析经验材料并从中提炼的理论论断在归纳逻辑上是合理的。当然，我们也充分认识到，本文更多的是通过有限的经验材料提出了一个理论假说。即使这一理论展现的因果机制是合乎逻辑的，但也需要更多的历史材料或数据来检验它。因此，本文的结论远非中国传统大家庭转型这一复杂历史社会议题的定论，而仅是一个不同于以往结论的引玉之砖。

未来可能的研究可以考虑使用数据来证明本文提出的观点。获取 50 年代中期前后家庭变迁的数据资料也许非常困难，但获取 80 年代中期以后的大样本数据还是可能的。如果我们提出的关于工业化对于家庭结构的影响必须以家庭生产与生活组织方式为中介传导，那么我们在改革开放初期就应该观察到，农村家庭结构的变化应当与台湾地区家庭结构变迁的历史经验一致。事实上，有一些不成系统的材料已经从侧面证实这一点。①

① 赵喜顺：《专业户家庭特点浅析——四川省农民家庭抽样调查情况》，《社会科学研究》1985 年第 1 期。

村落过疏化与乡土公共性的重建*

田毅鹏**

摘　要：村落过疏化的发生既源于工业化、城市化对乡村人口的吸纳，同时也是农民强烈的脱离乡村，面向城市的观念作用下主动选择的结果。乡村人口的流失，导致村落共同体内部自生公共性、以政府为载体的“公助系统”同时发生危机，村落共同体的价值认同也走向式微。由乡村过疏化带来的地域社会衰落为我们展示出一种特殊的社会衰落类型，提出了“过疏地域社会何以可能”的话题。我们应弄清过疏村落社会的生成背景、过程及演进趋向，既要发挥政府的支撑作用，同时也不能忽略社会和市场力量的存在。反思单一的经济开发策略，由重视物的开发转变为强调文化价值的利用，寻找新的地域振兴主体，以实现乡土公共性的重建。

关键词：村落过疏化　乡村衰落　公共性　过疏对策

自人类步入现代社会以来，伴随着工业文明的勃兴和巨型城市的崛起，以乡村为中心的传统文明结构开始发生根本性变动。在工业化和城市化的拉动下，农村人口不断流入城市，城乡人口结构发生巨大变化。都市的人口密度越来越高，而乡村尤其是那些偏远村落，则成为人口稀少的过疏地域，并由此而走向衰落。无论是欧美早发现代化的发达国家，还是后发的非西方发展中国家，都大体经历了这一过程。正是在这一意义上，我们可

* 本文原载《社会科学战线》2014年第6期。本研究受国家社会科学基金重大项目（11&ZD147）、国家社会科学基金重点项目（10A2D002）资助。

** 田毅鹏，吉林大学哲学社会学院教授、博士生导师，研究方向：发展社会学。

以说“都市的兴起和乡村衰落在近百年来像是一件事的两面”①，成为时代变迁的重要标记。在现代工业社会，“对农民来说，农业的历史是痛苦的发展史，因为他们的精神状态和传统制度很难适应工业社会的需要，似乎有一种经济的和社会的衰退规律在威胁着农村社会”②。那么，工业化和城市化背景之下的乡村地域过疏现象为什么会发生？其进程到底会对现代社会产生哪些影响？则是学术界多年来密切关注的问题。本文试从公共性的研究视角，探讨村落过疏化背景下乡土公共性危机的发生及表现，并寻求重建之道。

一　村落过疏化与乡土社会的衰落

所谓过疏，主要是与“过密”或“适疏”相对而言的概念，是指因地域人口的减少，导致维持此地域最为基础的生活和生产的人口条件出现了困难。学界一般将这一变化过程称为“过疏化”，把处于此种状态的地域称为过疏地域。

1. 村落过疏化的发生

（1）工业化、城市化对乡村人口的吸纳

一般说来，过疏化现象的出现是以工业化和城市化进程为直接背景的，其发生具有一定的历史必然性。无论是早发现代化的英国、法国，还是后发现代化发展中国家，都必然经历这一进程。历史上，作为工业革命的发源地，英国是世界上最早针对工业化进程中的人口流动而实行城乡区域政策的国家。而在小农众多的法国，“城市和矿区的工业化，它引起劳动力的大量集中，使乡村的手工业和一切以木材为燃料的工业归于消灭”③。工业主义的触角所至，使得农村人口剧减，并迅速走向凋敝。在东亚，日本大约是在20世纪60年代经济发展奇迹后出现了乡村过疏化现象，到1970年代和1990年代，韩国和中国部分偏远的乡村也先后走向过疏化。

除了工业化和城市化对乡村社会的冲击和破坏之外，随着土地制度的变革、农业技术的进步以及农业经营规模的大型化，也导致大量农业人口的离农化，从事农业经营和生产的农家的户数逐渐减少，进而引发农业地

① 费孝通：《乡土中国 乡土重建》，上海：上海世纪出版集团，2007，第254页。

② 让·雄巴尔-德洛夫：《法国农业趣史》，马四丘等译，北京：农业出版社，1985，第59页。

③ 菲利普·潘什梅尔：《法国》上，漆竹生译，上海：上海译文出版社，1980，第137页。

域的衰落。

（2）乡村居民对城市生活的向往和认同

乡村过疏化现象的发生，不仅是经济快速发展背景下工农业产业间差别扩大的结果，同时也与乡村农民自身生活和文化观念的城市面向的变革直接相联系。由于交通发达，电视及网络的普及，有关城市文化和生活的信息可以毫无障碍地传播到乡村世界，农民足不出户，便可体验到都市生活方式和文化的魅力。此外，乡村昔日自给自足的自然经济逐渐被商品经济所打破，农民的日常生活开始与城市建立起较为密切的关联，村落的经济结构和消费结构都发生了巨大变化。工业与农业间的收入差距在明显拉大，尤其是后发现代化国家为实现现代化，采取优先发展重工业的策略，致使城乡之间长期存在着二元结构，更拉大了城乡间的差距。在城市与乡村强烈的对比反差中，农民的思想、行动和生活方式都发生了面向都市的变动，从而使农民尤其是青年农民产生了强烈的脱离乡村、面向城市的观念。正是在这一意义上，可以说乡村过疏化现象的发生，不仅是现代城乡社会经济结构直接作用下的产物，同时是农民主动选择的结果。

2. 村落过疏化的后果及性质

村落过疏化现象发生的初期，主要表现为人口数量减少。但随着过疏化问题不断加重，也出现了“经济凋敝”“就业机会缺乏”“村落世代维系困难”“村落组织崩坏”等现象，导致乡村社会走向衰落，主要表现如下。①地域产业和经济发展停滞。伴随着乡村农业生产的衰落和人口的大量外流，地方财政逐渐恶化。全球化背景下的贸易自由化，大量农作物从国外输入，导致农产品价格低迷，农产品生产经营收益极低。②乡村公共服务设施落后。因政府的公共事业投入急剧减少，包括医疗、教育在内的各种公共服务事业开始萎缩，乡村经常为医生不足和教师不足等地域问题所困扰，为了追求更好的医疗和教育条件，大量乡村人口开始外流。③乡村人口的老龄化。在这场由传统乡村向现代城市的空间转移过程中，青年人是当然的主力，其离乡入城的行动将过疏地域送入高龄化的世界。④过疏地域公共交通系统的危机。由于人口减少，过疏地域的交通系统也面临挑战。一些客运线路因乘客剧减而无法运营，开始减少甚至废止。由于公共交通的废弛，居民购物也极不方便，过疏地域的商业街也走向萧条。⑤农村村庄聚落的荒废。因房屋大量闲置，导致作为人类文明重要存在形态的乡村聚落景观也面临着存废的挑战。

由此可见，过疏化背景下的乡村社会衰落，其性质极其复杂，我们不能简单地将其视为一种经济衰退现象，也不能将其理解为一种单纯的人口流失问题。要把“过疏”概念作为生产和生活组织机构——农村社会崩坏现象来加以总体把握，同时关注村民意识衰退现象的发生。在分析过疏问题时，要特别注意从地域的产业、生活和意识三个方面来加以分析理解。[①]可见，过疏化这一城乡社会的剧烈变迁乃是人类社会步入现代社会后在工业化和城市化的背景下所面临的一种根本性的文明变局。在此变局之下，城乡“两种生活方式的这种分道扬镳，愈来愈形成了两个社会的分离”[②]。早在民国时期，即有学者指出乡村过疏化的直接后果造成了乡村社会衰落：“故都市之发达，常伴以农村倾危，凡农村之人口，都市收之；农村之才智，都市用之；农村之储蓄资本，而都市攫取之；农村之生产物品，而都市消费之，农村之利得，而都市垄断之；然其所贻赐于农村者，则仅老弱之人，与奢侈之习，以及放纵之行为耳。以农村之牺牲，求都市之发达，其不落于倾颓衰灭也，乌可得哉！”[③]

二　村落过疏化与乡土公共性危机的表现

如前所述，过疏化村庄走向衰落不是一种单纯的经济现象或人口移动现象，而是现代社会所面临的一种总体性结构变动。在人类文明史上，任何一个称得上“文明”的社会，无论是发达的城市社会，还是偏僻的乡土共同体，都应拥有较为发达的“公共性体系”。公共性之所以能够作为文明社会存在和发展最基本的条件而存在，主要是因为就公共性的性质而言，其对社会具有极广的利害和影响。而且其影响不局限于特定的集团，而是面向社会全体，是“某一文化圈里成员所能共同（其极限为平等）享受某种利益，因而共同承担相应义务的制度的性质”[④]。从一般意义上讲，公共性的内涵比较复杂，既包括其共同体内部自生的公共性，也包括由政府承载的公共性。在现实中如果一种公共性的体系结构被破坏，那么，其共同体公共性的结构必然遭到严重的削弱。值得注意的是，走向过疏化的乡土公共性危机的特殊性在于，因短时间内的人口大量外流，其地域足以支撑起社会正常运行的人口数量和社会关系状态发生了变化，出现了“过疏地

---

① 安达生恒：《村庄和人间的崩坏》，京都：三一书房，1973，第19页。

② 菲利普·潘什梅尔：《法国》上，漆竹生译，上海：上海译文出版社，1980，第139页。

③ 曲宪汤：《乡村衰落之原因及其救济》，《并州学院月刊》1933年第3期。

④ 李明伍：《公共性的一般类型及其若干传统模型》，《社会学研究》1997年第4期。

域的社会何以可能”的问题。

1. 村落共同体内部自生公共性的危机

在漫长的农业文明发展岁月里，村落作为一个真实的生活共同体和生产共同体，在乡土公共性构建进程中发挥了重要的作用。村落共同体自生的公共性主要是围绕着村落共同体“共助”体系而展开的，既包括村落生活中的“共助”，也包括生产中的“互助”。值得注意的是，村落共同体的公共性构建功能的发挥实际上是在村落的人口、土地、生产及生活体系健全的前提下存在的，如果村落因人口大量减少而陷入危机，基于生活和劳动过程而建立起来的社会联结走向解体，其公共性生产的能力势必要大打折扣。

（1）村落共同体生活“共助体系”的危机

从理论上看，村落共同体的“共助系统”主要是借助于“家共同体”和“邻人共同体”而展开的，它构成了乡土社会最重要的社会关联。这里所说的社会关联，主要是指村民之间的具体关系及建立在这种关系上的行动能力。在乡土社会常态运行的条件下，依靠这些社会关联，村落社会的秩序得以实现。而在村落过疏化的背景下，村落共同体中那种源于生活中的“共助系统”则不可避免地走向危机和衰落。

战国时期，孟子在其“井田”遐想中曾描绘出“乡里同井，出入相友，守望相助，疾病相扶持”的温馨图景。19世纪80年代，德国社会学家滕尼斯关于共同体的基本理论建构实际上也是以村落共同体为原型而展开的。在滕尼斯看来，共同体应该是“持久的和真正的共同生活，社会只不过是一种暂时的和表面的共同生活”。“一切亲密的、秘密的、单纯的共同生活，被理解为在共同体里的生活。社会是公众性的，是世界。人们在共同体里与同伙一起，从出生之时起，就休戚与共，同甘共苦。人们走进社会就如同走进他乡异国。青年人被告诫别上坏的社会的当。”[①] “在共同体里，尽管有种种的分离，仍然保持着结合；在社会里，尽管有种种的结合，仍然保持着分离。”[②] 稍后，韦伯论及社群互助基础的问题时，在承认“家共同体”是最为普遍分布的一种“经济共同体”，具有相当持续且紧密的共同体行动能力的同时，率先提出“邻人共同体”概念，认为“家是一种满足一般日

① 斐迪南·滕尼斯：《共同体与社会——纯粹社会学的基本概念》，林荣远译，北京：商务印书馆，1999，第52—53页。

② 斐迪南·滕尼斯：《共同体与社会——纯粹社会学的基本概念》，林荣远译，北京：商务印书馆，1999，第95页。

用的财货需求与劳动需求的共同体。在自给自足的农业经济里，遇到紧急的状态、极端的匮乏与危机而有非常需求时，其中很重要的一部分必须仰赖超越家共同体之上的共同体行动，亦即‘邻人’（Nachbar-Schaft）的援助”。基于长期或暂时的居住或停留而形成近邻关系，从而产生出一种长期慢性或昙花一现的共同利害状态。这种“邻人共同体”构成了“社群”的原始基础，在传统的农业时代，村落共同体生活的“共助体系”具有超强的稳定性，它在很大程度上维持了村落活力与秩序的存在。但工业化、城市化背景下的乡村过疏化则瓦解了这一“共助系统”①赖以存在的基础，导致“家共同体”走向凋零。虽然在村落人口外流的过程中，存在着举家迁徙的类型，表现出家共同体超强的“连带”和“内聚”特性。但不可否认的是，更多的家庭所面临的情况是，青壮年劳动力离乡进城打工，而老人、妇女、儿童在乡村“留守”这样一个更为复杂的“分离”过程。

在城乡关系发生剧烈变迁的过程中，农民兼业问题值得特别关注。走向兼业的农民，在保有农民身份的同时，也是某项非农职业的从事者。伴随着兼业行为的发展，兼业化的一个重要社会后果是，“家”的结构发生了重要变化，进而对传统的村落结构产生巨大冲击。在通常情况下，城郊农民可以通过通勤方式实施兼业，并不影响其家庭结构的完整性。而过疏地带的农民选择兼业，则必然要以破坏“家庭”的完整性为代价。因为进城兼业打工地点距离较远，过疏化村落的兼业者无法回村居住，必须离开村落，长期居住在工作地。由此，兼业者需要长时间离家，导致村落中的青壮年不能照顾家庭，也无法参与村落事务，成为村落社会的“缺场者”。此外，兼业者的空间和场域是交错的，久而久之，农村的场域逐渐开始服从城市工作的场域，兼业者的观念将发生巨大变化。

由于常年外出打工的兼业经营者基本上是青壮年劳动力，势必导致过疏化村落家共同体的残缺和凋零，出现大量留守人群，严重地破坏了村落共同体内部的“共助”体系，出现了“共助”能力的危机。据全国妇联发布的我国农村留守儿童、城乡流动儿童状况最新的研究报告，目前全国农村留守儿童数量为6102.55万人，占农村儿童总数的37.7%，占全国儿童总数的21.88%。与2005年全国1%抽样调查估算数据相比，5年间全国农村

① 马克斯·韦伯：《经济行动与社会团体》，康乐、简惠美译，桂林：广西师范大学出版社，2004，第261—262页。

留守儿童增加约242万人。[①]

村落过疏化的另一重要后果是村庄空心化。由于村民大量外流，导致很多村落房屋空置化，一些外出打工的农民纷纷把家安到了城（镇）里，造成农村的旧宅子“人去屋空”。村庄房屋大量闲置不仅是资源的浪费，更使昔日的村落邻里关系联结遭到破坏，甚至走向解体。村庄青壮年劳动力的稀缺，使得村落传统的礼俗活动无法正常举行。

（2）基于劳动生产而生成的互助体系的解体

在传统的乡土熟人社会，基于生产劳动而形成的村落互助行为非常普遍。主要表现为农户间的自愿互助、帮工帮畜、帮农具等形式。

在村落走向过疏化的过程中，因劳动力短缺，生产停滞，土地荒芜，村庄长期基于劳动生产而生成的互助体系也开始走向解体。主要表现为：其一，在乡村劳动力大量外流的过程中，伴随着家族的衰落和凋零，传统的基于血缘的生产互助行动被大大弱化；其二，由于乡村精英和青壮年劳动力的大量流失，“造成了乡村结构的进一步疏松，使得分散的小农在资金、技术、信息等资源的获得方面都处于不利地位”[②]；其三，过疏化村庄的农业生产衰落凋敝，村落集体经济不发达，村共同体的共同利益大大弱化。在乡农民逐渐变为孤立的、原子化的“理性小农”，合作能力下降，包括水利灌溉、道路硬化等乡村公共问题都无法得到有效解决；其四，农业生产经营规模的大型化和农业技术的普及和应用，虽然对于农村劳动力紧张局面有所缓解，但消解了农户间传统的合作机制。

（3）村落老龄化与村庄“共助”能力的衰退

村落年轻人大量外出的直接后果是村落的老龄化。在年轻人大量流出、家族崩坏的社会背景下，作为现代性直接后果的老龄化问题没有首先在现代文明的中心地城市出现，而是在传统村落的穷乡僻壤率先发生。家共同体的凋零，导致基于家庭的“私的抚养”体系已大大弱化，过疏地域老人社会生活支持体系将不可避免地面临严重的危机。结合过疏地域老龄化演进的一般趋向，我们会发现过疏地域老人问题的严重性在于：长期以来村落社会赖以存在和发展的“依赖结构”已被严重破坏，而危机中的村落又很难在短时间内走向“终结”，从而将过疏地带的村落置于进退维谷的窘

① 《全国妇联：独居留守儿童超200万人》，《中国教育报》2013年5月17日。

② 武小龙、刘祖云：《村社空心化的形成及其治理逻辑——基于结构功能主义的分析范式》，《西北农林科技大学学报》2014年第1期。

境，这或许是过疏地域老人问题认识及解决艰难之所在。应该说，老年群体间也存在大量的互助行为，但毫无疑问，这种构成要素单一的互助行动具有明显的局限性。由于老年群体自身所具有的诸多不可克服的局限性，其互助、共助的能力亦大打折扣。

2. 以政府为载体的“公助系统”的危机

在现代国家体制下，政府有义务为其城乡居民提供医疗、教育、社会保障等基本的公共服务，构成了一个庞大的“公助系统”。但在村落过疏化的背景下，因村庄人口急剧减少，包括学校、医院等由政府承载的“公助系统”将不可避免地发生运行危机，陷入进退维谷的窘境。

（1）过疏乡村公共服务体系运行的“人口门槛”

在城乡公共性建构的问题上，人口居住密度指标一直是一个最重要的影响因素。著名的城市研究者雅各布斯曾专门论述“密度”对于城市的重要，她认为，对于城市来说，“人流的密度必须达到足够高的程度，不管这些人是以什么目的来到这里，其中包括本地居民”①。对于雅氏的上述观点，我们可以有多样的解读，但有一点是不可否认的，即密度对于城市的公共事业运行和市场消费的展开提供最为基本的支撑条件。如果没有一定程度的人口作为支撑，城市社会的存在几乎是不可想象的，事实上乡村社会也是如此。20 世纪 60 年代，欧洲一些国家曾确定乡村公共服务设施的人口数量基准，其基本情况是：一所小学需要的门槛人口在 5000 人左右，一个医生需要至少为 2000 人服务才能有规模效益，一个由 3 个医生组成的医疗小组可服务 8000 人，一个化学药剂师需要的门槛人口约为 4000 人。②

以人口门槛理论来评价过疏乡村以政府为载体的“公助系统”，我们会发现，在村落人口大幅度减少的情况下，政府设在乡村的公共服务设施难以充分利用，公共服务的人均成本空前增大，其应用效能也直线降低。同时，那些公共服务设施的维护也存在着困难，消解了农村社区公共服务发展的现实基础。以过疏化地域的医疗服务体系为例，由于人口大幅度减少，导致政府主办的医疗服务机构难以为继。据统计，20 世纪 60 年代，在日本典型的过疏地域岛根县，“共有国民健康保险诊疗所 49 个，但其中有 5 个因缺乏医师而无法开业。此外还有 29 个诊所因交通不便和经营困难等问题虽表面上开业但实际上处于休诊状态。这样，49 个诊所中至少有 34 个难以发

① 简·雅各布斯：《美国大城市的死与生》，金衡山译，南京：译林出版社，2005，第 221 页。

② 龙花楼：《中国乡村转型发展与土地利用》，北京：科学出版社，2012，第 197 页。

挥作用”①。由此，日本社会虽然已实行 70 岁以上老人医疗免费的制度，但因山区医生短缺，医疗设备不足，使得这一制度在“过疏地带”形同虚设。根据日本厚生省的定义，所谓“无医地区”主要是指没有医疗机构的地域，具体言之，即以此地域的中心场所为圆点，其半径 4 公里的区域内居住 50 人左右，不容易利用医疗机构的地区。

人口过疏化同样威胁到乡村教育的正常发展。在乡村走向过疏化的背景下，随着人口大量外流，导致农村学校难以保持基本的生源和优质师资，注定要走向衰落。而农村学校的衰落反过来又推动更多的求学者告别乡村进入城市教育机构。由此，乡村学校将面临不可调和的危机。虽然乡村走向过疏化是一个短时间内发生的现象，但其走向终结却是一个长期性的问题。由此，过疏地带农村中小学的发展面临着两难困境：一方面，由于学龄儿童的大幅度减少，导致学校生源不足，教师资源匮乏，教学质量急剧下滑，难以为继；另一方面，如果政府主管部门采取合并策略，整合资源，可以在一定程度上提高教学质量，但又会导致因撤校而产生大量失学儿童。

（2）过疏化乡村公共服务市场化路径的阻滞

近年来，在新公共管理的理论视阈下，城乡公共服务市场化改革成为一种值得注意的新趋向。在新时期的中国主要表现为，大力推进政府向社会力量购买公共服务。凡是社会能办好的，尽量交给社会力量承担。凡适合市场、社会组织承担的，都可以通过委托、承包、采购等方式交给市场和社会组织承担。采取这样的形式，既能加快解决公共服务产品短缺问题，又能形成公共服务发展新机制。毫无疑问，改变城乡公共服务提供主体一元化的格局，发展服务提供市场化和多元化的供给格局，有利于改变政府垄断服务资源、公共服务低水平徘徊的局面。但值得注意的是，在公共服务市场化改革的进程中，我们必须区别城乡差异、一般农村与过疏化乡村之间的区别。因为在人口大幅度减少、村落组织走向衰败的情况下，过疏化乡村缺少市场化操作的必要条件。正如有的学者所言：“市场化的目标是要激活公共服务的供给机制，使公共服务的提供具有竞争性。而农村的公共服务体制，目前恰恰很难出现多元的提供主体，因此无法形成竞争格局。实际上，很多公共服务和公共物品，在农村是很难形成竞争格局的。因为农村消费能力有限，市场几乎没有主体愿意为农村的这些设施或服务承担

① 内藤正中：《过疏化与新产都》，岛根：今井书店，1968，第 13 页。

经营风险。”① 可见，由于过疏化地域的消费缺少足够的居民数量支撑，难以形成发展规模，一般的市场化机构很难进入，现有的服务业也会因亏损而从地域退出。

3. 村落价值认同的式微

在滕尼斯的笔下，包括村落在内的前工业时代的共同体拥有某种共同价值观，“精神共同体在同从前的各种共同体的结合中，可以被理解为真正的人的和最高形式的共同体”②。共同体内部成员的集体认同既建立在对其乡土自然环境、人文景观传承而萌生的自豪感的基础之上，同时也是伦理本位下熟人社会教化和相互制约的结果。但在乡村走向过疏化的进程中，这些千百年来培育起来的村落价值认同却受到前所未有的冲击。

（1）对现代城市文化及生活的崇拜，使村落成员对故乡失去了应有的信心和认同，产生了大量的“故乡丧失者”

关于乡村文化自信丧失的发生机制和演化进程，已有很多学者论及，其观点认为城市文化相较于农村文化而言，具有无可比拟的优势，正是在这种强烈的反差中，乡村丧失了其固有的优势和自信，“今之教育机关，所设立于都市，高深学府，故无论矣，即同一之中小学校，亦以立于都市者，较之立于乡村者设备完善，教授适法，因之欲高深而完美之教育者，势不得不离乡村而之都市，此教育都市化之足致农村于衰退也”。“乡村人才，均负笈都市，久惯都市生活，对乡村风况，自生鄙弃心理，掉头弗顾，而蛰伏乡村之较智分子，亦思一展胸怀，趋赴都市，待价而沽，以期发挥能力，农村人才，闾巷一空”，“其他如娱乐之设施，备之都市，医药之精良，集于都市，交通之中心，必以都市，语言之通行，亦不能根据于方言俗音，而准行乎都市之口音也。至礼仪节文，在都市与乡村，文野判然，是故一举一动，一采一汰，莫不以都市为准，而乡村之甩脱，乃自然之结果也”③。

法国社会学家布迪厄结合历史上法国农村的溃败，揭示了农民的自卑情结是如何作用于乡村衰败过程之中的：“人们往往哀叹这种农村人口的流失是一种社会灾难。将集团的女孩嫁给——一般是高攀——城市居民，这一事实表明，这个集团有意无意之间接受了城里人对农民的实际价值和预期价值的看法。城里人心目中的农民形象虽说有时受到压制，可总是一再

① 汪锦军：《农村公共服务体制改革：由市场化到参与式治理》，《学习时报》2013年3月4日。

② 斐迪南·滕尼斯：《共同体与社会——纯粹社会学的基本概念》，林荣远译，北京：商务印书馆，1999，第65页。

③ 曲宪汤：《乡村衰落之原因及其救济》，《并州学院月刊》1933年第3期。

出现，这种形象甚至强加到农民的意识之中……在每个个体的层面上，都可以感受得到这种内部溃败，而这种溃败正是这些人相互孤立的背叛（他们所属的集团）的根源。”①

（2）从“熟人社会”到“无主体熟人社会”

村落人口大量减少，导致乡村传统的“熟人社会”变成了“无主体熟人社会”。众所周知，传统的乡土社会是典型的熟人社会，村民生于斯、长于斯，通过血缘、地缘和业缘关系，建立起密切的互动关系。但乡村社会的过疏化，却使村庄熟人社会的主体结构发生了变化，出现了“无主体熟人社会”。

所谓“无主体”在这里主要有两层含义，一是指“主体长期缺场”，即指“目前乡村大量青壮年劳动力长年的异地化生活，已导致乡村社会的日常生活运作不具‘熟人社会’的特征，我们不妨将这种‘病态’的熟人社会称为‘无主体熟人社会’”②。“主体长期缺场”的社会后果在于，乡土社会内传统的社会互动关系遭到破坏，社会联结残缺化，对村落的文化价值认同亦必然走向错乱。二是指“主体继承者”的缺失。近年来，农村研究界提出了新生代农民工概念，认为自20世纪90年代中期以来，农民工群体已经出现代际分化，他们的流动动机存在着很大的差别，社会特征也不尽相同。故我们可以将20世纪90年代开始进城务工的人称为新生代农民工。从发展的视角审视新生代农民工现象，多数学者的结论是，无论在关系上还是生活上，新生代农民工都已不属于乡土社会场域，他们基本上生活在城市，有时也游走于城乡社会之间。从其未来发展的轨迹看，他们已不可能成为乡土文化的“认同者”和“继承者”。故在乡村走向过疏化的进程中，传统乡村世界那些无形的文化遗产将失去承载的基本载体，导致文化传统及技能代际传递链条的中断。

三　过疏对策与乡土公共性的重建

面对工业化、城市化背景下人类文明结构的空前剧变，各国学界都给予了密切关注并进行了研究。法国社会学家孟德拉斯曾提出“农民的终结”

---

① 皮埃尔·布迪厄、华康德：《实践与反思》，李猛、李康译，北京：中央编译出版社，1998，第319页。

② 吴重庆：《无主体熟人社会》，《开放时代》2002年第1期。

等命题，断言：“20亿农民站在工业文明的入口处：这就是20世纪下半叶当今世界向社会科学提出的主要问题。”① 学界之所以关注此话题，主要是因为人类在农业时代生活已有数千年之久，农业文明承载了人类漫长而丰富的文化及生活经验智慧，而步入工业时代实际上只有几百年的时间。在这一根本性的转型和变革中，人类会丢失什么？能收获什么？自然令人格外关注。为了降低转型代价，我们应弄清过疏社会的生成背景、过程及其运行机理，充分意识到村落变迁的长期性，加大工业反哺农村的力度，切实推进过疏化村落的转型和振兴。

总体上看，世界各国为维持城乡协调发展，不断推出所谓“过疏对策”，试图在政策干预和调适的基础上，最大限度地保持乡村活力。这些过疏对策主要包括：经济对策、人口对策、文化对策、组织对策等。与学术意义上的“过疏”概念不同，政策层面上的“过疏”概念主要是将现象发生地域作为具体的政策对象，注意政策对策执行过程中的可操作性和有效性。

1. 经济对策：从单一的经济开发，到内在的开发策略

既然乡村过疏地域衰败最主要的表现是经济凋敝，那么，各种过疏对策自然首先将政策目标指向了经济开发领域。试图通过招商引资、兴办企业等经济对策，以实现过疏地域的发展和振兴。如在日本20世纪六七十年代以来陆续推出的过疏对策中，“积极开发论”都占据了主导地位，主要包括离岛振兴法和山村振兴法等，希望通过建立企业、投入大型公共设施项目等方法，以扭转乡村衰落的事实。应该说，经济开发意义上的过疏对策在初期发挥了一定的作用，但随着时间的推移，经济开发意义上的过疏对策的局限性逐渐显露出来，主要表现在：①现代经济集中化、过密化的发展趋向，使得企业的流向并不趋近于过疏地域，从而给过疏地域的经济振兴方略蒙上一层阴影；②很多开发要求强烈的过疏化地域因其环境、资源、交通等方面的弱点，使其并不适合走经济开发之路；③过疏地域劳动力的普遍缺乏。对于年轻人来说，无论过疏地域的公共设施如何整备，那些没有工作场所的地方都不可能成为青年人的理想居所。

总之，从宏观视角展开分析，我们会发现，在单一经济取向的过疏对策遇到障碍的情况下，20世纪晚期各国的过疏地域治理已发生了一些值得注意的变化。

第一，重视“内在的开发”，其最具典型意义的事件是“一村一品”运

① 孟德拉斯：《农民的终结》，李培林译，北京：社会科学文献出版社，2005，第1页。

动。由于过疏地域面临人口减少、交通闭塞、信息阻滞等不利条件，导致其地域已不可能通过引进企业从事大规模的“外在的开发”，而被迫转向所谓“内在的开发”。“一村一品”是日本大分县知事首倡的一种过疏地域振兴活动，主要是指每一地域（町村）都运用其智慧，开发独具地方特色的产品。这些特色产品可以是古时流传下来的建筑旧居遗迹，可以是口耳相传的民谣，民间歌舞，也可以是地方出产的有形的土特物产，结果大获成功。“一村一品”运动实际上是在从外部引进企业已不可能的过疏地域，转而走向挖掘和激活地域传统内在资源、人才，凸显地域个性，以地域居民独具的智慧和理念创造出富有特色的地域文化产品。

第二，从仅关注过疏地域的“经济变化”到重视其“社会变化”，即由“硬件”转向“软件”。从进行所谓土木工程治理，转变为建成“居住愉快”的场所，培养良好的人际关系。也就是说，其主旨在从经济学领域不断转向社会学领域①。

2. 人口对策：地域振兴主体的多元选择

在过疏对策推进的过程中，人们发现过疏地域的衰落并不仅是因医疗、教育、交通、消费、购物等公共服务设施的运行障碍和维护困难，而是该地域因青壮年劳动力大量外流而缺乏地域振兴适当的承担者。

（1）设法留住年轻人

无论是基于何种考虑，过疏地域振兴的首要任务都是要遏制人口持续减少的态势，尤其是设法留住年轻人。但此项人口对策却始终面临着严峻的挑战。如果我们承认现代社会中人口从农村向城市的移动，乃是一种历史的必然的话，就会发现，简单地通过行政手段阻止人口离开农村是不可能的，也是有害的。因为阻止人口流动的后果只能加大地域差距。既然各地域发展速度是不均衡的，那么，如果我们想要缩小地域差别的话，就不能抑制人口移动。须知，乡村的衰落，不是由于乡村人跑去都市。正是由于乡村的衰落，人们才跑去都市。② 因此，如何在城乡开放的氛围下，给农村青年以本土发展创业的机会，才是问题的关键。

（2）以老年群体为载体的公共性构建

虽然各国在应对过疏地域衰落问题时，都提出将农村打造成一块对年

---

① 鸟越皓之：《日本社会论：家与村的社会学》，王颉译，北京：社会科学文献出版社，2006，第 206 页。

② 罗荣渠主编《从“西化”到现代化——五四以来有关中国的文化趋向和发展道路论争文选》，北京：北京大学出版社，1990，第 873 页。

轻人有吸引力的磁铁，以吸引年轻人在地就业或返乡就业，但此项举措很难在短时间内奏效。因此，在相当一段时间内，老年人仍将作为农村振兴的主要力量而存在。

关于老年人社会角色扮演问题，欧美学界较有影响的理论是所谓“社会脱离理论”。此种理论认为：“老年人减少他们的活动水平，寻求较消极的角色，减少与他人的交往，越来越关心他们的内心生命却被看作正常的、不可避免的和令人满意的。”① 社会脱离理论被认为不仅适应老年人，而且对社会也有利。所有的社会都需要井然有序地把老年人的权力传给年青一代。但近年来学界关于过疏地域振兴的实证研究却告诉我们，对于走向过疏化的乡土社会来说，积极老龄化似乎是一种更为现实的策略选择。因为在过疏化村落里，老年人占据多数的情况短时间内不可能改变，故我们必须正视其在地域振兴过程中的特殊作用。

有研究成果证明，老年人持续的社会参与对于提高其主观幸福感和社会地位具有重要作用。积极的社会参与使老年人仍然在社会上创造价值，同时因老年人仍然处于社会关系结构之中，得以获得真实的社会角色扮演。据日本学者研究，伴随着过疏地域人口老龄化的进程，老人的社会地位和权威角色发生了深刻的变化。在过疏化现象发生之前，在封闭的乡土共同体内，老人因其在生产和生活中的特殊地位而扮演着乡村家族家长和村落权威的角色。但是在经济高速发展和人口快速流动的背景下，村落昔日的经济生活和社会生活中都发生了剧烈的变化，其突出表现便是乡村老人权威的衰落。老人权威地位的丧失使其社会地位下降，并迅速走向边缘化，其生活笼罩在浓重的孤独感之中。新潟县东颈城郡的6个町村以老人自杀率最高而闻名日本列岛，其老人自杀率达到日本全国平均数的5倍。据调查，该地域自杀老人多为中等以上家境的农家，值得注意的是，老人自杀的时间选择不是在子女外出打工的冬季，而多发生在5月或10月的农忙季节。据研究，“老人冬季自杀现象之所以很少发生，主要是因为此期间子女多外出打工，老人需要承担清雪等重任。而在农忙时节自杀事件频发，则主要因为在农业机械化时代，老人在农业劳动中已无角色可以扮演，事实上已被排除在劳动体系之外，由此老人在生产和生活中的地位和价值很自然被

① N. R. 霍曼、H. A. 基亚克：《社会老年学——多学科展望》，冯韵文、屠敏珠译，北京：社会科学文献出版社，1992，第68—69页。

消解”[1]。可见，过疏地域老人的自杀事件与其过疏社会老人的孤独感有着密切的关联。

3. 文化对策：由重视物的开发到精神价值的重构

（1）地域自信心的重建

如前所述，地域过疏化背景下的地方空洞化、人口外流、资金缺乏、经济活动停滞等，固然是地域衰落的重要影响因素，但地域居民对地方长时期积淀起来的自信心的丧失，是其中更为重要的因素。在居民故乡意识衰退的情况下，政府有再大的公共设施和项目投入，也难以取得真实的发展效果。

（2）重视地域资源的开发利用

这里所说的地域资源，既包括基于自然环境和地理条件在内的自然资源，也包括植根于地域历史发展进程之中的社会资源和文化资源。重视地域资源的开发利用，就是实现由单纯地追求“物”的丰富性，到追求居民生活及其价值的丰富性。有的学者从“儒学下乡”的视角，强调地域传统文化复兴的作用。认为从“无主体熟人社会”中“熟人社会特征的周期性呈现”这一特征出发，农村社会的“主体”成员虽然常年离乡，但这不仅不妨碍反而进一步激发了他们参与诸如元宵节、祭祖等乡村传统仪式性活动的热情。所以，今天的儒学“下乡”，可专注于推动符合儒学精神的宗族文化复兴、乡村重大节庆及家户婚丧嫁娶、祭祖认宗的礼仪文化建设，通过仪式的铺陈和对仪式的参与，以仪式现场的集体氛围而非个体式的道德自觉，唤起乡民对儒学所倡导的基本价值理念的敬重。[2]

4. 组织对策

（1）激活过疏化村落的自治传统，加强村落组织建设

与城市社会相比，乡村社会从来就是人口密度较低的社会，在政府和市场力量作用有限的情况下，其社会内部自治性力量一直就比较发达，表现出乡土文明超强的韧性。在城市化进程中，虽然乡村社会在逐步走向解体，但地域社会中人们的社会关联不可能完全丧失。为了更好地把握这一社会联结的存在，我们有必要引入“共同性”概念，以发现日常生活中显在的和潜在的共同性的存在，重建过疏地域居民的社会联结。要注意加强地域特殊群体的组织建设。基于过疏村落中留守人群的主要构成，应加强

① 安达生恒：《村落与人类社会的崩解》，京都：三一书房，1973，第156页。

② 吴重庆：《农村空心化背景下的儒学“下乡”》，《文化纵横》2012年第2期。

老年协会和女性组织的建设，发挥其组织内部的互助功能。同时，鉴于过疏化村落组织衰败和村民参与不足的现实，应注意发挥村落精英的统率和内聚作用。

（2）村落合并与组织重建

迄今为止，村落合并是各国应对过疏化村落组织衰败的最常用的方法，即通过行政手段，对那些因人口外流严重，已难以正常维持运行的村落实施迁徙与合并，形成新的中心村落居住区。由于合并后的村落人口密度大大增加，其原来由过疏化而带来的问题似乎可以迎刃而解。但值得注意的是，过疏化村落基本上是由留守老人、妇女、儿童等弱势群体构成的，其抗风险和持续性发展的能力极弱。故政府合并村落的政策选择应该格外慎重，以避免产生雪上加霜的意外后果。

总之，在反思过疏社会治理对策时，我们应深入理解其复杂性和总体性。其一，由乡村过疏化而带来的地域社会衰落为我们展示出一种特殊的社会衰落类型。由于人口中有效劳动力突然大规模地减少，使得过疏化地域的社会关系、社会组织、群体文化发生剧变，最终提出了“过疏地域社会何以可能”的话题。其二，此种社会衰落的类型是在现代化进程中发生的，凸显了传统与现代之间的矛盾冲突，其变迁具有总体性，故过疏地域治理对策是一个综合作用的结果，我们在实施相关政策时，应注意各种力量之间的相互调适，不应简单冒进。其三，不能仅仅将过疏化社会的治理看成一个经济振兴的问题，而应发现其问题的复杂性。在国家—市场—社会这一三角力量关系中，既要发挥政府的支撑作用，同时也不能忽略社会和市场力量的存在。如在乡村社会走向衰落和村庄公共性危机的背景下，政府责任之履行至关重要。政府是运用自身所拥有的权力和资源加速这一进程，还是逆向而动，努力减缓这一进程所产生的社会震动，成为问题的关键。

2001 年，哈佛大学经济学家爱德华·格莱泽出版了名为《城市的胜利：城市如何让我们变得更加富有、智慧、绿色、健康和幸福》的著作，提出“城市是人类最伟大的发明，寄托着人们对未来最美好的希望。高度的城市生活不仅有利于保护环境，而且能够带来创新与发展，推动人类文明的进程”①。但在这里我们必须指出，所谓“城市的胜利”，并不意味着乡村将在

① 爱德华·格莱泽：《城市的胜利：城市如何让我们变得更加富有、智慧、绿色、健康和幸福》，刘润泉译，上海：上海社会科学院出版社，2001，序言。

衰落中退出历史舞台，而是应在城乡一体化的理念之下，实现人类文明空间结构的重建，诚如英国城市学家霍华德所言："城市磁铁和乡村磁铁都不能全面反映大自然的用心和意图。人类社会和自然美景本应兼而有之。两块磁铁必须合而为一。这种该诅咒的社会和自然的畸形分隔再也不能继续下去了。城市和乡村必须成婚，这种愉快的结合将迸发出新的希望、新的生活、新的文明。"① 这是我们在理解乡村过疏化问题时所应该采取的立场。

① 埃比尼泽·霍华德：《明日的田园城市》，金经元译，北京：商务印书馆，2000，第9页。

社会矛盾倒逼改革发展的机制分析*

吴忠民**

摘　要： 社会矛盾的存在对于社会发展具有不同程度的负面效应；同时，在一定条件下，社会矛盾的倒逼也会成为社会发展的积极推动力量。在全面深化改革的时代背景下，正确发挥社会矛盾倒逼改革发展的积极作用至关重要。社会矛盾倒逼改革发展所呈现出的积极作用主要表现在：社会矛盾的制度性调节，能够推动社会公正程度的不断提高；社会矛盾的加剧或升级，会为新的利益格局形成提供重要契机；社会矛盾的有效化解，能够促进制度的发展和完善；社会矛盾冲突在一定条件下能够释放社会的不满和积怨。然而，并非所有的社会矛盾都能推动改革发展，需要具备必要的现实条件：社会矛盾相关方特别是有影响力的相关方不能陷入非理性认知的状态；多数社会群体对未来前景达成较为广泛的共识；政府必须选择恰当的时机及时出台反映民意及时代发展趋势的创新制度和政策。由此，在实践中应当将社会矛盾视为社会发展进程中的“常态”现象，把维护和促进社会公正作为解决社会矛盾的关键，积极推动法治建设，有效化解社会矛盾的制度风险。

关键词： 社会矛盾　社会转型　倒逼改革发展　制度创新　法治建设

---

* 本文原载《中国社会科学》2015年第5期。本文系2012年度国家社科基金重大项目“中国现阶段社会矛盾问题研究”（项目批准号：12&ZD039）的阶段性成果。

** 吴忠民，中共中央党校（国家行政学院）科学社会主义教研部教授。

社会矛盾是一个十分重大的现实问题。社会矛盾解决得如何，直接影响到一个社会能否安全运行和可持续健康发展，对于转型期社会矛盾日益凸显的中国社会更是如此。同时，社会矛盾研究也是十分重要的学术问题。切实推进社会矛盾问题的理论研究，有助于深化和丰富社会理论。习近平总书记指出，我们“要学习掌握事物矛盾运动的基本原理，不断强化问题意识，积极面对和化解前进中遇到的矛盾”。[①] 正是由于社会矛盾研究具有不容忽视的现实意义和学术价值，我们必须高度重视社会矛盾研究的实践特质，针对当前社会矛盾的问题域，科学分析社会矛盾的表现形式、演化规律，在理论与实践的互动中创新时代性学术表达，为全面深化改革提供必要的学理支撑。

一 社会矛盾对改革发展的双重功能

社会矛盾是社会存在和发展的基本样态。特别是随着现代生产力的发展，整个社会的结构也发生了巨大变革，由此社会矛盾的生成逻辑和时代特征更呈现出复杂多样的情状，对社会发展与进步产生了深远的影响。

从社会的安全运行和健康发展来说，社会矛盾往往具有双重功能。一方面，社会矛盾的存在对于社会发展具有不同程度的负面效应；另一方面，在一定条件下，社会矛盾的倒逼也会转化为表达方式各异的改革实践，成为社会发展的重要推动力量。在经济社会变化速度较快的转型期，这种情形表现得尤为明显。

在社会矛盾的负面效应考察的意义上，社会矛盾如果长期不能得到有效化解，则会演变为消极的力量，其负面的社会能量蓄积挤压，将对社会共同体产生破坏性影响，阻碍社会的安全运行和健康发展。这主要表现在以下两方面。

一是，严重的社会矛盾削弱社会的发展绩效，瓦解社会团结。社会矛盾的长期化存在如无法实现及时有效化解，会演变为扩大化、关联化、整体化的发展风险，社会矛盾的隐性特征渐趋呈现显性化表达的方式。同时，社会矛盾的基本态势将表现为触点多、燃点低、处理难，随着社会矛盾的升级或扩大，历史形成的社会传统和整合机制在各种矛盾冲突中渐趋消逝，

① 《坚持运用辩证唯物主义世界观方法论　提高解决我国改革发展基本问题本领》，《人民日报》2015年1月25日，第1版。

社会团结与合作走向瓦解，社会发展步履维艰。当然，这种社会矛盾在尚未发展到中断社会发展进程时，它的长期存在所对应的只能是维持着一种社会群体之间的非良性互动局面，社会发展陷入缓慢、艰难的“亚发展”或是“低度发展”状态。

二是，严重的社会矛盾破坏正常的社会秩序，增大社会发展风险。正常的社会秩序是所有社会群体有序参与社会生活的必要前提。但是，在社会矛盾走向尖锐化发展的过程中，社会秩序出现动荡和紊乱，意味着社会各个群体安宁生活的结束，民众的基本生活和国家的发展战略将无法持续，严重的、失控的甚至是颠覆性的社会矛盾的后果就是造成经济社会生活陷入灾难状态，社会风险的不确定性反过来进一步加剧了社会矛盾，造成社会发展代价巨大。20 世纪 90 年代苏联解体后，俄罗斯所遭遇的情形就具有较为典型的特征。在这一时期，随着各种社会矛盾的激增，在“休克疗法”的误导下，俄罗斯经济遭受重创，社会陷入动荡，民众遭受苦难。“布热津斯基直言俄罗斯已经跌落到‘第三世界的水平’。普京称之为‘20 世纪最大的地缘政治灾难和民族灾难’。”① “20 世纪 90 年代俄罗斯经济连续 7 年平均以每年 6.77%的速度衰退，1992 年 GDP 下降幅度高达 14.5%。1998 年 GDP 只有 1991 年的 60.6%。”通货膨胀严重，居民收入严重缩水。“居民实际可支配货币收入 2000 年不足 1991 年的一半，劳动者实际工资 1999 年只有 1991 年的 36%。1992—1995 年平均工资增长了 392 倍，而物价却上升了 1608 倍。生活在贫困线以下的居民人数在 1992 年和 1998 年分别达到 53%以上。”② 人的预期寿命大幅度降低，“俄罗斯男子的预期寿命 1987 年时为 65.1 岁，1989 年为 64.2 岁，1991 年降到 63.5 岁，1992 年为 62 岁，1993 年降到了 59 岁，1994 年又降到 57.5 岁，1995 年为 58.2 岁，1996 年为 59.6 岁。”③ 此外，在极端情形下，严重的社会矛盾引发社会动荡，社会失控意味着生灵遭受涂炭。比如，在法国大革命期间，社会矛盾相关方的严酷斗争造成 1792—1793 年的法国至少有 1.7 万名嫌疑分子被判死刑；把立即处决和死于狱中的人也计算进去，受害者人数达 3.5 万或 4 万名。④

---

① 关雪凌、刘可佳：《俄罗斯经济现代化：背景、布局与困境》，《俄罗斯中亚东欧研究》2011 年第 1 期。

② 李新、沈志义：《普京时期俄罗斯经济政策的调整》，《上海财经大学学报》2007 年第 4 期。

③ 王义祥：《俄罗斯转型时期的贫困化问题》，《俄罗斯研究》2001 年第 3 期。

④ 参见 C. W. 克劳利编《新编剑桥世界近代史 第 9 卷：动乱年代的战争与和平：1793～1830 年》，中国社会科学院世界历史研究所组译，北京：中国社会科学出版社，1999，第 370 页。

正是由于社会矛盾在社会发展进程中具有上述负面效应，很容易导致人们从总体上把社会矛盾视同社会的“病理”现象或是“越轨”行为。有学者认为，“阶级冲突是我们现代工业型社会的特有病状”。他们“把冲突等同于越轨行为，把它视为一种需要治疗的疾病”。[①] “19 世纪的学者们在社会学家埃米尔·杜尔凯姆的领导下，把社会运动看作是混乱和社会解体的结果——短语‘发疯的群众’就很好地反映了这一点。”[②]

然而，在观察和分析社会矛盾具有负面的破坏性功能的同时，我们还应辩证地看到问题的另一面，这就是社会矛盾在一定条件下也具有正面的建构性功能。

在分析人类社会的发展进程时，库利认为：“在某种意义上，冲突是社会的生命之所在，进步产生于个人、阶级或群体为寻求实现自己美好理想而进行的斗争之中。”[③] 达仁道夫认为：“到目前为止的一切社会的历史……都是冲突的历史”。[④] 在谈论社会风险的作用时，吉登斯强调：“风险的积极与消极的两个方面在现代工业社会的早期就已经出现了。风险是一个致力于变化的社会的推动力。”[⑤] 他们都在宏观层面上对社会矛盾的内在冲突性给予重视，但是，马克思的理论阐释则更加深刻，他指出：“当文明一开始的时候，生产就开始建立在级别、等级和阶级的对抗上，最后建立在积累的劳动和直接的劳动的对抗上。没有对抗就没有进步。这是文明直到今天所遵循的规律。”[⑥] 在《在尼·布哈林〈过渡时期经济学〉一书上作的批注和评论》中，列宁进一步指出：“对抗和矛盾完全不是一回事。在社会主义下，对抗将会消失，矛盾仍将存在。”[⑦] 应该说，无产阶级经典作家对人类社会基本矛盾的科学分析，为我们把具有内在冲突性的社会矛盾纳入常态化的社会发展视角，以实现制度化治理，提供了理论和实践的空间。

社会矛盾倒逼社会发展，主要是通过两种变革性的途径实现的：一是通过社会矛盾倒逼“改革发展”的形式，即社会矛盾催生了改革，社会通

---

① L. 科塞：《社会冲突的功能》，孙立平等译，北京：华夏出版社，1989，第 8、9 页。

② 西德尼·塔罗：《运动中的力量：社会运动与斗争政治》，吴庆宏译，南京：译林出版社，2005，第 5 页。

③ 转引自 L. 科塞《社会冲突的功能》，孙立平等译，北京：华夏出版社，1989，第 6 页。

④ 拉尔夫·达仁道夫：《现代社会冲突》，林荣远译，北京：中国社会科学出版社，2000，第 42 页。

⑤ 安东尼·吉登斯：《失控的世界》，周红云译，南昌：江西人民出版社，2001，第 20 页。

⑥ 《马克思恩格斯全集》第 4 卷，北京：人民出版社，1958，第 104 页。

⑦ 《列宁全集》第 60 卷，北京：人民出版社，1990，第 281—282 页。

过改革这种相对“温和”的“渐进”方式来“革故鼎新”“除旧布新”，从而推动社会发展。二是通过社会矛盾倒逼“革命进步”的形式，即：当一个社会已经无法包容所产生的全部社会矛盾时，在一定历史条件下，代表时代发展新趋势的社会力量通过“革命”的方式，采取“激烈对抗”的方式来“推倒重来”，打碎旧的国家机器，进行彻底的社会重构，进而推动社会进步。列宁指出：“只有‘下层’不愿照旧生活而‘上层’也不能照旧维持下去的时候，革命才能获得胜利。”① 实际上，列宁的这个论述就是对“革命进步”样式的重要生成条件的概括。至于哪个国家在哪个历史时期采取哪种方式合适，主要取决于这个国家的具体历史和现实条件。值得注意的是，以往国内学术界对社会矛盾倒逼“革命进步”问题关注较多，而对社会矛盾倒逼“改革发展”问题则未能给予足够的重视。

毛泽东指出：“事物矛盾的法则，即对立统一的法则，是自然和社会的根本法则，因而也是思维的根本法则。”② 毛泽东的这一重要论断对于正确认识社会矛盾的基本功能，具有重要的方法论意义。改革开放是当代中国最鲜明的特色。30多年的改革开放史表明，随着现代化建设和社会主义市场经济的发展，中国渐进型改革的实践形态呈现鲜明的历史性变迁特征，即从改革初期的摸着石头过河型改革向进入新的发展时期的全面深化改革扎实推进。这里，决定中国改革实践创新的关键，就在于如何正确把握现阶段已经影响到整个改革发展全局的社会矛盾问题，必须基于原来采取先易后难方式的增益型改革，顺势而为向加强各项改革关联性、系统性、可行性的整体化推动型改革跃迁。不言而喻，面对复杂的现实国情，正是应对、缓解社会矛盾再次触发了改革创新的战略联动，深刻地推进了中国社会的可持续发展。对此，习近平指出：“可以说，改革是由问题倒逼而产生，又在不断解决问题中得以深化。”③ 以化解社会矛盾为基本载体倒逼改革发展，在本质上就是破解改革发展中的问题的实践诉求。正因为如此，积极有效地应对社会矛盾能够为改革实践提供重要前提，社会矛盾的倒逼在这个条件下成为改革发展的有效推动力量。由社会矛盾的倒逼引发改革，进而通过改革推动社会发展，是必须重视的研究论域。

综观许多国家和地区的发展历程，我们同样可以发现，社会矛盾倒逼

① 《列宁选集》第4卷，北京：人民出版社，2012，第193页。

② 《毛泽东选集》第1卷，北京：人民出版社，1991，第336页。

③ 习近平：《关于〈中共中央关于全面深化改革若干重大问题的决定〉的说明》，《人民日报》2013年11月16日，第1版。

社会发展现象是大量存在的，其中19世纪英国的宪章运动和20世纪美国的黑人民权运动具有典型意义。但是，社会矛盾倒逼社会发展的历史条件及其具体实现形式，需要以历史的眼光客观分析，才能作出符合实际的理论总结。

19世纪30年代，英国爆发了持续20多年的宪章运动，这是以工人为主体的社会抗争活动。由于英国土地贵族、特权者和投机家们操控议会，工人遭受苛税、《谷物法》和新《济贫法》的盘剥，这样，争取普选权、改革议会和实现真正的人民代表权就成为工人阶级迫切需要解决的社会政治矛盾，为此《人民宪章》提出包括成年男子普选权、取消议员财产资格、议员支薪以及工人进入议会等在内的六项具体要求，后来又陆续增加了减税、缩短劳动时间、改善劳动条件以及政教分离等内容。宪章运动先后经历了1839年、1842年和1848年三次运动高潮，最多时有300多万人即超过英国成年男子一半以上的人在请愿书上签名，可谓声势浩大。但是在19世纪中期，英国政府的严厉镇压导致1848年后运动逐渐衰落，到19世纪50年代末期结束。英国宪章运动虽然失败了，但是“它使各阶级注意到社会改革的迫切性；它激发了维多利亚时代英国的良心并动摇了麻木的自满情绪；它在英国的历史上留下了深远和不可磨灭的印记”。[①] 比照18世纪末英国工业革命初期工人以捣毁机器为主要斗争手段的“卢德运动”，处于工业革命完成阶段的宪章运动实现了工人斗争从自发到自觉的发展，有力地推动了1867年英国议会改革的政治进程，《人民宪章》所提出的六项要求中有五项陆续得以实现，而且工人的收入状况和劳动处境也得到了一定程度的改善。可以说，社会矛盾的倒逼通过工人阶级激烈的政治斗争发挥了重要作用，工人运动推动了改革。但是，由于宪章运动领导集团内部的派系分化，始终缺乏正确的纲领和策略，难以揭示资本剥削的奥秘和英国社会矛盾的实质，加之政治上不坚定的弱点暴露了与自发工人运动的某些共性特征，导致群众基础逐渐流失，运动被迫失败。同时，英国议会的改革始终没有超出资产阶级政治民主的范畴，根本不能实现工人阶级全面解放、彻底摆脱压迫和贫困的历史目标。当然，作为马克思主义诞生的准备时期的重要工人运动之一，英国宪章运动“在很多方面是马克思主义的准备，

---

① J. P. T. 伯里编《新编剑桥世界近代史 第10卷：欧洲势力的顶峰：1830~1870年》，中国社会科学院世界历史研究所组译，北京：中国社会科学出版社，1999，第471页。

是马克思主义的‘前奏’”。[①] 这深刻地说明，基于社会矛盾的倒逼实现建构性的改革发展，必须以指向最广大人民根本利益和现实诉求的国家制度设施与政治坚定的领导力量为前提，才能充分实现化解社会矛盾与改革进程的积极耦合，推进经济社会的快速健康发展。

应该说，在人类进步的意义上，任何国家的发展都是基于不断实现创新，积极把握机遇与有效应对挑战相统一的实践过程。正确处理社会矛盾，科学研判社会矛盾的双重功能，不仅体现在为维护社会稳定而积极管控社会矛盾负面的破坏性，更在于有效发挥社会矛盾正面的建构性。在战略联动机制的意义上，这必然集中体现于改革的价值设定、领导力量和制度化创新绩效等诸多关键要素。在全球化时代，中国现阶段的历史性进步正经历着广泛而深刻的变革过程，只有始终坚持党的领导，积极担当人民与历史赋予的时代责任，科学谋划发展战略，正确实施顶层设计，切实化解发展风险，中国特色社会主义发展才能赢得主动，赢得优势，赢得未来。

二　社会矛盾倒逼改革发展

毛泽东指出，“社会的变化，主要地是由于社会内部矛盾的发展”，“矛盾的发展，推动了社会的前进，推动了新旧社会的代谢”[②]。在大力推进和谐社会建设中，胡锦涛强调：“构建社会主义和谐社会是贯穿中国特色社会主义事业全过程的长期历史任务，是在发展的基础上正确处理各种社会矛盾的历史过程和社会结果。”[③] 面对新形势新任务新要求，习近平指出：“改革发展稳定任务之重前所未有，矛盾风险挑战之多前所未有。”[④] “我们必须通过全面深化改革，着力解决我国发展面临的一系列突出矛盾和问题，不断推进中国特色社会主义制度自我完善和发展。”[⑤] “这说明，面对‘倒逼’的客观现实，唯有变压力为动力，深刻认识，尽早觉悟，抓紧行动，才能从‘倒逼’走向主动，形成可持续的发展机制。”[⑥] 强烈的问题意识，是解

---

① 《列宁全集》第38卷，北京：人民出版社，1986，第319页。

② 《毛泽东选集》第1卷，北京：人民出版社，1991，第302页。

③ 胡锦涛：《高举中国特色社会主义伟大旗帜　为夺取全面建设小康社会新胜利而奋斗——在中国共产党第十七次全国代表大会上的报告》，北京：人民出版社，2007，第17页。

④ 《中共中央召开党外人士座谈会》，《人民日报》2014年10月25日，第1版。

⑤ 《习近平谈治国理政》，北京：外文出版社，2014，第71页。

⑥ 习近平：《之江新语》，杭州：浙江人民出版社，2007，第133页。

决问题的现实基础；以问题倒逼改革，是解决问题的具体行动。在全面深化改革过程中，正确发挥社会矛盾倒逼改革发展的积极作用至关重要。

（一）社会矛盾的制度性调节，能够推动社会公正程度的不断提高

社会公正的基本精义是给每个人所“应得”。[①] 社会公正关乎社会基本制度安排与秩序化运行，关乎民众的基本生活与社会发展的质量，因此是民众基本利益诉求的核心内容。社会公正领域一旦出现问题，必然引发各种各样的社会矛盾。

在不同的历史条件下，人们对社会公正追求的重心有明显的差别。在社会转型初期阶段，人们对社会公正的追求偏重于基本生存方面的利益诉求。到了社会转型中期阶段，人们对社会公正的追求则偏重于基本权利方面的利益诉求。

在社会转型的初期阶段，基于资本逻辑与工业革命的有效结合，许多国家尤其是 19—20 世纪工业化国家的基本制度曾普遍实行“丛林法则”式的制度安排，公共权力和公共政策的价值倾向维护的是强势群体而不是弱势群体，社会公正的制度化程度受到资本逻辑的明显制约。“资本由于无限度地盲目追逐剩余劳动，像狼一般地贪求剩余劳动，不仅突破了工作日的道德极限，而且突破了工作日的纯粹身体的极限。”[②] 正如恩格斯在《英国工人阶级状况》当中所指出的那样，在大工业早期阶段，英国“工人根本没有什么财产，全靠工资过活，工资几乎总是只够勉强糊口。这个一盘散沙的社会根本不关心他们，让他们自己去养家活口，但是又不给他们能够长期维持正常生活的手段。因此，每一个工人，即使是最好的工人，也总有可能失业，因而就有可能饿死，确实也有许多人饿死了”。[③] 韩国工人“在 20 世纪 80 年代，他们每周工作时间之长居世界之最”。[④] 更为严重的是，1900 年美国“至少有 170 万 16 岁以下的儿童在工厂和农场做工，比 30 年前增加了一倍以上。全国 10%的 10—15 岁的女孩和 20%的男孩都在做工”。[⑤]

于是，在社会转型的初期阶段，“工人们没有选择的余地：不是饿死，

---

① G. A. 科恩：《拯救正义与平等》，陈伟译，上海：复旦大学出版社，2014，第 6 页。

② 《马克思恩格斯全集》第 23 卷，北京：人民出版社，1972，第 294—295 页。

③ 《马克思恩格斯全集》第 2 卷，北京：人民出版社，1957，第 357 页。

④ 具海根：《韩国工人——阶级形成的文化与政治》，梁光严等译，北京：社会科学文献出版社，2004，第 3 页。

⑤ 艾伦·布林克利：《美国史（1492—1997）》（第 10 版），邵旭东译，海口：海南出版社，2009，第 513、514 页。

就是斗争”。[①] 迫于基本生存问题的危机化引发工人群体抗争以及工人运动的巨大压力，以二战结束为标志，欧美等国开始推行“从摇篮到坟墓”的福利国家政策，人的基本生存问题在很大程度上得到了解决。正是社会矛盾的倒逼，客观上推进了社会公正程度的提高。随着工业化向后工业化的过渡，人们开始追求更高层面上亦即基本权利层面的目标。

（二）社会矛盾的加剧和升级，会为新的利益格局形成提供重要契机

改革发展在某种程度上反映着利益格局的不断改变。这种改变需要借助某种社会势能的推动，而在一定条件下不断加剧和升级的社会矛盾有时就扮演着这样的角色。应当看到的是，社会中既有的利益格局是基于原来的社会阶层结构亦即社会力量配置结构而形成的，具有相对稳定性，它通过制度化的安排已经成为社会秩序。这种利益格局与契合时代发展趋势的新社会力量往往是不相容的，难以回应新社会力量的利益性期待，而且囿于在原有利益格局中所处的经济政治地位相对较低，它们缺乏足够的社会话语权。而在原来利益格局中占据优势位置的社会群体，一般采取不让步和打压的方式来维护既得利益及其政治法律等相关制度化安排。

社会中的利益性冲突是带有基础性的社会矛盾，科塞认为，这“是有关价值对稀有地位的要求、权力和资源的斗争”。[②] 而社会矛盾的加重和升级，一方面客观上造成程度不同的社会危机的来临，另一方面社会各种力量也会在危险中能动地捕捉化解机制生成的可能性，成为妥协谈判甚至是让步的重要契机。至于采取何种应对压力的具体方式，这时社会力量的对比结构就成为必要的前提。当抗争的力量比较单薄时，社会统治集团往往采取强行打压的方式。而面对抗争力量的逐渐发展壮大，社会统治集团则必须考虑所承担的风险和斗争代价，所以转而采取制度化协商或者是强行打压同制度化协商并用的方式的可能性会增大。然而，这种调整社会利益格局的可能性，事实上更取决于社会统治集团的阶级属性与经济社会发展的时代条件，这成为能否化解社会矛盾与新利益格局形成联动的关键。在《路易·波拿巴的雾月十八日》一文中，马克思运用唯物史观的阶级分析方法透彻阐明：资产阶级成熟的统治形式——共和国不足以有力地镇压无产阶级时，它们就从比较完备的形式后退，抛弃议会民主的制度形式，转而

① 《马克思恩格斯选集》第1卷，北京：人民出版社，2012，第467页。

② L. 科塞：《社会冲突的功能》，孙立平等译，北京：华夏出版社，1989，第45页。

采用更加残暴的专制统治形式。波拿巴对帝制复辟的拙劣模仿不是政权向人民转移，只不过是代表资产阶级独裁专政的行政权力的胜利。在分析英国工人争取“人民宪章”的抗争活动时，恩格斯指出：“大不列颠工人阶级多年来激烈地甚至采用暴力为了能赋予他们这种政治权力的人民宪章而斗争。他们失败了，但是斗争留给胜利了的资产阶级的印象，却使得这个阶级从那时起，甘愿以不断向工人让步为代价来换取比较长期的休战。”① 对此，拉尔夫·达仁道夫认为：“人们终究不能无休止地、日复一日地示威游行，或者无休止地打内战。个人的生活状况反映着社会的条件。喧嚣混乱对于经济的发展并无补益，而政治的不稳定则唤起恐惧。”② 所以，随着抗争方利益诉求得到某种满足，社会矛盾也走向一定程度的缓和。

不管社会统治集团出于何种考虑，客观上看，对与新时代因素相适应的社会群体利益诉求的满足，就意味着对其存在及社会位置以及新的社会阶层结构的某种承认，也标志着原有利益格局开始发生改变。这种情形不仅在社会转型期更加明显，而且推动了社会赖以运行的局部制度条件的改善，这同样是社会的发展与进步。

（三）社会矛盾的有效化解，能够促进制度的发展和完善

所谓制度，是指“一个社会中的一些游戏规则；或者，更正式地说，制度是人类设计出来调节人类相互关系的一些约束条件”。③ “任何一个制度或制度系统”，能够“在整体上提供诸如内部和平和产权等的公共服务”。④ 一个社会总是通过制度来维系秩序的正常运行，从而巩固已有的发展成果，包括社会公正成果和新的利益格局成果。在解决社会矛盾的过程中，制度的发展与社会矛盾的解决两者实为良性循环的关系。制度建设是制度设计、制度执行并在实践中检验和完善制度有效性的动态过程，制度功效越好，越有利于社会矛盾的解决，反过来，社会矛盾的有效解决又会促进制度的发展和完善。

在化解社会矛盾的过程中，制度能够发展和完善的主要原因有两方面。

---

① 《马克思恩格斯全集》第 25 卷，北京：人民出版社，2001，第 499 页。

② 拉尔夫·达仁道夫：《现代社会冲突》，林荣远译，北京：中国社会科学出版社，2000，第 9 页。

③ 道格拉斯·C. 诺斯：《制度、制度变迁与经济绩效》，刘守英译，上海：上海三联书店，1994，第 3 页。

④ 弗朗西斯·福山：《政治秩序的起源——从前人类到法国大革命》，韦俊杰译，桂林：广西师范大学出版社，2012，第 445 页。

一是，社会矛盾相关方相互间的压力。在常态的情形下，社会矛盾相关方当中原来占据优势位置的一方不会主动调整有利于自己的制度框架，相应地缩减既得利益。但是，随着抗争方的力量不断壮大，双方持续冲突或冲突升级有可能导致优势方的利益损耗，甚至会影响到自身的安全。在这样的博弈压力之下，优势方基于两害相权取其轻的考虑，有必要以部分利益让渡的形式，换取总体利益的战略性安全和保障。同样地，优势方的实力对抗争方也构成一定的战略压力，抗争方也有必要作出相应的让步以巩固现实成果。双方互构的压力格局有利于促成某种双赢形式的制度创新。1688 年英国的“光荣革命”就具有比较典型的意义。通过不流血的政治变革形式，“光荣革命”以消灭专制王权为最终解决形式，实现了英国议会主权斗争的胜利。一方面，新生的资产阶级力量从对国王的斗争中获得了实际权力；另一方面，国王则在资产阶级的抗争中以让步确保自身安全和“尊贵”的地位。作为从绝对王权向多元寡头政治体制转化的制度创新形式，建立在《权利法案》基础上新的国家权力配置结构，适应了英国现代经济迅速发展准备阶段的社会政治环境，为英国现代国家形成提供了基础性的制度保障。确立了“王在议会、王在法下”亦即君主不得干预议会（立法）和政府（行政）活动的“光荣革命”，是对 1640 年将查理一世送上断头台后继之以克伦威尔独裁专政逻辑的历史性转折。这充分说明，破解矛盾问题在不具备压倒性支持条件时，有时需要为有效化解各方博弈的压力建立妥协机制，从而推动了制度有效性的创新过程。

二是，社会矛盾的凸显能够表明制度的故障或短板之所在。就一个社会的安全运行和健康发展而言，起码需要具备两个必要的条件：第一个条件是，从社会阶层结构或是利益结构的角度看，有赖于社会各个群体之间互动的正常化，比如，占据优势位置的群体不能过分侵占别的群体的合理利益，否则便会打破已有的社会各个群体利益之间的平衡态；第二个条件是，从技术性管理角度看，有赖于制度、政策的相对合理以及社会控制方式的相对到位，比如，中央政府对地方应当有有效的控制力，国家征收的税负不能过度等，否则社会就难以正常运行。问题在于，这两个必要条件有时并不同时具备，进而造成不合理的制度安排，支持了占据优势位置的统治集团以及相关群体或者以公共权力为杠杆，或者采取相互间利益结盟的方式，恣意扩张自身的利益，造成其他社会群体的合理利益受损，这在实质上也就压缩了现存制度体系的“公共性”空间，削弱了制度运行的合法性依据，不可避免地会催生种种社会矛盾，引发社会抗争。这样看来，社会矛盾在哪个方面表现得比较凸显，就说明制度安排在哪个方面已成为社会安全运行和健康发展的障碍和短板，需要及时予以矫正和弥补。同时，社会矛盾的严重程度还直接指向了某项制度安排不合理性的严重程度。于是，日益凸显的社会矛盾对于制度的发展和革新便具有了某种指示器的意义，起着警示的作用。正是从这个意义上讲，对社会矛盾揭露得越充分，就越有利于形成有益的社会共识和社会压力，从而有助于矫正制度缺陷，清除障碍，推动制度的健康发展。近代美国的“黑幕揭露运动”（也称“扒粪运动”“揭丑运动”）就充分说明了这一点。19 世纪后半叶 20 世纪初，美国一批以记者和作家为代表的富有正义感的“黑幕揭露者”（也称作“丑闻揭露者”“扒粪者”），致力于调查、揭露并以激烈的风格抨击实业界黑幕、政府腐败、劳工悲惨处境、自然环境毁坏、歧视女性等社会矛盾问题，发表出版了 2000 多种揭丑文章和书籍。“他们义愤填膺地将社会问题展现在公众面前，有助于一部分公民奋起行动。”① 应当说，黑幕揭露运动对于揭露社会矛盾问题，形成积极的社会共识和必要的社会压力，进而推动美国社会制度的发展，有着重要的意义。

（四）社会矛盾冲突在一定条件下能够释放社会的不满和积怨

社会不满情绪的长期蓄积，往往会“储存”社会矛盾的爆发能量，对社会安全造成十分不利的影响。特别是转型期的社会，民众的利益护持与增进过程中的不满情绪容易转为社会负面能量。能否有效释放社会不满，对于社会矛盾演化趋势的基本状况有着重要影响。如果社会不满没有必要的释放渠道，当社会不满的积累突破了一定的限度，就会催生或加重社会矛盾的增量，进而对社会产生破坏性过大的负面影响。如是，不仅会增加改革发展的难度，有时甚至会使改革发展陷入停顿的状态，也会使社会为此付出巨大的成本。此类情形比比皆是。比如，卡扎菲统治下的利比亚，为确保自己的家族统治，长期采取高压专制统治政策和随心所欲的管理方式，大肆贪污腐败，搞家天下、世袭制、任人唯亲、消除异己，实行愚民政策，强行灌输卡扎菲《绿皮书》粗制滥造的所谓思想，不允许民众拥有自己的想法，只能按照他的理论去生活；一旦有人表达不满，便动用情报安全部门予以消灭。其结果是，利比亚民众对卡扎菲政权的认同逐渐减弱

① 艾伦·布林克利：《美国史（1492—1997）》（第 10 版），邵旭东译，海口：海南出版社，2009，第 600 页。

直至消失，社会不满在加速度积累。最终，卡扎菲众叛亲离，政权几乎是瞬间崩盘，社会代价巨大。

在一定社会中，试图完全消除社会矛盾，实现绝对的社会稳定，是不可能的，但在一定条件下，阻止最为严重的、具有颠覆性的社会矛盾出现却有可能。“应当承认，不缓和冲突，这不是工业社会的正常状态，正常的是阻止冲突变得更加剧烈。”[①] 在现代社会，社会抗争活动可以通过法制框架下的言论表达、和平示威、游行、罢工等相对温和的利益诉求方式来进行。在现行制度和社会控制能力所允许的范围内，这能够使社会的不满和负面能量得以不断宣泄和释放。这种做法有助于防止民众的不满情绪及社会负面能量累积到不可控的地步，减小颠覆性社会动荡出现的可能性，为有效的改革发展提供必不可少的条件。科塞将这种现象称作“安全阀制度”。“由于冲突调节着关系系统，因此可以认为它发挥了维护群体的功能。冲突‘清洁了空气’，也就是说，它通过允许行为的自由表达，而防止了被阻塞的敌意倾向的积累。”“没有得到解除或只是部分解除的紧张状态的积聚，并不能通过改变条件而进行调适，而是导致结构的僵化并造成毁灭性爆炸的潜在性。”[②] 当然，这种社会“安全阀制度”毕竟还不是解决根本性社会矛盾问题的基本途径。“那种能使敌意感情发泄出来”的做法，“却不能阻止乌云的不断积聚，也就是说，不能阻止新的紧张的积累”。[③] 因此，真正有效化解或缓解社会矛盾的根本途径，只能是通过改革创新维护和促进社会公正，优化公正合理的社会阶层结构和利益结构，建设法治社会，最终实现社会各个群体之间互惠互利的良性互动。

由上可见，社会矛盾倒逼改革发展，不仅是对经济发展、历史潮流的积极顺应，而且是实现人类文明进步的重要途径，同时，社会矛盾倒逼所取得的改革发展成果对生产力、生产关系也具有保护和解放的现实意义。

三　社会矛盾倒逼改革发展的必要条件

并非所有的社会矛盾在任何条件下都能成为倒逼改革发展的推动力量。只有具备一定的必要条件，社会矛盾才能显现倒逼改革发展的积极效应，

① 雷蒙·阿隆：《阶级斗争——工业社会新讲》，周以光译，南京：译林出版社，2003，第149页。

② L. 科塞：《社会冲突的功能》，孙立平等译，北京：华夏出版社，1989，第24—25、32页。

③ L. 科塞：《社会冲突的功能》，孙立平等译，北京：华夏出版社，1989，第33页。

否则只能成为社会发展进程中的负面的、破坏性的力量，使社会积重难返，付出一定的甚至是巨大的代价。

第一，社会矛盾相关方特别是有影响力的相关方不能陷入非理性认知状态。

雅斯贝尔斯认为："理性，一方面它深得生存的好处，因为它以生存为依据才不至于沉沦下去；另一方面，它又反过来使生存的真理成为可能：使之实现其自身，使之显现自身。"① 身处社会矛盾结构中的相关各方，是在已有的社会关系所提供的范围和条件下进行活动的，生存要以理性的方式破解社会矛盾，这决定了对于自身利害得失要有清醒的判断能力，而且需要有一定的社会影响力和社会控制力。总体而言，具有理性认知意识的社会矛盾相关方，是社会矛盾有效倒逼改革发展的重要前提。

在社会转型初期，某种特定的历史条件下会出现非理性的社会心理情状。经济水平的显著提高，社会的巨大变化使人们产生某种普遍的期望值。亨廷顿指出："都市化、扫盲、教育和新闻媒介"等新鲜事物，"提高了新的渴望和需要水准。然而，过渡型社会满足这些新渴望的能力的增进比这些渴望本身的增进要缓慢得多。结果，便在渴望和指望之间、需要的形成和需要的满足之间，或者说在渴望程度和生活水平之间造成了差距。这一差距就造成社会颓丧和不满。"② 不恰当的期望值容易导致社会焦虑现象的大面积出现，进一步催生非理性社会心态，会在各种极端化的精神因素绞结中给社会带来严重的危害。"大众在行动上野蛮的、冲动的和情感的爆发，对整个社会，甚至全世界都意味着大灾大难，因为现代社会有机体的相互依赖日益猛烈地传播着每一个失调的结果。"③ 在法国大革命期间，民众对新社会的期望值迅速增高，同时各种各样的激进观念充斥着整个社会，法国成了各种激烈思想和极端观念的试验场。"这场运动最后的结局，则是狂暴地呼吁进行报复，激烈地要求剑与火。这么多不同的思路最后都汇聚成毁灭旧制度的呼声。"④ 可见，作为社会矛盾显现倒逼效应的能动载体，社会矛盾相关方对社会矛盾的理性自觉认知，是确保倒逼走向实践层面实

① 卡尔·雅斯贝尔斯：《生存哲学》，王玖兴译，上海：上海译文出版社，1994，第52页。

② 塞缪尔·P. 亨廷顿：《变化社会中的政治秩序》，王冠华等译，上海：上海人民出版社，2008，第41页。

③ 卡尔·曼海姆：《重建时代的人与社会：现代社会结构的研究》，张旅平译，北京：生活·读书·新知三联书店，2002，第41页。

④ 阿克顿：《法国大革命讲稿》，姚中秋译，北京：商务印书馆，2012，第23页。

现低代价发展或改革进程不失控的题中应有之义。

第二，多数社会群体对未来前景达成较为广泛的共识。

以不同的利益基点为前提，各社会群体的动机不尽相同，但多数社会群体如能对未来前景这个“目标交集”形成较为广泛的共识性期待，改革发展就能够获得具有利益诉求最大公约数的社会群体支持和拥护，从而最大限度地壮大改革发展的社会推动力量。同时，形成较为广泛的共识可以减少改革发展的价值性冲突的阻力。比如，有的原来占据优势位置的群体，其具体利益或许会在未来受到某种损失，但他们对自己的安全及已有地位更加看重。在这样的情形下，社会可以通过对其安全及某种优越地位予以保障的某种承诺，来换得这些群体不反对变革并让出一部分利益。英国“光荣革命”时期就曾对以前的旧贵族作出类似的承诺，中国革命时期的“统战”工作也有过一些类似的举动。类似的做法，不仅能够有效地减弱改革发展的阻力，有时甚至能够起到变阻力为动力的作用。相反，如果想获得利益者得不到利益，想得到安全者得不到安全，社会各个群体都不让步妥协，社会共识无法达成，那么社会各个群体之间激烈的矛盾冲突不但不可避免，而且可能会持续很长时间，相应出现的，是整个社会所付出的巨大代价。

第三，政府必须选择恰当的时机及时出台反映民意及时代发展趋势的创新制度和政策。

在社会转型时期，社会矛盾呈现多样化复杂化的情况，并对社会安全及社会发展产生着广泛而深刻的影响。积极主动地应对这些社会矛盾，是政府有效推进改革发展的必要之举。面对总体的社会矛盾域，所有社会矛盾的全方位解决不可能实现齐头并进。就此而言，解决转型期的社会矛盾，处于化解社会矛盾焦点的政府必须做好两个方面的事情：一是要有明确的改革目标，并基于改革的目标储备好各个领域系统的改革措施。二是应当选择恰当的时机及时推出创新制度和政策体系。通过适时调整既能够反映多数人的意愿、又能够反映时代发展趋势的改革措施，积极有效的政策实施过程可以不断地巩固由社会矛盾倒逼所带来的社会发展成果，使之逐渐成为社会习惯的“常态化”疏解方式，并为社会的可持续发展留下制度空间。这里，恰当的做法应当是：“以解决某项具体社会矛盾问题为契机，推动相关领域的改革。一旦发现哪个方面出现了或即将出现，而且又恰好是公众所十分关注的某个社会矛盾问题，那么可以以解决这一矛盾问题为契机，进而借助于整个社会关注的压力以及共识，带动相关领域相关部位的改革。这种做法，不仅可以相对有效地减少改革阻力，而且可以有效扩大改革成果，取得连带性的、事半功倍的改革效应。”[①] 20世纪30年代，面对经济大萧条及其引发的严重社会矛盾，美国“新政”时期的改革措施，既有复兴经济的大量措施，也有以工代赈、大规模兴建公共工程，以及具有划时代意义的《社会保险法》《全国劳工关系法》《公平劳动标准法》（也被称作“工资工时法”）等改善民生的重要政策法案，在应对经济危机中发挥了重要作用。相反，推出政策的时机如果不恰当，则不仅会产生事倍功半、欲速不达的效果，有时甚至会产生“夹生饭”的效果，留下诸多“后患”。20世纪90年代俄罗斯改革采取“休克疗法”，四面出击，多管齐下，试图快速完成改革的一揽子计划。结果是，旧的体制被破坏了，而新的体制又不可能在很短的时间内建立起来，由此俄罗斯陷入了社会动荡不安的局面，付出了惨重的代价。

通观社会矛盾倒逼改革发展的必要条件，当社会矛盾的严重程度压倒了这些必要条件的历史可能性，也就是在实质意义上社会矛盾倒逼再也无法承载社会矛盾化解的制度创新成本，或者新社会群体的强大足以重构社会利益格局时，社会矛盾对改革发展所呈现的倒逼效应就要被湮没在早已超越体制内整合边界的手段之中，丧失了发挥有效功能的现实前提。

四 启示

从以上对社会矛盾的分析中，我们不难得到这样几点启示。

第一，应当将社会矛盾视为社会发展进程中的“常态”现象，并予以积极应对。

在社会急剧转型时期，随着利益结构大幅度、大面积的调整，社会各个方面的发展不均衡，社会矛盾发生的概率和强度必然增大。这具有历史的必然性。在更为广阔的论域中，几乎所有的国家和地区处在社会转型期，都曾出现过较之以往来说更多、更为深刻的社会矛盾。

社会矛盾是普遍存在、不可避免的常态现象，我们既不能对社会矛盾视而不见，故意回避，更不能面对社会矛盾就束手无策。在实现可持续发展的意义上，我们应当坚持科学的矛盾观，“对待矛盾的正确态度，应该是直面矛盾”，[②] 正视社会矛盾常态存在这一客观现实，习惯于在充满社会矛盾的环境

① 吴忠民：《社会矛盾倒逼型改革的来临及去向》，《中国党政干部论坛》2012年第4期。

② 《坚持运用辩证唯物主义世界观方法论 提高解决我国改革发展基本问题本领》，《人民日报》2015年1月25日，第1版。

中积极谋划应对各种复杂矛盾的发展战略，大力推动改革事业不断前进。

既然社会矛盾的普遍存在是必然的现象，我们就应当以积极的而不是消极的态度寻求有效化解社会矛盾的中国方案。对此，一方面要努力防止最为严重的社会矛盾冲突的发生，将社会矛盾的负面影响降至最低限度；另一方面，要抓住机遇变被动为主动，通过全面推动并深化改革，将社会矛盾变为倒逼改革发展的积极推动力量。着眼于中国未来的发展逻辑，习近平深刻指出："要有强烈的问题意识，以重大问题为导向，抓住关键问题进一步研究思考，着力推动解决我国发展面临的一系列突出矛盾和问题。"① 同时，应当"运用矛盾相辅相成的特性，在解决矛盾的过程中推动事物发展"。②

第二，应当将维护和促进社会公正作为解决社会矛盾的关键。

在现代社会和市场经济条件下，社会公正是社会各个群体意愿及利益诉求的最大公约数。社会公正是现代社会基本制度涉及和安排的基本依据。"正义的主要问题是社会的基本结构，或更准确地说，是社会主要制度分配基本权利和义务，决定由社会合作产生的利益之划分方式。"③ 社会公正有两个基本价值取向，一是要让全体社会成员共享社会发展成果，二是要为每个社会成员提供充分的自由发展空间。共享的主要功能在于社会的团结和整合，而自由发展的主要功能在于激发社会的活力和创造力。二者相辅相成，缺一不可。一个社会如果只是强调成果共享而忽略自由发展，必然陷入平均主义或民粹主义的境地，最终丧失发展的活力和创造力。相反，一个社会如果只是强调自由发展而忽略成果共享，必然盛行"丛林法则"，贫富差距会迅速扩大，社会各个群体之间的种种隔阂、相互排斥和冲突危及社会的正常运行，甚至造成颠覆性的社会动荡。所以，只有基于社会公正这个全体人民意愿的最大公约数，才能设计制定出合理的制度及政策，进而使得社会各个群体形成互惠互利的良性互动，形成各尽所能、各得其所的局面，确保社会的安全运行和健康发展。

社会公正是中国共产党为之奋斗的目标，也是中国共产党的执政理念。随着改革开放的逐步深入，中国共产党更加重视社会公正。邓小平指出：

---

① 习近平：《关于〈中共中央关于全面深化改革若干重大问题的决定〉的说明》，《人民日报》2013年11月16日，第1版。

② 《坚持运用辩证唯物主义世界观方法论 提高解决我国改革发展基本问题本领》，《人民日报》2015年1月25日，第1版。

③ 约翰·罗尔斯：《正义论》，何怀宏等译，北京：中国社会科学出版社，1988，第5页。

"如果导致两极分化，改革就算失败了。"[①]"少部分人获得那么多财富，大多数人没有，这样发展下去总有一天会出问题。""这个问题要解决。过去我们讲发展。现在看，发展起来以后的问题不比不发展时少。"[②]习近平更是将社会公正放到改革发展的"出发点"和"落脚点"这样更加突出的位置，鲜明地指出："全面深化改革必须以促进社会公平正义、增进人民福祉为出发点和落脚点。"[③]

面对日益凸显的社会不公问题，习近平指出："在我国现有发展水平上，社会上还存在大量有违公平正义的现象。""中央全面审视和科学分析我国经济社会发展现状和态势，认为这个问题不抓紧解决，不仅会影响人民群众对改革开放的信心，而且会影响社会和谐稳定。"[④]就维护和促进社会公正而言，至少应当做好这样几方面的工作：其一，以社会公正为基本依据来进行制度安排。通过市场调节和政府管理相结合，不断优化公正合理的制度安排，实现社会各群体之间的良性互动，统筹兼顾，防止某一群体的利益获取建立在另外群体合理利益受损的基础之上，着力以制度化的方式彻底解决社会不公现象。其二，大力改善民生。民生问题事关民众的基础性物质利益，是民众最在意的事情。只有最大程度地改善民生，才能够有效消除贫困问题，缩小社会贫富差距，进而消除严重社会矛盾生成的物质性源头。其三，畅通社会的上行流动渠道。社会畅通的上升流动渠道，既关乎社会资源配置的合理性，关乎社会可持续发展的活力和创造力，也关乎社会成员个体实现全面发展的质量和机会成本。"如果升学、考公务员、办企业、上项目、晋级、买房子、找工作、演出、出国等各种机会都要靠关系、搞门道，有背景的就能得到更多照顾，没有背景的再有本事也没有机会，就会严重影响社会公平正义。"[⑤]而大力消除社会成员上升流动的种种障碍，"突破利益固化的藩篱"，必将为广大民众自由而充分的发展提供广阔的空间。只有这样，才能够"进一步解放和发展社会生产力，进一步激发和凝聚社会创造力"，[⑥]从而积极有效地提高公民的国家认同和社

① 《邓小平文选》第3卷，北京：人民出版社，1993，第139页。

② 冷溶等主编《邓小平年谱（1975—1997）》，北京：人民出版社，2004，第1364页。

③ 习近平：《切实把思想统一到党的十八届三中全会精神上来》，《求是》2014年第1期。

④ 习近平：《切实把思想统一到党的十八届三中全会精神上来》，《求是》2014年第1期。

⑤ 中共中央文献研究室编《十八大以来重要文献选编》上册，北京：中央文献出版社，2014，第137—138页。

⑥ 《加强对改革重大问题调查研究 提高全面深化改革决策科学性》，《人民日报》2013年7月25日，第1版。

会认同度，防止社会积怨的过度积累，为和谐社会建设奠定坚实的社会心理预期和基础。

第三，应当积极推动法治建设，有效化解社会矛盾的制度风险。

法治是社会公正的具体体现，是社会公正必不可少的制度保证，也是解决和缓解社会矛盾的必由之路。党的十八届四中全会提出："法律是治国之重器，良法是善治之前提。""全面推进依法治国"[①] 的战略目标，为中国现阶段社会矛盾的有效化解找到了切实可行的路径。

具体到中国现阶段，就有效应对社会矛盾而言，法治建设必须做到：其一，确立宪法的权威。宪法是法律体系的核心，所以，"坚持依法治国首先要坚持依宪治国，坚持依法执政首先要坚持依宪执政"。[②] 唯有如此，方能有效防止公共权力的扩张，把公共权力关进制度的笼子，使任何人、任何群体都不能跃居法律之上，进而从制度的源头消除社会矛盾的诱发因素。其二，以维权促维稳。在中国现阶段，民众的平等意识普遍增强，维权意识也相应地普遍增强。民众的维权诉求如果没有制度化渠道进行表达，就容易形成大量的社会矛盾冲突。"如果社会越轨者能够找到获得同样目标的合法手段的话，他们就很可能不会发生越轨行为。"[③] 基于此，习近平指出："要处理好维稳和维权的关系"。[④] 只有依法维护好民众的基本权利，依法解决好民众合理的利益诉求，才能够从基础层面，大幅度减小减弱社会矛盾发生的概率及严重性程度。其三，以法治建设推动全面深化改革。通过法治建设，不仅能够巩固已有的改革成果，而且能够为进一步的改革扫除障碍，"发挥法治的引领和规范作用"，[⑤] 进而消除社会矛盾的许多隐患。尽管中国存在着一些利益固化的现象，但应看到，只要真正确立起法治的权威，全面深化改革就一定能不断解决时代发展中的各种复杂社会矛盾，始终经得起历史和现实的检验。

---

① 《中共中央关于全面推进依法治国若干重大问题的决定》，北京：人民出版社，2014，第8页。

② 《中共中央关于全面推进依法治国若干重大问题的决定》，北京：人民出版社，2014，第9页。

③ L. 科塞：《社会冲突的功能》，孙立平等译，北京：华夏出版社，1989，第37页。

④ 《坚持严格执法公正司法深化改革 促进社会公平正义保障人民安居乐业》，《人民日报》2014年1月9日，第1版。

⑤ 《中共中央关于全面推进依法治国若干重大问题的决定》，北京：人民出版社，2014，第2页。

农民上楼与资本下乡：城镇化的社会学研究*

周飞舟　王绍琛**

摘　要：在“统筹城乡”模式带动的城镇化进程中，成都市以政府主导、资本介入的方式推动了农民集中居住（“农民上楼”）与农业的规模经营（“资本下乡”），不但改变了“三农”的面貌，也推进了城乡一体化的进程。将这种模式放到中央与地方、国家与农民、政府与企业这三对彼此联系的关系结构中进行考察，并将其与中国正在经历的高速城镇化的历史进程联系起来，可以看到政府、资本、农民在这个过程中的得失损益和当前以“土地经营”为中心的城镇化模式的问题所在，以及转向“以人为本”的城镇化的历史必然性。

关键词：城镇化　城乡统筹　农民集中居住　国家与农民关系

自2008年以来，全国农村正在经历一场巨大的变化。各地通过“拆村并村”，建立起各种“农民集中居住区”或者“新型社区”。这些新型社区一般以多层单元式楼房为主，农民按照人均30—40平方米的居住面积，从原来村落住宅中搬入单元式楼房，原有住宅被平整、复垦为耕地。农民一般将这种现象称为“上楼”。“上楼”后，不但农村的村落形态、农民的生活方式会发生剧烈的改变，农民的生产方式及“包产到户”以来的家庭经营形式也在发生剧烈的变化。由于新型社区离农户的承包地比较远，耕作半径增大，农民从事正常的农业生产会发生困难。在这种局面下，地方政

* 本文原载《中国社会科学》2015年第1期。本研究得到北京大学李斌守望社会学基金的资助，写作过程中得到周雪光、艾云等多位师友的建议和帮助。特此致谢。

** 周飞舟，北京大学社会学系教授；王绍琛，北京大学社会学系博士研究生。

府引进各种城市企业集中租赁农民的承包地，大规模种植经济作物或从事各种高投入、高附加值的“现代农业”。我们将这种现象称为“资本下乡”。

要深入理解这个现象，须将其放在历史的、结构的背景中进行考察。“三农”问题在中国的经济增长和社会发展环境下，与工业化和城市化有着千丝万缕的联系，同时也是近现代以来国家和农民关系变迁的结果。本文尝试以工业化和城市化中涉及的政府、企业和农民之间的复杂关系角度对农民上楼和资本下乡现象作出宏观解释，并结合实地调查的案例进行分析。

一　土地、财政和金融：“三位一体”的新城市化模式

不同于西方国家工业化与城市化同步展开的历史状况，我国的城市化道路有着鲜明的中国特色。1949 年至改革开放以前，由于优先发展重工业政策的实行，我国的城市化一直徘徊在低水平阶段。改革开放以后，全国的工业产业结构虽有大幅度调整，但并没有明显体现在城市化率的大幅度提升上，原因在于乡镇企业的蓬勃发展，这段时间的工业化采取的是“离土不离乡、进厂不进城”的模式。众多学者认为乡镇企业得以迅猛发展的原因在于其独特的产业、产权和治理结构，以及地方政府的强力推动。虽然地方政府就 GDP 和财政收入展开的“锦标赛”正是财政包干制造就的“财政分权”的结果，并且区域竞争对经济增长的作用已经得到了实证性的证明，但是较少学者去正面讨论财政分权、区域竞争和城市化的关系。1994 年的分税制改革改变了中央与地方的财政收入格局及地方政府与企业的关系，使得地方政府与其所属的企业“脱钩”，这一点可以通过 20 世纪 90 年代中期乡镇企业的迅速倒闭和转制得到证明。但是，地方政府区域竞争的基本模式并未改变，只是竞争的方式和内容发生了巨大变化：如果说此前的区域竞争是地方政府通过大办企业推动工业化实现的，那么此后的区域竞争则是地方政府通过经营土地、推动城市化来实现的。

在现行的土地制度下，地方政府通过垄断土地的征用、开发和出让过程可获得高额的财政收入，学界称之为“土地财政”。地方政府在分税制后转向土地财政，既符合可以直接观察到的经验事实，也在财政和土地数据上得到了证明。[①] 土地财政的内容，不仅包括地方政府通过土地出让得到的土地出让金，也包括作为分税制后地方财政收入主要支柱的建筑业营业税。

① 孙秀林、周飞舟：《土地财政与分税制：一个实证解释》，《中国社会科学》2013 年第 4 期。

这两大收入来源都与城市土地征用、开发和出让的过程紧密相关。但土地收入与工业企业产生的税收不同，具有外生的不稳定性。无论是土地出让金还是建筑业的营业税，在纳入预算之后，便产生了稳定增长的要求。由于城市扩张、土地征用都需要大量的资金投入，土地出让金远不能满足城市基础设施建设的需要，地方政府“经营城市”必然要求金融资金的介入。

地方政府并不能直接利用贷款资金进行城市建设。政府机构既不能直接向金融机构贷款，[①] 也不能作为担保人实行政府担保贷款。[②] 在实际运作中，地方政府通常的做法是利用财政资金作为注册资本金成立一些拥有独立法人资格的国有城市建设投资公司，利用这些公司进行融资。这些公司一般包括城市建设投资公司、城市交通公司、城市水务集团、土地储备中心，等等，由地方政府的国资委管理，以公司方式运行，利用政府划拨的国有建设用地从银行获得土地抵押贷款进行城市建设。这种运作方式自 21 世纪初就在东部沿海地区的城市实行，[③] 西部地区最早有重庆的所谓“八大投”模式，[④] 目前全国各地市、县普遍有这些城市建设公司，统称为“地方融资平台”。[⑤] 这些地方融资平台通常以国有土地为抵押物，按照土地评估价值的 70%获得土地抵押贷款，用于城市的基础设施和公益性项目的建设。

对于地方政府融资平台土地抵押性质的贷款，银行面临的风险相对较小。在实际运作中，银行可以实施动态抵押率，实时对土地价值进行动态评估。这样，一旦房地产价格下跌，借款方就需要补充抵押物。在这种情况下，房地产价格变动带来的风险和额外的收益大部分都由地方政府的融资平台承担了。事实上，自有融资平台以来，土地价格一直在上行状态，其中所含的潜在风险并没有成为现实。土地抵押贷款相对于其他贷款而言，对银行这类商业机构无疑是最为优质的贷款。因此，只要融资平台有国有土地抵押，就会相对顺利地获得贷款。

综上，地方政府通过土地征用、开发和出让，一方面获得国有建设用地用于城市建设，另一方面获得大量的土地财政收入，并在地方融资平台的运作下，从银行获得土地抵押贷款用于城市建设。这构成了由土地、财政、金融三个要素组成的循环机制，这个机制不断将土地和资金吸纳进来，

---

① 1996 年 6 月 28 日起实施的中国人民银行《贷款通则》第十七条。

② 1995 年 10 月 1 日起施行的《中华人民共和国担保法》第八条。

③ 周飞舟：《生财有道：土地开发和转让中的政府和农民》，《社会学研究》2007 年第 1 期。

④ 赵朝霞：《重庆发展的投融资模式研究》，《商业经济》2012 年第 5 期。

⑤ 参见国发〔2010〕19 号文件《国务院关于加强地方政府融资平台公司管理有关问题的通知》。

造就了日新月异的繁荣城市，可称为“三位一体”的新城市化模式。

“三位一体”的城市化模式，并非意味着新城市化模式可完全脱离人口和产业，而是指人口和产业相对于土地和资金来说只是辅助因素。人口是随着产业而聚集的，而产业聚集首先表现为工业企业的发展。分税制后，乡镇企业的转制与国有企业的股份化表明，地方财政的主要支柱已不是企业发展，但地方政府招商引资的动力并没有减弱。对此，有些学者的解释是工业企业所产生的增值税和企业所得税虽然与中央共享，但从长远看仍是地方财政收入的重要稳定来源，并且工业企业本身带有较强的“溢出效应”，能在一定程度上带动城市服务业的发展。① 产业集中一方面带来人口集中，另一方面虽然对于地方政府的财政收入贡献有限，但其产生的大量社会财富无疑有利于推高城市房地产价格。在“三位一体”模式中，高位运行的房地产价格是一个关键要素。这个因素一方面可通过大量兴建城市基础设施来推动，另一方面也需通过高收入人口的集聚来推动，而产业集中无疑是其中的关键环节。

然而，“三位一体”模式本身构成了一个封闭循环机制，在一定程度上可脱离产业和人口的集中而独立运行。从全国的局面看，中西部许多地区在缺乏产业和人口的情况下也可通过土地运作来大规模兴建城市。在“三位一体”的模式下，只要有足够的国有建设用地供应，地方政府就可通过财政和金融手段来兴建大规模的豪华城市，只是这种城市缺乏“人气”而已。所谓鄂尔多斯“鬼城”就是这种模式运作的结果。

二 “土地整理”和“增减挂钩”：地方政府的实践

“三位一体”的新城市化模式在扩张中会受到土地征用这一瓶颈性因素的制约。虽然政府垄断了土地征用、开发和出让过程，但地方政府将农地征用成为国有建设用地的数量却受到中央政府的指标控制。

中央政府与地方政府的目标不同。除推动经济增长外，中央政府还关注社会稳定和粮食安全。21 世纪初，随着农村税费改革的推进，社会稳定的主要威胁由农民负担转变为征地拆迁和失地农民的问题，土地征用大量占用优质耕地也威胁着全国的耕地保有量和粮食安全。控制这两大威胁的

---

① 陶然等：《地区竞争格局演变下的中国转轨：财政激励和发展模式反思》，《经济研究》2009 年第 7 期。

关键都在于对土地征用和强制拆迁行为的约束。中央政府主要通过两种手段来控制地方政府获得建设用地，一是全国、省、市、县、乡镇的五级土地利用总体规划体系，地方每级政府编制的土地总体规划中的建设用地总量不得超过其上一级政府土地总体规划所确定的指标，耕地保有量则不得低于上一级政府土地总体规划的指标；二是土地利用的年度计划，其核心是新增建设用地计划指标。随着地方政府在城市化过程中对建设用地的需求迅速增加，中央政府对土地征用的控制也在逐步加强。自 1999 年国土资源部 2 号令发布以后，中央政府分别又在 2004 年、2006 年颁布了 26 号令和 37 号令，对《土地利用年度计划管理办法》进行修订。对比这三个文件，可看到中央政府在三个方面加强了控制：首先，将土地年度利用计划的编制权完全收归国土资源部；[①] 其次，将土地年度利用计划中的核心指标“农用地转用量”改为“新增建设用地量”，从而将农地外的“未利用地”的征用也纳入控制范围；最后，实行严格的指标控制手段，对用地计划实行按月上报、中期检查及年度评估和考核，[②] 而且这种考核要以“土地利用变更调查和监测数据为依据”。除对建设用地指标进行严格控制外，中央政府从粮食安全和保护耕地的角度出发，规定实施建设占用耕地的“占补平衡”制度。[③] 占补平衡是控制地方政府利用建设滥占耕地的另一道“紧箍咒”，对地方获得建设用地设置了政策障碍。在各地实践中，地方政府通过多种途径实现占补平衡，出现了诸如“占多补少”“占优补劣”“先占后补”等各种办法，在一些环境保护区或生态环境脆弱的地区，占补平衡对生态环境造成了破坏。[④]

在实践中，由于新增建设用地指标远不能满足地方政府的用地需求，因此，各地政府展开了各种土地制度方面的探索。这些探索与中央政府的土地政策不断发生互动，构成了理解当前用地政策与制度的基础。

第一轮对中央指标控制的突破是“土地整理”的实践。按照有关规定，1999 年 1 月开始，县乡（镇）人民政府应当按照土地利用总体规划，组织

---

① 土地利用年度计划的编制权在 2 号令中是“国土资源部会同国务院有关部门”，在 26 号令中则是“国土资源部会同国家发展和改革委员会”，在 37 号令中，则是国土资源部会同国家发展改革委员会提出“全国土地利用年度计划总量控制指标建议”，而年度计划草案的编制则完全收归国土资源部。

② 参见国土资源部 2006 年 37 号令第十四条、第十五条、第十六条。

③ 《中华人民共和国土地管理法》第三十一条、第三十三条。

④ 报告这类现象的文章较多，代表性的讨论可参见唐菊华、吕昌河《我国城市化过程中实施耕地占补平衡的问题与对策》，《安徽农业科学》2008 年第 9 期。

农村集体经济组织制订土地整理方案，并组织实施；土地整理新增耕地的60%可以用作折抵建设占用耕地的补偿指标。[①] 国土资源部随后发文指出，[②] 为鼓励开展农村集体农用地整理，对各地自筹资金进行农用地整理净增农用地中的耕地面积，经省级国土资源管理部门复核认定后，可以向国家按照60%的比例申请增加建设用地占用耕地指标。这种“补偿指标”在地方又被称为“折抵指标”，事实上是一种建设占用耕地的计划外指标，浙江省是进行这一实践的典型代表。

早在1998年6月6日，新《土地管理法》尚未实施之前，浙江省颁布了《关于鼓励开展农村土地整理有关问题的通知》，规定一个土地整理项目完成以后，其增加的有效耕地面积的72%[③]可作为计划外的建设用地指标，称为“折抵指标”。折抵指标的总量非常大，一般远远超过地方行政单位所获得的计划用地指标。按照《全国土地利用总体规划纲要（1997—2010年）》规定，浙江省的建设占用耕地规划指标为100万亩，但截至2001年，浙江省建设占用耕地量就达到99.2万亩，[④] 已经用完了规划指标；到2005年，浙江省实际占用耕地为232万亩，已超过2010年指标的1.3倍。[⑤] 具体到一些县市，这个比例还要大得多。之所以增速如此之快，主要是因为使用了折抵指标。到2004年底，浙江全省通过土地整理新增耕地达182.07万亩，可使用折抵指标104.26万亩，[⑥] 这相当于浙江省14年土地利用总体规划的规划指标的总量。由于各地之间土地开发整理的潜力和建设用地的需求差别比较大，所以在地方实践中，“折抵指标”很快就变为可在县市间调剂并有偿转让，再发展到全省对各县市的折抵指标进行统筹安排和分配。[⑦]

---

① 参见1999年1月施行的《中华人民共和国土地管理法实施条例》第十八条。

② 参见2000年的408号文件《关于加强耕地保护促进经济发展若干政策措施的通知》。

③ 按该通知的规定，对于土地整理项目，可以按预期增加的有效耕地面积的30%预先配给启动用地指标，待项目完成、验收、复核并冲抵预先配给的启动指标之后，再按实际增加有效耕地面积的60%下达建设占用耕地指标，这样，实际的“折抵指标”是新增加有效耕地面积的72%（30%+70%×60%）。

④ 施建刚、魏铭材：《计划管理下的土地整理折抵指标有偿调剂研究——以浙江省为例》，《农村经济》2011年第4期。

⑤ 张蔚文等：《基于可转让发展权模式的折抵指标有偿调剂政策分析——一个浙江省的例子》，《中国农村经济》2008年第12期。

⑥ 王松林：《加大土地整理开发力度 为我省经济社会可持续发展作出新贡献》，《浙江国土资源》2005年第10期。

⑦ 有偿转让的规定始自浙江省国土资源厅《关于加强土地整理折抵指标使用管理的通知》（浙土发〔1999〕235号）；指标统筹的规定始自浙江省国土资源厅《关于建立土地整理折抵建设用地指标统筹制度的通知》（浙土发〔2003〕46号）。

2001年，仅浙江全省折抵指标跨县调剂就涉及39个县（市、区），调剂面积达69150亩，调剂金额9.9亿元，这些折抵指标的价格，市场价可以达到每亩3万元。[①] 有些地方每亩折抵指标可以达到5万—6万元，还供不应求，[②] 到2007年，折抵指标的价格上升到了每亩7万—9万元。[③]

随后，全国各省国土资源厅也纷纷出台了关于农用地整理指标折抵建设用地指标的规定，[④] 以折抵指标为目的的土地整理在全国范围内迅速展开。土地开发整理不但能够完成建设用地“占补平衡”的要求，还能够新增远多于计划指标的折抵指标来满足地方城市化的要求。这一轮地方实践的主要后果有两个：（1）新增耕地的质量难以保证，而且对地方生态带来了较大的负面影响；（2）中央通过指标控制来规范建设用地占用耕地的做法迅速失效。

对于这种突破指标的做法，国土资源部持有谨慎的保留态度。在2005年回复浙江省国土资源厅的一封正式函件中，国土资源部一方面指出浙江开发区用地规模偏大，另一方面强调“土地整理折抵建设用地指标应当纳入土地利用年度计划进行统一管理”。[⑤] 2007年12月，国务院办公厅颁发的文件明确指出，[⑥] 土地整理新增耕地面积只能折抵用于建设占用耕地的补偿，不得折抵为建设用地指标，扩大建设用地规模。这相当于对1999年《土地管理法实施条例》的明细解释，也与2007年底中央经济工作会议的精神相一致。在中央政府的严厉态度下，土地整理的实践基本被控制住了，但地方迅速发展的城市化需求与有限的建设用地指标的矛盾并没有消除，且随着2008年金融危机的爆发被空前加剧。

为应对金融危机，中央政府于2008年底出台了“四万亿”的经济投资

---

① 谭峻等：《浙江省基本农田易地有偿代保制度个案分析》，《管理世界》2004年第3期。

② 李华等：《利国利民利集体的大实事——浙江省绍兴县土地整理工作的报告》，《中国土地》2002年第4期。

③ 汪晖、陶然：《论土地发展权转移与交易的“浙江模式”——制度起源、操作模式及其重要含义》，《管理世界》2009年第8期。

④ 参见山东省国土资源厅：《山东省国土资源厅关于实行建设用地指标置换和农用地整理指标折抵的意见》（鲁国土资发〔2003〕79号）；河北省国土资源厅：《关于印发〈农用地整理新增耕地折抵建设用地指标办法（试行）〉的通知》（冀国土资发〔2005〕15号）；安徽省国土资源厅：《安徽省土地整理新增耕地折抵建设用地指标实施细则》（皖国土资发〔2006〕97号）。

⑤ 参见国土资规函〔2005〕10号《国土资源部关于浙江省开发区（园区）审核中涉及待置换用地等问题的函》。

⑥ 参见《关于严格执行有关农村集体建设用地法律和政策的通知》。

计划，[①] 并由此带动了地方政府十几万亿的投资。这些投资除 1.18 万亿为中央政府发行的国债外，绝大部分是银行贷款和一些社会资金。[②] 根据上述对“三位一体”模式的分析，银行贷款大部分需有国有建设用地的抵押才能变为政府和社会投资，而新增国有建设用地的数量和规模则受到中央政府严格的指标控制。激进的经济刺激计划与严格的用地指标控制相矛盾。新一轮地方政府在“建设用地指标”方面的探索和实践正是在这个背景下展开的。

1999 年 10 月，国土资源部指出，农村居民点在向中心村、集镇以及乡镇企业向工业小区集中的过程中，其旧址复垦为耕地之后，新址所占面积可以与之“置换”，那么这些新址面积“可以不占用年度建设占用耕地指标”。[③] 这种“土地置换”意味着可通过整理农村的集体建设用地和宅基地的方式突破中央的建设用地指标控制。但是，与“折抵指标”相比，这种农村集体建设用地的整理成本高、难度大、社会牵扯面广，并没有成为地方政府获得计划指标外建设用地的主要方式。

2004 年，国务院颁行《关于深化改革严格土地管理的决定》，旨在保护耕地的数量和质量，“进一步完善符合我国国情的最严格的土地管理制度”。该决定的第十条“鼓励农村建设用地整理，城镇建设用地增加要与农村集体建设用地减少相挂钩”，有意识地引导地方政府将建设用地指标获得的重点由耕地转向农村集体建设用地。[④] 2005 年，国土资源部出台了《关于印发〈关于规范城镇建设用地增加与农村建设用地减少相挂钩试点工作的意见〉的通知》，于 2006 年在天津、江苏、山东、湖北和四川五省市开展增减挂钩的试点工作，共批准增加挂钩项目区 183 个，使用增加挂钩周转指标 4923 公顷（7.38 万亩）。作为试点，涉及的面积和规模都比较小。

在第一批增减挂钩试点工作开展之后，由于中央政府对建设用地的指标控制渐趋严格，第二批试点直到 2008 年 6 月才正式批复，同时印发了《城乡建设用地增加挂钩试点管理办法》。第二批试点虽然涉及的省市增加到 14 个，但试点面积的规模并不大，共计 10246 公顷（15.368 万亩），而且对于增减挂钩的办法有非常明确的规定，要求增减挂钩必须严格限制在

---

① 参见《四万亿决策内幕首曝光 财政部长称兜里没钱了》，2013 年 3 月 7 日，http://fj.qq.com/a/20130307/000086.htm，最后访问日期：2014 年 9 月 20 日。

② 参见寇博《四万亿：千万里，我追寻着你》，《南方周末》2009 年 12 月 24 日，第 D14 版。

③ 参见国土资发〔1999〕358 号《关于土地开发整理工作有关问题的通知》第二条。

④ 在 2005 年国土资源部致浙江省国土资源厅的函件中，明确指出要将折抵政策实施的重点由农用地整理转向建设用地整理。

增减挂钩项目区内进行。

增减挂钩政策的出台，有了现实的合理性。随着大量农村人口向城市流动，农民居民点所占的建设用地规模不但没有萎缩，反而有所扩大，这造成我国城市建设用地和农民建设用地“双扩张”的现象。按照《全国土地利用总体规划纲要（1997—2010年）》，计划到2010年，城镇和独立工矿用地增加186.8万公顷，农村居民点用地减少189.8万公顷，所以建设用地总量减少3万公顷。但实际上，仅到2004年，城镇、工矿用地就净增158万公顷，农村居民点不但没有减少，反而净增9.88万公顷。农村人口人均占有农村居民点用地为219.7平方米，远远高于规划中150平方米的上限。[①]

2009年，随着激进的经济刺激计划的实施，对于建设用地的需求空前增大，增减挂钩的进度也迅速加快。这主要表现在两方面。（1）增减挂钩不能严格按照项目形式开展，即拆旧区和建新区往往突破了同一项目限制的范围，甚至有跨地区挂钩的现象。（2）试点范围迅速扩大，试点面积迅速增加，几乎覆盖全国。到2011年，国土资源部先后四次共下达增减挂钩周转指标73.9万亩，涉及27个省（区、市）。[②] 这两方面主要是就全国的情况而言。全国一些省市地方政府也根据本省的情况纷纷出台增减挂钩试点办法，并迅速发展出了不同的模式和做法。

成都是实施增减挂钩最早、范围最广的地区，增减挂钩以及由此形成的“农民上楼”和“资本下乡”实践开展得较为成熟，并发展出一系列的制度创新，也正在为全国许多地方政府所效仿。下文以在成都的相关调查[③]为案例，对“农民上楼”和“资本下乡”进行分析。

三　农民上楼

成都市城乡总人口超过千万，像中西部地区大部分大城市一样，城乡差距巨大。2007年，成都市被中央划定为“统筹城乡综合配套改革试验区”，统筹城乡的主要改革内容被概括为“三个集中”，即“工业向集中发展区集中、

① 参见《周其仁：城镇化或将引发一波“再城市化”》，2013年11月4日，http://news.cnstock.com/news/sns_bwkx/201311/2794190.htm，最后访问日期：2014年9月20日。

② 郭图文：《严格规范增减挂钩试点——国务院47号文件系列解读之一》，《中国国土资源报》2011年4月22日，第3版。

③ 2010—2012年，我们的研究团队多次赴成都进行城乡统筹调查，除对相关政府、企业、农民的访谈外，也专门针对青白江区三个村450户农民进行了问卷调查。文中所引材料，除注明出处外，均来自这一实地调查。

农民向城镇和新型社区集中、土地向适度规模经营集中”。其中，“农民向城镇和新型社区集中”就是所谓的“农民上楼”。具体做法是，按照“增减挂钩项目”的要求将一些拟“上楼”的村落与城镇拟占用的耕地申请成立“增减挂钩项目区”，分别作为此项目的“拆旧区”和“建新区”。[①] “拆旧区”拆掉农民房屋后将宅基地复垦成耕地的面积与“建新区”所占用的耕地面积相等或者大于后者，这样能够保证“拆旧区”与“建新区”所在行政区域内的总耕地面积不减少，甚至有所增加。通过拆旧、复垦获得的耕地面积被称为“增减挂钩指标”，被当地官员简称为“指标”。这些“指标”与“新增建设用地指标”不同，不会受到土地年度利用计划的严格限制。从2006年到2008年，成都市共实施了15个增减挂钩的项目，指标为6980.23亩，累计有7578户农民集中住进了新型社区。[②] 2008年后，成都市各区县展开了规模庞大的土地整治运动，农民上楼的速度也迅速加快。本文以笔者实地调查的成都市青白江区为例来详细说明农民上楼的过程和机制。

青白江区地处成都平原的东北部，2010年总人口41万，其中农业人口26.5万，约占总人口的65%，全区的土地总面积为37894公顷，其中农用地总面积为31093公顷。按青白江区2010年修订的《成都市青白江区土地综合整治专项规划（2006—2020年）》，在2020年前，对农用地的86%进行土地整理，可获得新增耕地2938公顷（新增11%），按照这一规划，可满足规划期间耕地占补平衡的要求，但不能满足城市规划中“有条件建设用地4604公顷”的用地需求。也就是说，超出的部分用地约1600多公顷需求要靠“增减挂钩”的方式来实现。

农村居民点所占的农村集体建设用地总面积为3035公顷，其中可通过集中居住来进行整理的面积为2322公顷，预计可通过搬迁、复垦节余建设用地“指标”1857公顷，这样就可以完全满足规划期城市扩张的需求。按照这一计划，青白江区在2011—2015年内要搬迁人口19.26万人，其中迁入集中居住区12.41万人，规划新建农民集中居住区55个，这一“上楼”规模占全区农业人口的75%。青白江区的这种情况在成都市的9区4县和4个县级市中并不是最突出的。

地方政府对建设用地整理和农民的集中居住热情如此之高，与“增减

① “建新区”除城镇扩张所占用的耕地外，还包括为上楼农民新建住宅所占用的土地面积。

② 北京大学国家发展研究院综合课题组：《还权赋能——成都土地制度改革探索的调查研究》，《国际经济评论》2010年第2期。

挂钩”这一土地运作方式的效益有关。从获得建设用地的指标方面看，在青白江，农民人均宅基地占地面积131.35平方米，而集中居住之后，人均占地面积只有原来的20%，节余建设用地、复垦耕地的效率非常高。从经济效益看，青白江整理2322公顷的农民居民点建设用地约需投入资金104.5亿元，可以节约出1857公顷增减挂钩的“指标”，这些指标最终通过“招、拍、挂”的形式出让，按照青白江的工业用地和经营性用地的价格，可以获得土地出让金216亿元，扣除各种成本，收益率高达107%。这是青白江全区的估算，我们以一个具体的增加挂钩项目为例，分析项目的效益及其效益在政府和农民之间的分配。

青白江区弥牟镇与青白江区福洪乡河坝村“灾后重建城乡建设用地增减挂钩试点项目”由拆旧区和建新区组成。拆旧区位于青白江区福洪乡河坝村，涉及拆迁居民点42个，农户988户，3192人；建新区中用于集中居住的建新区在福洪乡河坝村集中居住区内，规划882户，2912人（106户280人进入城镇居住），使用增减挂钩周转指标192.6亩；[①] 建新区中用于城镇建设的建新区规划在弥牟镇红星村，使用增减挂钩周转指标529.9亩。两处建新区共使用增减挂钩的周转指标722.5亩。[②]（其他数据参见表1）

表1　青白江区弥牟镇与福洪乡河坝村“增减挂钩试点项目区”建新区与拆旧区地类情况

单位：亩

建新区						拆旧区	
编号	位置	总面积	建设用地面积	农用地		位置	建设用地面积（指标）
				耕地面积	其他农用地面积		
		(1)	(2)	(3)	(4)		(5)
用于集中居住的建新区	福洪乡河坝村1、5、7组	218.4	24.0	179.5	14.9	福洪乡河坝村	726.1
用于城镇建设的建新区	弥牟镇红星村3、4、7组	655.5	125.6	509.2	20.7		
合计		873.9	149.6	688.7	35.6		

说明：(1)=(2)+(3)+(4)，(5)=(3)+(4)+1.8亩。

① 虽然这个建新区占用194.4亩耕地，但只使用了192.6亩指标，因为在搬迁复垦中耕地总量增加1.8亩，可参见表1的“说明”部分。

② 该案例的主要数据来自2010年《四川省成都市青白江区弥牟镇与青白江区福洪乡河坝村灾后重建城乡建设用地增减挂钩试点项目实施规划》，我们对村庄的名字进行了技术处理。

以下是这个项目的投资和收益情况，参见表2。

表2　青白江区弥牟镇与福洪乡河坝村“增减挂钩试点项目区”建新区与拆旧区投资情况

单位：万元，%

投资类别		项目	标准	费用	投资金额	投资比例
拆旧区	(1)	房屋拆除补偿	200元/平方米	3388.47	4110.94	35.07
	(2)	林盘等地上附着物补偿	3000元/亩	141.59		
	(3)	宅基地复垦费用	8000元/亩	580.88		
集中居住区	(4)	房屋建设	农民统规自建		3830.40	32.68
	(5)	公共设施投入	1.2万元/人	3830.40		
城镇建新区	(6)	房屋拆迁补偿	240元/平方米	1205.76	2819.31	24.05
	(7)	地上附着物补偿	3500元/亩	17.58		
	(8)	青苗补偿	3500元/亩	185.47		
	(9)	建新房费用	1000元/平方米	1410.50		
其他投资		设计、规划、管理费用		961.47	961.47	8.20
总投资					11722.12	100.00

从表2的最后一栏可以看出，总投资约有68%用于福洪乡河坝村的拆旧建新。对于河坝村而言，涉及拆旧建新的共有988户3192人，其中有106户280人在房屋拆除后没有搬入集中居住区，而是搬入城镇居住。拆旧的面积中，包括房屋169423.5平方米（合254亩）与林盘场院471.9亩，人均分别为53平方米和98平方米。在表2中，(1)(2)两项是给这些农民的补偿，合计为3530.06万元，户均3.57万元，人均1.1万元。新社区的楼房由农民统规自建。按照我们在福洪乡杏花村的实地调查，只要户籍在本村的上楼农民，人均可以获得30平方米的面积指标，根据楼层不同，这些指标价格约在每平方米180元到280元。若超出30平方米，则按照每平方米1600元的价格结算。这样，以三口之家为例，上楼住进90平方米的户型，需要支付1.6万元到2.5万元。所以拆旧补偿足以支付搬进新楼的费用。

农民能够不用或者交很少的额外费用就可以住进新楼，在于其背后有政府对农民的补贴。这些补贴，可看作农民上楼的收益和农民所失宅基地价格的一部分。在青白江，建新楼的成本价在每平方米1000元左右，所以每平方米需要有770元①左右的补贴。河坝村的项目中共有2912人住进集中

① 按每平方米支付230元的均价计算，根据楼层不同，农民每平方米支付180—280元不等。

居住区，按照人均30平方米计算，则人均补贴2.31万元，补贴总额约需6727万元。这些补贴加上对农民的房屋和地上附着物补偿，折算到宅基地上，则相当于每亩14.1万元，粗略而言，这就是宅基地从农民手中“出让”的“价格”。[①] 按照上述青白江区建设用地出让价格的一般水平，河坝村的土地指标可获得土地出让金56919万元，合每亩78万元。就该村的项目成本收益核算而言，其投资总成本11722万元，集中居住新房补贴为6727万元，则总收益为38470万元。

在青白江，农民在上楼过程中失去其宅基地的同时，获得了相当于其最终出让价格18%左右的补偿，这就是有些学者所说的纯农区的农民通过流转建设用地所分享的城市化的收益部分。由于在当前的情况下，宅基地并不能直接进入土地市场，“农民上楼”可以说是开辟了一条宅基地间接进入市场的道路。但是，这种“间接”进入，农民并不能按照市场的供求水平来获得收益，宅基地的“价格”并非市场价格，而是地方政府通过项目运作、土地整治及其成本收益估计“补贴”给农民的价格。所以，这与土地征用一样，在本质上是一种“补偿”，只是土地征用的“补偿”大多是耕地补偿，农民上楼的“补偿”则是宅基地补偿而已。因此，在全国范围内，与耕地补偿一样，“农民上楼”过程中所获得的补偿由于各地政府的政策而呈现出很大的差异。在山东寿光的案例中，上楼的农民每户要缴纳6万元才能搬进新楼，山东阳谷则需要缴纳4万—7万元不等。[②] 可见，所谓“分享城市化的收益”，在本质上是由地方政府的土地和城市化政策所决定的，如同耕地征用补偿一样，农民虽得到了一些收益，但并没有得到获得收益的权利。从实质上讲，纯农区的农民在以低价的宅基地支持城市的建设用地需求和城市扩张。

农民住进楼房，其居住条件得到了明显改善。按照成都市的规定，每个集中居住区都须配备有人均1.2万元的公共服务设施投入。根据我们在青白江三个村450户的农户调查，集中居住户与散居户的居住满意度分别为87.7%和75.4%，前者显著高于后者。但是，集中居住也带来了一些农民始料不及的问题。首先，“上楼”之后，农民的日常生活成本显著上升，这包括水、电、气的支出以及蔬菜、水果、肉、蛋等食品性消费的支出等，上

① 需要指出的是，这一宅基地价格是由农民得到的补偿价计算的，并非这些宅基地的市场出让价。

② 参见北京大学社会学系课题组《“农民上楼”与新农村建设运动：政策和案例的调研》，2011，未刊稿。

升的比例在20%左右；其次，伴随着“上楼”之后居住方式的改变，村落内部原有的邻里、宗亲、小组相重合的社会关系模式也遭遇较大的挑战，村民之间的情感联系不及以前密切；最后，农民集中居住之后，村庄治理成为一个难题。与散居户相比，这些集中居住的农民就像野生植物被盆栽种植一样，对社区服务、物业管理等公共服务有着更高的要求。因此，一旦出现问题，乡镇政府就会成为多村混居居民的矛头所向。随着农村人口的迅速老龄化，这些新社区很容易在不久的将来变成像“养老院”一样的老人集中区，极易使得作为基层政府的乡镇政府变为“保姆型政府”。

四　资本下乡

根据增减挂钩的相关政策，通过农民上楼所整理的土地指标一般只能在县域内进行流转，而且必须严格限制在同一项目区内。这种以特定项目运作方式进行的增减挂钩，政策性较强而市场化程度较弱，农民作为宅基地的供给方并不能获得除新房补贴外更多的收益。成都作为“统筹城乡综合配套改革试验区”，在政策探索上进行了进一步的突破，建立了土地指标的交易平台，使得土地指标变成可以交易的商品，以最终实现不同性质土地的“同制、同价、同权”。[①] 土地交易所实质上是要建立农村集体建设用地参与城市化进程的一种市场机制，使得土地指标在成都市范围内，实现跨县域的流转和交易。

成都市的“农村产权交易所”于2008年10月13日挂牌成立，并于2010年底在成都市国土资源局相关政策的指导下进行了第一次2000亩“建设用地指标”的拍卖。根据成都市人民政府办公厅转发的国土局规定，[②] 竞买国有经营性建设用地使用权的申请人，必须持有《建设用地指标证书》，才能报名参与竞买，这叫作“持证准入”制度。而获得这个证书的途径只有两个，竞买人或者通过参加农村土地综合整治直接获得建设用地指标，或者在成都农村产权交易所购买。在这一规定下，2010年底的第一次“指标”拍卖出现了异常火爆的情景。2000亩土地指标的起始价为每亩15万

① 周其仁：《试办“土地交易所”的构想——对成都重庆城乡综合配套改革试验区的建议》，《中国科技投资》2008年第8期。

② 参见《成都市人民政府办公厅转发市国土局等部门关于完善土地交易制度促进农村土地综合整治和农房建设工作实施意见（试行）的通知》（成办发〔2010〕59号）与成都市国土资源局《关于进一步完善国有经营性建设用地使用权出让“持证准入”制度的公告》。

元，成交价为每亩 72 万元，溢价率达 386%。[①] 这直接推高了成都市建设用地的地价和使用成本，致使远郊区县的开发商根本无力购买国有建设用地。翌年 4 月，成都市农村产权交易所发布公告，将“持证准入”制度改为“持证准用”制度，即国有经营性建设用地不再设“准入”制度，成都市主城区和二圈层区竞拍人在拍得土地之后、签订《国有建设用地使用权出让合同》之前，必须获得相应面积的建设用地指标；[②] 三圈层区的市县则须按照指标的最低保护价[③]缴纳竞买宗地相应面积的建设用地指标价款即可签订合同。这样，农村产权交易所的指标交易就变成了新的分类挂钩机制，主城区和二圈层区的土地指标交易仍然使用拍卖机制，价高者得，这既保证了土地指标可以在主城区、二圈层区和三圈层区内的跨县域交易，又能稳定三圈层区内的土地价格，建立了不同所有制土地的市场同价机制。

根据相关规定，[④] 农村土地综合整治项目既可由农民集体申报，也可由农民集体和农户委托投资者、政府土地整治专业机构等申报立项，在立项获得批准后，农民集体既可自行筹资实施，也可寻找投资者。对于这些委托投资的项目，节余建设用地指标归属由双方合同约定，节余建设用地指标的收益由双方按合同约定分享。根据成都市国土局和农村产权交易所“持证准入”“持证准用”的两个公告，国有经营性建设用地的竞买人只有通过两个办法才能获得建设用地指标，即直接在农村产权交易所购买或者参与农村土地综合整治。由于在主城区和二层圈区的指标交易使用的是挂牌出让的竞买机制，所以指标价格较高。[⑤] 按照成都市农村产权交易所 2014 年 3 月的挂牌出让信息，指标的挂牌起始价格均为每亩 30 万元。而通过参与农村土地整治，则成本相对较低，还可获得指标出让的部分收益。

---

① 谭明智：《严控与激励并存：土地增减挂钩的政策脉络及地方实施》，《中国社会科学》2014 年第 7 期。

② 成都市农村产权交易所：《关于实行国有经营性建设用地使用权“持证准用”制度的公告》，2011 年 4 月 14 日。

③ 根据《关于实行国有经营性建设用地使用权“持证准用”制度的公告》，三圈层土地指标的最低保护价为 18 万元/亩。

④ 参见《成都市国土资源局关于完善建设用地指标交易制度促进农村城市化土地综合整治的实施意见》（成国土发〔2011〕80 号）。

⑤ 据成都市国土局网站黄晓兰的文章《关于成都市探索开展建设用地指标交易的实践与思考》：“2011 年，全市通过统一的交易市场流转的集体建设用地共计 46 宗，涉及流转总面积 1400 亩，流转总价 4.5 亿元。”则平均每亩集体建设用地价格为 32 万元，可作为推测建设用地指标成交价的参考。参见 http://www.cdlr.gov.cn/Detail.aspx? ID = 37077&ClassID = 001002003007001，最后访问日期：2012 年 5 月 7 日。

根据成都市农村产权交易所于2012年10月9日发布的消息，成都市邛崃市大力引进社会资金参与城乡建设用地的增减挂钩项目，涉及5个镇27个村的10个项目共可节余建设用地指标3132.54亩，共引入了8家企业投资，按照投资成本每亩20万元计算，投资总额为6.265亿元。[①] 根据交易所发布的项目投融资公告，项目投资方“通过投资获取建设用地指标，按照投资协议指标登记在投资方名下，可在成都农村产权交易所交易并获得回报，年投资回报率超过30%的部分归项目区农民集体和农户所有”。[②] 从公告中可见，指标的归属权属于投资方，投资年回报率可以达到30%。按照《社会资金参与邛崃市农村集体建设用地整理协议书》，[③] “甲方拥有流转集体建设用地的处置权，此后产生的交易与再次流转收益与乙方无关”；“甲方取得集体建设用地未来一切收益与乙方无关”。上述材料提供的线索显示，社会资金如果条件允许，其更加理性的方式是投资参与土地综合整治项目，如果其投资成本为每亩指标20万元，则即使按照挂牌起始价为每亩30万元计算，其投资回报率亦为50%。[④] 这与用地的开发商直接去农村产权交易所竞买指标相比，无疑有着巨大的差别。那么，既然直接参与土地综合整治对于需要用地的企业如此有吸引力，它们是如何“下乡”的？企业会不会存在这方面的竞争？

土地综合整治包括对房屋的拆旧、原宅基地的复垦和农民的安置即集中居住，这些也是资本方的投资内容。但“农民上楼”后，除居住和日常生活方式发生变化外，农业经营的方式也发生了变化。由于农民的承包地多零散分布在其原住址周围，上楼后的耕作半径必然增大。根据对青白江区450户农民的调查，集中居住的农民的耕作半径平均为3.01公里，与“上楼”前1.18公里的耕作半径相比增加了1.6倍；样本中散居户的平均

---

① 参见成都市农村产权交易所网站，http://www.cdaee.com/news/list.php? page=4&cid=24。

② 参见成都市农村产权交易所网站发布的《成都农村产权交易所土地综合整治项目投融资公告（成农交融告〔2012〕001—012号）》，2012年9月19日，http://www.cdaee.com/notice/，最后访问日期：2014年9月30日。

③ 此份协议书的格式似以某投资管理公司与郫县（今郫都区）友爱镇金台村的协议为范本。参见百度文库，http://wenku.baidu.com/link? url=_z9mUCdot-WGFwmSjOAzcntvsCkZoMkdIpi4VSt-BxPqfevDmF9O7JHiJM42d4diTTjHzP7wpZggI8fVfIZigrgi2J8aiVjeDIe70iGHWh3。

④ 社会资金参与投入土地整治的成本，在成都有区域差异（参见艾云《产权是怎样界定的——来自成都温江区土地产权制度改革的实证研究》，2014，未刊稿）。根据我们对成都市农村产权交易所的人员进行的访谈，如果成本价高于指标的回购价或者卖价，地方政府会向投资主体通过协议转让这些指标在“落地”后的国有土地使用权出让收入的一部分作为补偿。

耕作半径为0.95公里，仅为上楼户的1/3。这种直接的困难间接促成了耕地的流转。2011年，青白江全区的耕地流转面积累计达14.16万亩，占全区耕地总面积的49%。[①] 流转比重如此之高，除部分是农户间的个人流转外，主要原因是有大量的“业主”也就是外来企业下乡承包农民的耕地。从调查结果看，在农户所有转出的地块中，流转给外村业主、集体经济组织和政府的比重约为46.7%，这些“外村业主”，除少数是农户外，大部分是下乡的企业。这些企业一般通过村集体统一与农民签订多年的耕地流转合同。从流转方式看，可分为农户个人间流转和集中流转。集中流转的一般是下乡的企业业主，这些企业一般都是集中、连片、长时间地承包农民的耕地，在样本中，有46%的农户与流转方签订的是10年以上的合同，还有31%的农户表示不清楚合同的期限，只有13%的农户签订10年以下的短期合同或者口头合约。综合考虑流转主体、流转方式与流转期限，可以看出农户流转的主要原因是“资本下乡”。（具体情况可参见表3）

表3　调查样本中所有转出地块的流转主体和流转方式

单位：%

流转主体	频次	占所有地块百分比	流转方式	频率	占所有地块百分比
外村业主	117	32.14	集中流转	215	58.9
村集体/集体经济组织	43	11.81	个人间流转	145	39.7
政府	10	2.75	不清楚	5	1.4
本村业主	112	30.77			
其他（注明）	61	16.76			
不清楚	21	5.77			
合计	364	100		365	100

随着越来越多的“农民上楼”，“资本下乡”集中流转耕地也成为成都市农业经营的主要形式。根据2011年的调查，在青白江，这些企业一般以每年每亩1000—1200元作为流转费付给农民，流转规模相对较大。通过访谈得知，福洪乡流转了1万多亩土地，其中最大的两家业主，一个流转土地4000亩，另一个流转3000亩，都是从事旅游观光“农业”；祥福镇流转土地1.4万亩，其中最大的业主2400亩，主要种植大棚蔬菜和水果；城厢镇

① 参见《统筹之手：青白江开创都市型现代农业新局面》，《成都日报》2011年10月29日，第11版。

引进的“业主”中，最大的是玉米制种企业，流转土地3210亩。在实地观察中，我们发现这些企业大多种植高附加值的农作物并以此为基础发展观光、休闲、旅游“农业”，而这些企业在“下乡”前有许多是和农业生产毫无关系的企业。在访谈中，青白江的融禾公司[①]一个部门主任提到：

来青白江（投资农业的企业）比较多。但是你看不到最后这个项目怎么运作。它要人工，要流转费，要各种成本，它的收益点在哪里？它还有什么其他的目的？有些它有可能不是靠农业赚钱。

不是靠农业赚钱，而是靠介入土地综合整治项目赚钱。在对青白江区农发局某干部的访谈中，对答如下：

问：东江月[②]（公司）很复杂，既做农业又做旅游业，好像还做点建筑业？还搞土地整治？

答：它要不做建筑早就垮了。

问：等于是靠做建筑来补农业这块。土地整治后这个指标能够全部到它手里自己用？

答：它不需要（自己用），可以漂移。

在访谈中，融禾公司的那位主任更加明确地指出了投资农业发展与土地综合整治之间的联系。

我们这个项目的支持是这样：它最初做农业，我们就给它一部分不是很大的资金支持。然后它发展得比较好，效果比较明显，区里就比较重视，规模就放大了一些，然后它才涉及土地整理增减挂钩。它又和政府联合经营，也就是政府出资源，它找钱，共同进行（土地）整治。

土地整治项目从目前来看就是稳赚钱的，拿到这个项目是非常不容易的。所以，比如说东江月最初做大棚蔬菜、西瓜甘蔗，这些都有可能亏钱，但是当这些亏钱的时候它发展第三产业，搞服务、餐饮、

① 即“成都市融禾现代农业发展有限公司”，是一家国有的以农业投资为主的融资平台。

② 是一家大量流转土地、发展农业的外来公司。我们对名称进行了技术处理。

会务、娱乐、购物等，是一个长期的过程，要突然叫它把资金抽出来还钱，难度非常大。它现在又发展做土地整治这块，时间就短了很多。这两头结合还是降低风险，目前市场情况，做这个项目是有投资价值的。

访谈中所提到的“政府支持”是指融禾公司这个政府的农业融资平台会对外来公司的农业项目提供资金支持。可以看到，外来公司能够介入土地综合整治这种“稳赚钱”的项目，必须有一定的资格，即必须下乡从事“集中流转土地”“发展现代农业”这种可能赔钱的项目。有研究指出，这种国有的融资平台也会对这些资本直接提供土地综合整治方面的资金支持，但是从访谈内容看，这种支持也是以其“下乡”从事农业为条件的。对于下乡从事农业的企业，地方政府除了在融资方面、土地整治方面予以支持外，财政和农业项目方面也有一些实质性的支持。青白江区委文件详细规定了如何按照土地经营给予一次性的奖励。在对福洪乡、祥福镇领导的访谈中，镇领导都提到，对于来到镇域内投资农业的企业，区和镇都会帮助其争取财政项目，支持其对农业园区内的道路、水渠等基础设施的建设。需要指出的是，社会资本参与土地综合整治项目，也并非一定要以“下乡”为前提。一些实力相对较弱的公司也可通过其他的渠道获得土地综合整治项目的投资权。资本下乡大规模流转土地，需要雄厚的实力，所以我们看到一些从事房地产业的综合型公司。事实上，真正从事现代农业发展的公司对于大规模流转土地反而会非常谨慎，这些公司大多宁愿采用“公司+农户”这种流行的农业产业化模式。①

综上，“资本下乡”包括两个方面，一是企业资金参与了以“农民上楼”为主的土地综合整治项目，作为投资方获得了建设用地指标的剩余收益。二是社会资金参与了农村的耕地流转，帮助地方政府推进了土地的规模经营，大力发展现代农业。这同时推进了农民的集中居住和土地的集中经营，是统筹城乡的关键性内容。从政府的角度看，“资本下乡”一方面有力撬动了“社会资金”参与城乡一体化的进程，另一方面也解决了农业经营由传统的家庭模式向规模经营模式转型的问题。成都这样的大量人口外

① 这一观点来自我们对成都市农村产权交易所工作人员的访谈，也与当前我们在全国各地观察到的专门从事农业产业化的资本经营形式相吻合。在当前农业劳动力大量外出、农村日益老龄化的状况下，资本大规模“下乡”从事农业生产也具有历史和现实的合理性，但这是否构成中国农业现代化的主要出路，尚需进一步的观察和研究。

流的中西部农业区，“三农”的面貌随之发生了剧烈的变化，这一进程和中国社会激烈的转型过程联系在一起。

五　政府、资本和农民：城镇化的社会学意涵

“农民上楼”和“资本下乡”虽然是发生在纯农区的社会现象，但却是理解我国当代城镇化模式及其问题的锁钥。在当代中国，城镇化模式的关键和问题都是土地。以土地经营作为城镇化的基本动力，是由政府主导、地方竞争的经济驱动模式引发的。低成本的土地征用开发与高位运行的房地产价格支撑了城市的大兴土木和迅速扩张，所谓“经营城市”，本质上是在“经营土地”。改革初期以廉价劳动力为基础的工业化与改革后期以廉价土地为基础的城镇化构筑了“中国制造”的竞争优势。在这个意义上，当代城镇化的基本模式也是中国经济增长的基础动力。

地方政府转向经营土地，在一定程度上是中央与地方税收分配制度改革的结果。在城镇化过程中，中央和地方的博弈围绕土地展开。中央政府对耕地保护和粮食安全的重视最终迫使城镇化的土地来源由耕地转向农民的宅基地。“农民上楼”，实质是农民以价格低廉的居住用地为城市的扩张“续航”。从国家和农民的关系看，在粮食流通体制改革、农村税费改革后，农民对国家的贡献由粮食、税收转向了宅基地。所以，从土地角度，国家和农民关系的变化是中央和地方关系变化的结果。

在“农民上楼”的过程中，国家和农民的关系表现得更为复杂，这是因为有新的力量加入了宅基地由农区向城市的“漂移”过程。这个新力量是以城市房地产企业为主力的商业资本。商业资本力量的壮大是中国改革和市场转型的结果，其结构特点与中国市场转型的特征密切相关。通过分析，可以看到商业资本通过成为投资主体，与地方政府一起成为级差地租的剩余索取者。这就是与“农民上楼”紧密相随的“资本下乡”过程的主要内容。

社会学的分析要求将社会现象放在结构背景中进行观察。在中央与地方、国家与农民、政府与资本这样三对彼此联系的关系结构中，可以比较清楚地看到政府、企业和农民在城镇化进程中的得失损益。城镇化不但改变了城市的面貌，也在极大地改变着“三农”的面貌。农业的现代化和农村的社区化的确是农民参与城镇化进程的结果，但这是一个被动参与的结果。

在轰轰烈烈的城镇化进程中，农民的主动参与表现在外出打工方面。

但是，这些世界历史上规模空前的流动人口在当前的城镇化模式中却无安栖之地。低微的务工收入、高昂的城市居住成本和日趋严格的城市管理使得这些人口的主体始终处于流动状态而不能“落地”。这造就了城镇化的怪现象：一方面农村变成了“空心村”，另一方面许多豪华城市变成“空城”。这些现象不断提醒我们，城镇化的最终出路在于人而不在于地，人的城镇化才是解决土地问题的根本。

当代中国社会组织的制度环境与发展[*]

黄晓春[**]

摘　要：当代中国社会组织的既有研究对相关政策环境可能引发的政策执行后果缺少深入分析，致使学界对社会组织发展面临的实际激励与约束缺乏认知，无法从总体上把握当前社会组织的发展特征。通过引入政府行为研究的相关理论，聚焦地方政府在制度生产风险和弱激励的双重影响下发展社会组织的实践过程，以及不同层级政府在互动中塑造社会组织制度环境的机制，可以在中观层面识别当代中国社会组织发展特征，拓展既有研究基于"国家—社会"视角的论域，并进一步概括社会组织领域的"模糊发包"政策执行模式，探索新的研究方向。

关键词：社会组织　制度环境　模糊发包

一　问题的提出与研究回顾

近年来，学术界日趋关注当代中国社会组织在国家治理转型以及社会变迁中所扮演的角色。[①] 尽管研究视角不尽相同，但研究者多将社会组织所

---

* 本文原载《中国社会科学》2015 年第 9 期。本研究得到上海市浦江人才计划（14PJC049）以及教育部哲学社会科学研究重大课题攻关项目"新时期加强社会组织建设研究"（11JZD027）资助。本文写作思路得益于和李友梅、周雪光、周黎安、肖瑛的长期讨论，《中国社会科学》匿名评审专家也对文章修改提出了宝贵意见，一并致谢。文责自负。

** 黄晓春，上海大学社会学系副教授。

① 葛道顺：《中国社会组织发展：从社会主体到国家意识——公民社会组织发展及其对意识形态构建的影响》，《江苏社会科学》2011 年第 3 期；文军：《中国社会组织发展的角色困境及其出路》，《江苏行政学院学报》2012 年第 1 期；李培林：《我国社会组织体制的改革和未来》，《社会》2013 年第 3 期；王诗宗、宋程成：《独立抑或自主：中国社会组织特征问题重思》，《中国社会科学》2013 年第 5 期。

处的制度环境视为研究的基石。因为在一个强国家推动的社会转型历史进程中，理解了社会组织所面临的制度性激励、约束以及机会结构，才能从总体上把握其发展特征以及未来走向。

目前，学界已形成一种广为接受的理论思路。即基于制度文本分析的方法，研究多聚焦于20世纪90年代以来形成的中国社会组织管理体制，认为这套体制暗含诸多约束性机制，[①] 由此，社会组织在登记、注册以及资源供给等方面受到限制。在此制度环境下，社会组织呈现缺乏活力、对体制依附性强等发展特征。[②] 以此为据，研究者倾向认为中国社会组织突破发展瓶颈的条件是形成鼓励发展的新型政策框架。[③] 这些思路遵循“国家—社会”的宏观理论逻辑，展现了清晰的线性因果机制，也暗合当前中国社会组织发展中的一些组织现象。根据这种视角，一旦更为宽松的制度环境出现，中国社会组织发展中的多数问题都将迎刃而解。上述理论不仅在学界有广泛影响而且在公共政策领域逐渐占有重要话语权，直接影响了中央和地方的制度变革。

然而，上述解释近年在经验和理论层面都陷入困境。从中国社会组织发展的经验事实来看，党的十七大以来中央政府就开始不断释放积极发展社会组织的政策信号，党的十八大后国家更是将发展社会组织纳入社会治理创新的重要范畴。[④] 地方政府的制度创新步伐更快，北京、上海、广州、

---

① Qiusha Ma, “The Governance of NGOs in China since 1978: How Much Autonomy?” *Nonprofit and Voluntary Sector Quaterly*, Vol. 31, No. 3, 2002, pp. 305-328；顾昕、王旭：《从国家主义到法团主义——中国市场转型过程中国家与专业团体关系的演变》，《社会学研究》2005年第2期。

② 王名、贾西津：《中国NGO的发展分析》，《管理世界》2002年第8期；沈原、孙五三：《“制度的形同质异”与社会团体的发育——以中国青基会及其对外交往活动为例》，载沈原《市场、阶级与社会：转型社会学的关键议题》，北京：社会科学文献出版社，2007，第301—324页；严振书：《现阶段中国社会组织发展面临的机遇、挑战及促进思路》，《北京社会科学》2010年第1期。

③ 梁昆、夏学銮：《中国民间组织的政治合法性问题——一个结构-制度分析》，《湖北社会科学》2009年第3期；严振书：《现阶段中国社会组织发展面临的机遇、挑战及促进思路》，《北京社会科学》2010年第1期。

④ 党的十七大报告指出，“要健全党委领导、政府负责、社会协同、公众参与的社会管理格局”，详见胡锦涛《高举中国特色社会主义伟大旗帜 为夺取全面建设小康社会新胜利而奋斗——在中国共产党第十七次全国代表大会上的报告》，北京：人民出版社，2007，第40—41页；党的十八大报告进一步提出要“加快形成政社分开、权责明确、依法自治的现代社会组织体制”，详见胡锦涛《坚定不移沿着中国特色社会主义道路前进 为全面建成小康社会而奋斗——在中国共产党第十八次全国代表大会上的报告》，北京：人民出版社，2012，第34页；党的十八届三中全会提出“激发社会组织活力。正确处理（转下页注）

深圳等城市的地方政府自2005年以来就尝试使用宽松的“备案”制度帮助一些活跃于基层社区的社会组织获得合法性，并探索“公益招投标”等政府购买社会组织服务的新型制度。可见，更为宽松和鼓励发展的宏观政策取向正在形成，但社会组织的发展仍面临着公共性缺失、① 工具主义发展逻辑②以及专业化能力发展缓慢等现象。③ 这表明，一些未被观察到的机制仍在隐蔽地影响社会组织发展，亟待予以揭示。

在理论演进层面，已有研究的不足更为显著：其对中国社会组织制度环境的解读本质上是整体主义和结构决定论导向的，默认了宏观政策文本作为整体被各级政府严格执行并直接作用于社会组织这一预设条件。而这一预设近年已遭到大量细致研究的不断挑战，研究者开始注意到社会组织领域宏观政策在执行中的碎片化现象④以及地方政府普遍的策略执行逻辑。⑤ 这些都启发我们采用一种更为综合、多层次的理论视角，将宏观政策的总体特征、地方政府的政策执行纳入整体性情境中，更深入地分析其对当代中国社会组织发展的复杂影响机制。

国内既有研究中的制度文本分析与政策执行研究常常是相互割裂的两个部分，前者更关注制度的内涵及其展现的治理逻辑，⑥ 后者则强调政策执行者的利益、策略与“地方自主性”。⑦ 二者的割裂导致我们对国家治理的

（接上页注④）政府和社会关系，加快实施政社分开，推进社会组织明确权责、依法自治、发挥作用”。详见《中共中央关于全面深化改革若干重大问题的决定》，北京：人民出版社，2013，第50页。

① 李友梅、肖瑛、黄晓春：《当代中国社会建设的公共性困境及其超越》，《中国社会科学》2012年第4期。

② 文军：《中国社会组织发展的角色困境及其出路》，《江苏行政学院学报》2012年第1期。

③ 参见黄晓春、张东苏《十字路口的中国社会组织：政策选择与发展路径》，上海：上海人民出版社，2015。

④ 黄晓春、嵇欣：《非协同治理与策略性应对：社会组织自主性研究的一个理论框架》，《社会学研究》2014年第6期。

⑤ 刘振国：《中国社会组织的治理创新——基于地方政府实践的分析》，《经济社会体制比较》2010年第3期；Anthony J. Spires, “Contingent Symbiosis and Civil Society in an Authoritarian State: Understanding the Survival of China's Grassroots NGOs,” *American Journal of Sociology*, Vol. 117, No. 1, 2011, pp. 1-45；敬乂嘉：《社会服务中的公共非营利合作关系研究——一个基于地方改革实践的分析》，《公共行政评论》2011年第5期。

⑥ 如顾昕、王旭《从国家主义到法团主义——中国市场转型过程中国家与专业团体关系的演变》，《社会学研究》2005年第2期。

⑦ 如制度与结构变迁研究课题组《作为制度运作和制度变迁方式的变通》，《中国社会科学季刊》（香港）1997年冬季卷（总21期）；K. J. O'Brien and L. Li, “Selective Policy Implementation in Rural China,” *Comparative Politics*, Vol. 31, No. 2, 1999, pp. 167-186；（转下页注）

机制分析缺乏纵深视角。近年来，一些社会学研究试图将两者联通起来，即将结构性要素、行动者以及彼此的关系机制纳入总体性框架内进行思考，[①] 这为本文提供了重要的方法论启发。此外，中国政府行为领域的前沿研究围绕激励模式、[②] 风险控制、[③] 上下级政府间控制权行使[④]等展开了深入分析，借助这些发现，我们可以从繁杂的制度文本中抽离出影响政策执行者行为的中观机制，从而在制度文本与政策执行间建立连接，形成一种关于中国社会组织制度环境的全景式解读。

本文将重点关注社会组织领域不同层级政府在互动中塑造的制度环境，并评估其对社会组织的影响机理。下文分析所用的案例素材中，地方政府和基层政府的制度逻辑主要基于笔者在S市所做的长期实地观察。考虑到S市在社会组织管理与服务领域长期是全国的“标杆”之一，[⑤] 本文认为基于此地的经验观察具有普遍启发意义。

二　多层级政策执行与制度环境

本文对社会组织制度环境的解读不同于以往基于文本分析的研究，更关注不同层级、不同属性的政策执行者实际采取的治理策略，以及这些治理策略相互交织时构成的激励、约束与机会结构。如近来许多研究所示，中国政府有着复杂的府际关系和治理网络，不同层级的政府部门在执行中

（接上页注⑦）丁煌：《利益分析：研究政策执行问题的基本方法论原则》，《广东行政学院学报》2004年第3期；贺东航、孔繁斌：《公共政策执行的中国经验》，《中国社会科学》2011年第5期。

① 参见李汉林等《组织和制度变迁的社会过程——一种拟议的综合分析》，《中国社会科学》2005年第1期；渠敬东：《项目制：一种新的国家治理体制》，《中国社会科学》2012年第5期。

② 参见周黎安《转型中的地方政府：官员激励与治理》，上海：格致出版社，2008；冯兴元：《地方政府竞争：理论范式、分析框架与实证研究》，南京：译林出版社，2010；周黎安：《行政发包制》，《社会》2014年第6期。

③ 曹正汉：《中国上下分治的治理体制及其稳定机制》，《社会学研究》2011年第1期；曹正汉、薛斌锋、周杰浙：《中国地方分权的政治约束——基于地铁项目审批制度的论证》，《社会学研究》2014年第3期。

④ 周雪光、练宏：《中国政府的治理模式：一个“控制权”理论》，《社会学研究》2012年第5期。

⑤ 截至2014年8月，S市登记注册社会组织数达12065个，每万人拥有社会组织数约为7个，这一规模在全国属于最高水平。在社会组织发展领域，S市是各种先进经验的输出城市，如最早探索了社会组织孵化园、公益招投标制度等。

央政策时都会表现出不同的执行思路，[①] 这意味着在地方的制度执行场域中，社会组织发展受到的影响更为复杂。

（一）宏观政策的模糊发包特征

随着社会组织在国家治理中的重要性不断凸显，越来越多的政策文件开始涉及社会组织。由于该领域并不存在国家级领导协调机构，上述政策缺乏系统梳理，由此形成了一个模糊性日增的政策领域，集中表现为三点。一是党的政策报告与现行法规间时有距离，如党的十八届三中全会提出四类社会组织“成立时直接依法申请登记”，但迄今为止，1998 年的《社会团体登记管理条例》中关于社会组织登记时需寻求上级主管单位的相关条例并未做相应修正，这导致一些地区的民政部门和其他政府部门就各自的主管单位职责产生认知分歧。二是在具体管理规章、制度层面存在冲突，如《社会团体登记管理条例》引入非竞争性原则来强化对社会组织的管理，但财政部、民政部、国家工商总局印发的《政府购买服务管理办法（暂行）》却强调政府购买社会组织服务时采取“公开择优”的竞争筛选原则。三是现有制度中存在较多原则性的概述，制度的针对性和操作性都较为模糊，导致下级政府执行难。比如党的十八大、党的十八届三中全会文件都提到“加快推进政社分开”，但相应操作细则一直缺位。

党的十八大以来，党和政府高度重视社会组织在现代社会治理体系中的作用，由此提出了更高的发展要求，这些要求从不同角度对社会组织发展和管理提出了新思路，比如：党的十八大报告提出加快形成“社会组织体制”，党的十八届三中全会将“激发社会组织活力”纳入“创新社会治理体制”的重要范畴。这些要求暗含着不同的制度创新思路，要求地方政府在改进社会治理方式的同时兼顾好社会组织发展的活力、政府治理和社会自我调节良性互动以及社会组织融入既有社会治理体系等多个目标。对地方政府而言，在缺乏细则的情况下要同时贯彻这些政策思路就面临着一定的操作模糊性。这意味着地方政府更多是以改革创新的“试验”态度来发展社会组织。

从深层次看，社会组织宏观政策的模糊性与当前中国独特的渐进式治理转型密切相关。由于渐进式改革同时强调优化治理与稳定的政治社会秩

① K. J. O'Brien and L. Li, “Selective Policy Implementation in Rural China,” pp. 167-186；贺东航、孔繁斌：《公共政策执行的中国经验》，《中国社会科学》2011 年第 5 期。

序，而社会组织作为一种新生的结构性力量，既能显著改善公共服务供给格局又具有挑战政治稳定性的潜在可能，[①] 因此政策制定者同时存在两种倾向：一方面希望发挥其协助党和政府开展社会治理的功能，因而强调发展；另一方面又担心其发展失控，影响社会稳定，因而强调引导和管控。二者相互缠绕，在政策演进中以各自的方式影响政策设计，导致该政策领域在许多核心维度上都存在着暗含张力的政策信号。这使得政策执行者面对较大不确定性，[②] 为规避风险，其往往采取“平衡主义”的思路设计具体制度，这进一步导致了模糊性的再生产。

当政策环境的核心逻辑存在多元导向而难以系统整合时，宏观政策的细致化就很难实现。其结果是社会组织领域的许多政策都难以被细化成客观外显的技术指标和标准操作流程，这意味着这些政策在执行效果测度方面也存在较大模糊性。

上述模糊的政策信号可能引发怎样的政策执行后果？社会科学近年来在中国政府行为研究领域取得了长足进步，尤其是在上下级政府关系模式方面形成了许多理论洞见。借助这些成果，我们可以进一步“深描”社会组织宏观政策的核心特征。

与企业组织不同，政府面临的是一个多目标制度环境。[③] 为了保证指向不同的治理目标得以贯彻，政府内同时使用两种不同的政策执行机制：第一种机制被国内学术界概括为“行政发包”治理机制，[④] 其更强调将政策执行的自由裁量权下放给地方政府，鼓励其因地制宜地执行政策，上级政府主要是在治理绩效（结果）上对下级政府进行评估和激励。[⑤] 第二种机制则更注重基于流程和规则管理的自上而下的过程监管，强调上级政府依据理性化、法治化的制度流程对下级政府的政策执行过程进行全程控制，这种

① 康晓光、韩恒：《分类控制：当前中国大陆国家与社会关系研究》，《社会学研究》2005 年第 6 期。

② 参见刘培伟《基于中央选择性控制的试验——中国改革“实践”机制的一种新解释》，《开放时代》2010 年第 4 期。

③ J. Tirole，“The Internal Organization of Government，” *Oxford Economic Papers*，Vol. 46，No. 1，1994，pp. 1-29.

④ “行政发包制”是国内学术界从经济学企业理论中借鉴而来的一个分析概念，即把企业理论中关于发包制与雇佣制的区别经过一定的转换和发展引入政府治理领域，形成了“行政发包制”概念，与韦伯的“科层制”相对应，也和纯粹的“发包制”相区别。该概念指的是政府内部的上下级治理中存在着一种兼具行政权威和发包制特征的治理机制。（参见周黎安《行政发包制》，《社会》2014 年第 6 期。）

⑤ 周黎安：《行政发包制》，《社会》2014 年第 6 期。

治理机制的典型表现形式为中央政府的“垂直化管理”。

这两种机制实施的组织条件各不相同：行政发包要求把治理任务整体“包”给下级政府，发包方通常会将一部分实际控制权授予下级政府，因而允许其围绕治理目标开展各种因地制宜的创新与“变通”，整个发包体系的内在整合水平相对较低。这种治理机制通常伴有较强的激励手段，[①] 鼓励下级政府围绕治理目标展开以结果论“英雄”的横向竞争。[②] 而自上而下的过程监管则首先要求治理任务以及达成任务的手段、机制总体清晰，这样，科学、理性的制度流程才可能自上而下层层分解。过程监管机制的内部协调性与整合性水平更高，且这种治理机制中剩余控制权通常集中在上级政府，即下级政府被要求严格按规章办事。上述两种机制在政策执行时同时运用，但在不同情形下主次关系不同，如在经济领域，行政发包治理机制常居主导位置；而在司法等领域，过程监管的机制则居于主导位置。

在社会组织政策领域，政策信号和制度框架的模糊特征决定了自上而下的过程监管机制难以运用。因而国家在推进政策执行时更多采取行政发包治理机制。就此而言，该领域的政策执行具有行政发包治理机制的普遍特点，如自由裁量权在政府体系内逐级下放、每一级政府在总体上对辖区内的社会组织发展负总责等。但进一步分析则会发现，由于该领域前述模糊性特征，政策执行在许多方面又区别于普通的行政发包治理机制。

一是在政策执行的风险分配结构中，地方政府承担较大风险。在治理目标清晰（如8%的GDP增长率等）的行政发包机制下，主要可能产生的风险是由地方政府滥用自由裁量权而引发的“统治风险”，大多由中央政府承担。[③] 相比之下，地方政府承担的制度生产风险有限。[④] 但在社会组织政策执行领域，由于政策信号和发展路径较为模糊，而上级政府又掌握着修正、干预地方政府相关制度设计的“剩余控制权”，因此地方政府承担了较大的制度生产风险。举例来说，20世纪90年代初，各地政府从市场经济体制和“小政府、大社会”的改革目标出发，对社会组织发展持宽松态度。

---

① 周黎安、王娟：《行政发包制与雇佣制：以清代海关治理为例》，载周雪光、刘世定、折晓叶主编《国家建设与政府行为》，北京：中国社会科学出版社，2012，第97—128页。

② 周黎安：《中国地方官员的晋升锦标赛模式研究》，《经济研究》2007年第2期。

③ 曹正汉、薛斌锋、周杰浙：《中国地方分权的政治约束——基于地铁项目审批制度的论证》，《社会学研究》2014年第3期；周黎安：《行政发包制》，《社会》2014年第6期。

④ 这里所说的“制度生产风险”指的是地方政府在自由裁量权范围内的制度生产可能被上级政府否定的概率。在治理目标和手段清晰的背景下，地方政府除非受其他动机影响而过于“变通”，否则其制度生产被否决的可能性较小。

但国家从1996年起，先后发布《关于加强社会团体和民办非企业单位管理工作的通知》等政策，这些宏观政策对地方政府的制度行为产生了重要影响。

二是在政策执行的激励设置中，地方政府面对的是弱激励。政府内部的激励方式主要有两种：一是财政激励；二是晋升激励。前者包括建立在财政分成基础上的激励模式，[①] 以及围绕财政专项资金的申请、拨付等形成的激励模式；[②] 后者则表现为政府官员的晋升与某些领域治理绩效间的高关联。在社会组织领域，这两种激励模式基本不发挥作用。该领域并不存在财政分成等现象，下级政府通过发展社会组织不能获得显著的财政回报。社会组织的发展与管理由民政部门主导，而作为非垂直管理的“条”上部门，上级民政部门无法对下级民政部门的干部任命进行直接干预，更无法对下级“块”上机构的领导人任命产生直接影响。即使上级民政部门有时可以通过设立诸如“社区治理和服务创新实验区”等方式，间接地对地方政府和地方民政部门实施激励，但其真正发挥作用的前提条件是能引起地方党委的高度重视。当地方党委面对名目繁多的各种“评选”“示范区”建设时，这些激励信号对官员发展可能产生的影响是高度不确定的。概言之，与经济、建设等领域行政发包治理机制蕴含的强激励不同，社会组织领域并不存在显著的强激励。[③]

三是在控制权行使方式上，自上而下的检查验收和评估多是低强度的。典型的行政发包强调结果导向的控制机制，因此多伴以较高强度的检查验收和评估。但在社会组织领域，由于政策框架蕴含多重目标，且发展绩效较为抽象、难以测量，不存在强有力的检查验收。

上述讨论厘清了社会组织领域政策执行的特征，即地方政府承担较高制度生产风险，缺乏强激励且面对低强度的自上而下检查验收。这些特征与以往文献讨论的行政发包治理机制有显著的差别，为区别起见，本文称其为“模糊发包”。模糊发包大多涉及社会领域的渐进式变革，在这些领域，政策制定者不可能一蹴而就地设定清晰的改革路线图，为防止出现因

---

① Y. Qian and B. R. Weingast, “Federalism as a Commitment to Perserving Market Incentives,” *The Journal of Economic Perspectives*, Vol. 11, No. 4, 1997, pp. 83-92.

② 周飞舟：《财政资金的专项化及其问题——兼论“项目治国”》，《社会》2012年第1期。

③ 此外，地方政府通过发展社会组织而提升地方公共治理水平、增进公众满意度需要经历一个漫长的过程，在结果导向为主的治理政绩观下，这意味着地方政府从这一过程中获得的激励也相对不足。

“激励扭曲”而导致的社会危机，也不会配置强激励，而地方政府亦深知这些领域存在一定的制度生产风险。在中国当前改革情境中，与社会组织领域相似的模糊发包现象还存在于许多政策领域。

模糊发包所指向的主要是不确定性较大的制度创新问题。在多数清晰发包政策领域，发包的产出表现为具体的治理绩效，如经济增长率、二氧化碳减排量等。而在社会组织领域，上级政府几乎从不在发展数量、发展速度等方面对下级政府提出明确绩效要求，发包的核心内容是鼓励下级政府结合中央政策因地制宜地探索社会组织发展与管理的制度创新。模糊发包所关注的问题与学界近年来关于改革“试验”的研究有相似之处,[①] 但前者从中观层次的激励安排、风险分配等角度展开进一步讨论，可以进一步拓展研究者对不确定情境下地方政策实践机制的认识。

（二）地方政府的风险控制与技术治理

这里的“地方政府”指位于政策执行链条中端的省、市级政府。它们既是贯彻中央政府政策精神、因地制宜出台地方政策的“代理人”，又是督促基层政府落实相关制度安排的“管理和监督者”。地方政府具有相对的独立性,[②] 其制度生产对于社会组织发展具有重要意义。

模糊发包的治理机制决定了地方政府在发包体系中要解决的主要政策执行议题以及遵循的基本原则。首先，模糊抽象的政策目标难以执行，必须在实践中逐步明晰化。在高风险和弱激励的背景下，目标明晰化的过程也是风险控制的过程。地方政府会努力把政策执行控制在行政技术的层面，避免涉及体制改革，具有鲜明的技术治理特征。[③] 其次，地方政府作为“承包方”，必须为基层政府贯彻制度安排提供一定的激励，并发展出相应的检查验收方法。由于发展社会组织暗含着多方面政策目标，并与其他社会治理领域高度相关（如社区建设等），因此地方政府会运用“打包激励”等相对模糊的方法来设置激励与评估机制。

---

① 韩博天（Sebastian Heilmann）:《中国异乎常规的政策制定过程：不确定情况下反复试验》,《开放时代》2009 年第 7 期；刘培伟:《基于中央选择性控制的试验——中国改革“实践”机制的一种新解释》,《开放时代》2010 年第 4 期。

② 1984 年起，中国进行人事制度改革，将原来的“下管两级”制度改革为“下管一级”，这样，中央政府就只直接负责省部级干部的任命，省级政府全权负责省内地市级干部的人事选拔和任命。

③ 渠敬东、周飞舟、应星:《从总体支配到技术治理——基于中国 30 年改革经验的社会学分析》,《中国社会科学》2009 年第 6 期。

本文以S市为例，呈现地方政府处理以上议题时的行为逻辑。笔者从2012年开始，长期跟踪S市社会组织领域的制度建设过程。通过参与职能部门组织的课题调研、列席制度设计的重要会议、对关键负责人的访谈，以及在多个区县、街道持续三年的蹲点调查，获得了S市近十年来社会组织领域制度建设过程的第一手田野研究资料。

1. 风险控制导向的目标设定

S市是中国经济社会发展前沿的特大城市。改革开放前，该市以计划经济的重镇而闻名，即使历经30多年的快速经济转型，强调稳定、有序和高效率政府治理的社会观念在该市仍有深厚的基础。自20世纪90年代中期以来，S市开始推动行政力量主导的精细化城市治理模式，并形成以党组织整合多方力量的社区治理经验。在S市，发展社会组织高度内嵌于城市治理与社区发展中。

S市发展社会组织进入快车道是近十年的事。笔者开展田野调研时，正值民政局M局长大力推动社会组织发展并探索“公益招投标”“公益创投”等社会组织扶持制度。M局长对于发展社会组织表现出了很高的积极性。然而她也承认，尽管主管部门观念上已认可社会组织的重要性，但在实际操作中仍有不少顾虑：

> 从最近几年的情况看，中央日益重视社会组织发展与管理，更多是让地方试。地方党委和政府思考这个问题比较谨慎，既要考虑到发展，也要考虑到稳定。其他职能部门也有不同的考虑，所以总体的制度还是强调稳中发展……①

回顾S市十年来社会组织制度设计的过程，可以从中清晰地识别出风险控制逻辑渗透在制度生产的各环节。

（1）筛选社会组织发展的重点领域。党的十八届三中全会（2013年）之前的很长一段时间里，国家并未明确提出“激发社会组织活力”。而事实上，“社会组织”构成复杂，功能领域涉及面也广。因此地方政府必须发展出更具针对性的制度安排。

S市政策研究部门和民政局都清晰意识到，不同类型社会组织的功能取向不一，可能引发的风险水平也有显著差异。基于此，S市采取了筛选社会

① 对S市民政局M局长访谈记录，访谈笔记20120817。

组织功能领域的做法，即扶持那些对于促进经济发展、提升公共服务水平有显著效应但不挑战政府权威的社会组织。S 市早在 2002 年就以立法的方式通过了《S 市促进行业协会发展规定》，这一法规体现了重点发展经济类社会组织的制度执行重心。2009 年以来，S 市又以市委文件的方式，制订了《关于进一步加强本市社会组织建设的指导意见》，明确提出“社会组织建设要坚持分类指导，突出建设重点”，“优先扶持经济类、公共服务类、慈善事业类、学术类以及社区群众活动团队”。总体来看，S 市特别注重经济类和公共服务类社会组织的发展。相似的逻辑在北京、广州、深圳等地也普遍存在。[①] 这表明，不同地区的政府都遵循近似的风险规避逻辑来设置社会组织重点发展领域。

（2）绕开“存量”走“增量”的改革发展思路。诸如登记管理、财政扶持、购买服务等社会组织管理制度大多涉及多个政府部门间的协同治理，也涉及对传统管理模式和公共服务模式的调整。要在这些领域开展实质性的制度创新，必然会对一些在体制内根深蒂固的存量制度进行修正。对于民政局而言，这意味着可能会和其他政府部门的既有制度安排冲突，在宏观政策信号模糊的情况下，民政局倾向于避免与其他部门发生冲突以规避治理风险。

案例 1：以政府购买社会组织服务为例，在购买服务的运行机制上，虽然 S 市民政局清楚意识到购买社会组织服务和一般的政府采购有重要区别，前者重要的开支是人员费用和组织发展经费；而后者主要是装备、硬件等开支。但市局在很长时间里沿用的财务、审计标准仍是通用的政府采购标准，这种做法固然避开了一些制度风险，但一度导致社会组织在资金使用中遇到诸多困难。在采购平台的建设上，理想的情况是成立市级的统一招标平台，集中并整合各区县以及职能部门的资金来购买社会组织服务；而 S 市民政局仅围绕福利彩票公益金建立了公益招投标平台，并没有对其他资金来源进行整合。

（3）保持与公共权力领域的适度距离。当社会组织规模快速扩大，且获得越来越多公共资源时，风险控制的机制就变得更为复杂。此时，单纯筛选社会组织功能领域的做法并不足以保证社会组织不向非预期的领域转型。实践中，S 市尝试探索新的风险控制机制，如确保社会组织在发挥公共

---

① 张紧跟：《治理社会还是社会治理？——珠江三角洲地方政府发展社会组织的内在逻辑》，《天津行政学院学报》2015 年第 2 期。

服务功能的同时保持与公共权力体系的适度距离。

案例 2：S 市于 2006 年正式出台了《S 市社区委员会章程》（以下简称《章程》）。在《章程》设计之初，许多专家都提出，应把社区委员会建成吸纳社会力量参与共治的制度平台，并使其具有一定的公共事务决策权。但在《章程》几度修改过程中，一些职能部门表达了社会力量非预期发展对基层权力体系产生影响的担忧。最终《章程》未授予社区委员会决策权。考虑到社区委员会是各类社会组织较为容易进入的基层公共治理平台，这一制度安排客观上将社会组织与公共权力体系区隔开了。

在风险规避逻辑的影响下，S 市在设计社会组织制度安排时，形成了一种微妙的局面，其本质上是主管部门为规避不确定风险而采取的策略。

2. 模糊化的激励与评估设置

据经验观察，S 市在社会组织领域的激励权行使主要借助两种机制：

一是“抓典型”。即 S 市民政局等相关部门在全市范围内推出一批社会组织发展与管理的典型街、镇，并通过领导频繁视察、开现场经验交流会等方式为这些典型带来荣誉。在社会组织领域，“抓典型”操作机制复杂：由于缺乏全市性的标准化指标体系，“抓典型”的过程高度取决于基层政府向主管部门展现自身投入的程度。调研中，S 市 T 街道一位副主任指出了其中的复杂性。

> 真正在全市有影响力的“典型”并不是正式评出来的。市民政局和市委组织部从来就没说过我要树这方面的典型，但事实上每到重要的会议或活动，市有关部门邀请来介绍经验的街、镇轮来轮去就那么几家。所以大家心知肚明，这几家单位就是市、区领导部门树的典型。但你要去争取实际上很难，即使努力也很不确定，因为标准模糊……你要经常搞有影响力的社会组织活动，然后请专家来论证，不断向上面主动汇报……有些街、镇干脆把这精力放在搞经济上……①

“抓典型”这种激励方式影响的范围极为有限。一方面，由于其运作过程具有较高不确定性，因此难以调动多数基层政府的积极性；另一方面，“典型”的圈子较为封闭。这导致大多数自知难以进入“典型”范畴的街道在发展社会组织时缺乏激励。

---

① 对 T 街道分管民政 Y 副主任访谈记录，访谈笔记 20130809。

二是设置“打包”的激励体系。由于目标模糊，主管单位常常借助其他具有较高合法性基础的工作领域来“定义”社会组织发展目标，这就导致社会组织发展的激励指标被“打包”到其他制度领域。事实上，S市民政局很少单独就社会组织发展来考核基层政府，而是倾向于将这一考核要求打包到社区建设的绩效指标体系中去。《S市文明社区创建管理规定》（2011版）明确要求社区“积极培育能够协助政府承担事务性工作、提供公益性服务、调解民间纠纷、发展慈善事业的社区公益性民间组织”，并在评估中设计相应分值；《关于开展“建设和谐社区示范单位”验收活动的通知》中也明确规定“其他加分条件”为“培育5个以上社区民间组织”。这些都表明，社会组织领域的激励指标是打包到社区建设工作中的。这一措施很容易导致基层政府用打包领域的发展思路来取代社会组织领域的工作逻辑。

由于激励体系不是为发展社会组织“量身定做的”，因此考核评估中与社会组织发展相关的那些指标大多会被忽略。上级部门大多仅在一些缺乏识别度的象征性指标上考核评估基层政府（如“是否购买社会组织服务”等），由此导致了绩效考核的仪式化。

案例3：2014年底，S市P区民政局围绕社区建设对所辖的12个街道、24个镇开展考核评估。考核指标主要为：“是否购买过社会组织服务”“是否建立了社会组织服务中心”“是否出台了扶持文件”等较为粗放的指标。最终考核情况为：参与评估的12个街道得分全部为满分5分；镇的平均得分为2.84分（满分为3分）。据调查这些街、镇社会组织实际发展水平差距较大，如T、LJZ街道每年在购买社会组织服务方面投入都接近千万元，孵化的各类社会组织数也远超其他街道；除DT、ZQ、NC、WX四个远郊镇外，其他镇的得分都分布于2.7—3分，而实际上这些镇的社会组织发展差距远比评估得分要大得多。如此评估结果就具有很强的仪式化意味。

（三）基层政府工具主义的制度执行逻辑

在社会组织研究领域，基层政府的行为特征一直令人困扰：它们有时被描绘为积极扶持和鼓励社会组织发展的治理创新者，[①] 有时又会被发现具

---

① 参见秦洪源、付建军《法团主义视角下地方政府培育社会组织的逻辑、过程和影响——以成都市W街道社会组织培育实践为例》，《社会主义研究》2013年第6期；王逸帅：《合作治理：危机事件中政府与社会组织新型关系的构建——以汶川地震危机应对实践为例》，《湖北社会科学》2012年第12期。

有设置社会组织“隐性进入壁垒”的排斥性偏好。[①] 在既有的研究视角中，这些现象是“断裂”甚至彼此矛盾的。本文认为，模糊发包治理机制下的地方政府制度实践，构成了我们理解上述问题的重要线索。在S市，基层政府所面对的不是一个高度抽象的社会组织政策环境，而是风险规避和弱激励的双重影响。此时，基层政府对“发展社会组织”与“治理创新”“社区建设”间的因果机制有普遍的认识，对那些被市政府选择为重点发展领域的各类公益社会组织普遍持鼓励态度。由于“发展社会组织”的目标被打包到社区建设中去，基层政府大多将发展社会组织理解为社区建设的绩效指标，因此往往用一种工具主义的态度来发展和管理社会组织，并逐步形成了发展社会组织的工作重心，即对不同类型社会组织采取进一步的分类管理与控制。下面以S市社会组织发展的标杆——P区的T街道为例，详述基层政府的制度执行逻辑。

（1）风险控制逻辑导致基层政府更为严格地筛选社会组织功能领域。在风险规避制度思路的影响下，基层政府会清晰地筛选社会组织的功能领域。它们更倾向于把社会组织看成公共服务的辅助手段。以T街道为例，截至2014年8月，其作为主管单位孵化了26家社会组织——这些组织全都活跃于老年服务、志愿者动员、物业服务等公益服务领域或政府业务部门的延伸服务领域。

（2）增量改革逻辑引发基层政府的项目化扶持思路。基层政府有可能以两种方式来发展与管理社会组织：第一种方式是将社会组织嵌入基层治理的网络中，使其在居民区自治、基层公共服务体系乃至公共议题讨论中都处于一种制度性位置。但这种选择需要基层政府以社会组织发展为目标来进行整体制度设计并承担一定的制度生产风险。在上级政府普遍采取“绕开存量走增量”的改革思路影响下，考虑到弱激励的现实情况，基层政府通常没有足够的动力采取第一种行为方式，它们大多采用第二种工具主义的方法，即以项目化委托服务的方式来扶持与管理社会组织。由于项目制本身具有“增量改革”和“一事一议”的特征，[②] 以此方式来发展社会组织既不容易与既有基层治理体制发生“冲撞”，又有助于基层政府以较低制度生产风险完成上级政府布置的打包任务。如T街道早在2009年就专门

① 敬乂嘉：《社会服务中的公共非营利合作关系研究——一个基于地方改革实践的分析》，《公共行政评论》2011年第5期。

② 渠敬东：《项目制：一种新的国家治理体制》，《中国社会科学》2012年第5期。

制订了《关于T街道项目化管理的实施意见》，规定政府以项目化的方式扶持社会组织发展；2013年以来又进一步以项目化方式向社会组织注入扶持资金，并实施基于项目的社会组织过程管理。类似的做法已经成为基层治理中的普遍经验。①

（3）激励打包引发基层政府“属地化”的社会组织发展思路。由于社会组织发展目标被打包到社区建设中，而后者却是各基层政府在治理竞赛中排他性竞争的领域，因此超地域的社会组织发展目标也就被基层政府悄然转化为具有属地特征的发展指标，其后果是基层政府大多优先发展本地社会组织。

案例4：S市于2009年开始全市性的公益招投标活动，但在历年的招标活动中，社会组织跨区投标的“命中率”都很低：据S市民政局2009年公益招投标统计，在393份标书里面有119个跨区投标，占投标总数的30.3%；而在127个中标的项目中仅有20个属于跨区投标，占中标总数的15.7%。根据跟踪访谈，即使是那些成功跨区承接公益服务项目的社会组织，也常常会在项目落地时遇到属地政府不配合的情况。上述情况表明，属地政府更欢迎本地注册的社会组织。

根据模糊发包下的政策执行逻辑，我们可以发现在已有研究中看似矛盾的基层政府行为恰恰具有逻辑上的内在一致性：它们支持社会组织发展大多是在公益领域，且针对的是辖区内或对属地政府创新治理机制具有重要“外显功能”的社会组织；它们设置隐性“进入壁垒”针对的是辖区外的或者可能挑战现有基层治理秩序的社会组织。在此实践逻辑下，基层政府的这些行为背后隐含着系统的自我强化机制。

三　制度后果与社会组织的发展特征

上文勾勒了社会组织领域的模糊发包治理机制是如何引发不同层级政府共同塑造制度环境的。这种制度环境所蕴含的激励与约束结构比政策文本所呈现的情况更为复杂。当这种制度环境逐步被社会组织所理解，进而影响其制度化的认知结构时，② 会引发社会组织的策略行为，最终导致社会

① 王向民：《中国社会组织的项目制治理》，《经济社会体制比较》2014年第5期。

② J. W. Meyer and B. Rowan, “Institutional Organizations: Formal Structure as Myth and Ceremony,” *American Journal of Sociology*, Vol. 83, No. 2, 1977, pp. 340-363.

组织形成相应的发展特征。以下将结合S市案例，进一步展开讨论。

（一）制度筛选与公共服务型社会组织为主体的构成特征

这里所说的公共服务型社会组织，大多活跃于政府的公共服务体系或其延伸领域。如前所述，S市政府和基层政府出于目标聚焦和规避治理风险的考虑，将公共服务型社会组织作为重点发展的目标在资源与合法性赋予上进行大力扶持。S市《关于进一步加强本市社会组织建设的指导意见》明确规定，“政府部门要逐步将行业规范、资格认证等职能，以及社区事务性、公益服务性等工作，转移或委托给相关社会组织”。在此背景下，S市各级政府都加大了对公共服务类社会组织的支持，如：市民政局自2009年开展公益招投标以来，已累计购买874个公益服务项目，资助社会组织资金达2.8亿元；各区县和职能部门也通过设立专项资金来购买社会组织服务。在这些政策的作用下，公共服务类社会组织逐渐成为S市社会组织最主要的构成力量。据一项内部调研统计，截至2012年底，S市共有行业协会商会820家、科技类社会组织800家、公益慈善类社会组织4600家以及城乡社区服务类社会组织2100家，这四类社会组织占S市登记注册社会组织总量的77.4%。而其他类社会组织则只占正式登记社会组织总量中的极小部分。

除上述在民政部门正式登记注册的社会组织外，S市还存在规模巨大的未登记社会组织，同一内部调研报告估计约有2.2万个采用备案方式登记的社区群众团队、4.5万个以上的青年自组织团体以及数量不明的网络社团。受资源与合法性限制，这些组织的组织化水平相对较低，初始目标多为提供俱乐部产品。面对这类社会组织，基层政府在激励打包的影响下，有一定的动力通过场地、资金等公共资源支持的方式，引导其参与社区建设并承担一些公共服务职能。比如：T街道就曾动员辖区内软件园的青年自组织和网络社团发起楼宇文化节建设活动。这些都客观上推动了其他类型社会组织向公共服务型组织的转变。概言之，受以上制度实践的影响，当前在中国的许多地区已经形成以公共服务为主的社会组织构成特征。

（二）技术治理与社会组织非稳定的发展预期

目前，社会组织领域的制度安排往往具有很强的“权宜性”和“碎片化”特征。所谓权宜性指的是，各级政府和职能部门在设计关乎社会组织发展的关键制度时，大多遵循“事本主义”原则，缺乏长远思考。比如：当前S市各部门在购买社会组织服务时，大多是临时根据自身业务需求而提出购买项目，缺乏长远的购买服务政策思路。这导致社会组织对公共服务市场的发展几乎无法预期。所谓“碎片化”指的是，各政府部门都以己为中心设计社会组织领域的制度安排，但不同部门、不同地区的政府间缺乏协调与制度整合，由此导致了制度生产的碎片化。以当前广为流行的政府购买社会组织服务为例：目前S市的公共服务项目发包方既有“条”上的职能部门，又有“块”上的政府，还有党群部门——这些部门在发布项目时，彼此并不协商，项目信息更缺乏统一发布的机制。于是，对社会组织而言，这些项目及其信息就高度分割且缺乏透明度，除非某个社会组织在体制内得到强有力的支持，否则几乎不可能基于这些信息进行长远发展规划。

制度生产的权宜性和碎片化特征，导致大多数社会组织无法形成基于稳定、透明制度环境的长远发展预期。在此情境下，一些社会组织开始呈现工具主义的发展特征。比如，形成以资源汲取为发展导向的组织策略。笔者收集、分析了2009—2014年S市公益招投标的资料，共有394个社会组织中标1088个项目，这些项目根据专业差异可分为8大类，其中95个社会组织存在频繁跨领域中标的现象。考虑到这些领域间的专业要求差距较大，大多数有着明确组织目标和愿景的组织都不太可能频繁在其中切换服务领域，这些组织的竞标行为就有很强的“唯资源导向”特征了。

事实上，当前社会组织发展中的许多深层问题都与其缺乏稳定制度预期有关。比如，社会组织的专业化水平不足曾引发广泛讨论，但多数研究都仅强调待遇差、资金不足等显性因素，[①] 未意识到背后的深层原因。许多社会组织中专业人士不足并不单纯是财力不足所致，而是这些组织对未来发展空间预期不足，因而担心组织一旦面临收缩，招来的专业人才就会无地用武。由此可见，非稳定的发展预期是当前社会组织发展中亟待引起重视的现象。

（三）公共权力体系的分割机制与社会组织的公共性弱化

在理想的情境下，社会组织不仅是公共服务的主体，也是治理体系的主体和社会意见表达的重要载体。[②] 党的十七大以来，国家实际上分别强调

① 刘洲鸿：《关于社会组织人才发展的问题及建议》，2012年12月22日，http://www.naradafoundation.org/html/2012-06/11217.html，最后访问日期：2015年3月1日；张绍华：《社会组织社会工作人才队伍建设研究》，《社团管理研究》2012年第7期。

② 李友梅、肖瑛、黄晓春：《当代中国社会建设的公共性困境及其超越》，《中国社会科学》2012年第4期。

了社会组织的上述三种角色。但在现实中，地方政府，特别是基层政府在制度执行中都有较强的风险规避逻辑，往往会强化社会组织作为公共服务主体的角色，但在另外两个层次鲜有实质性的制度建设，社会组织难以进入公共领域发挥作用，其公共性生产也面临困境。一项S市关于基层治理现状的大型调查（SUNS）数据显示：59.85%的社会组织负责人都认为政府更希望社会组织发挥公共服务职能，仅有14.77%的社会组织负责人认为政府更希望其发挥社会管理功能。[①]

基层政府的工具主义制度执行逻辑强调以行政绩效和行政原则来考虑和衡量各项工作，进一步弱化了社会组织与社会公众之间的联系。在此思路影响下，基层政府及其组成部门在发展社会组织时考虑的中心问题是行政绩效，这就引导与其合作的社会组织以政府目标而非社会诉求为导向。仍以基层政府购买社会组织服务为例，T街道在以项目化方式向社会组织购买服务时，基于技术主义的逻辑权宜性地使用各职能科室的业务经费。各科室完全是在封闭的行政决策体系内根据自身的治理目标来购买服务并衡量绩效，而社会组织在承接项目后，关注的主要是各部门的态度和意见。这些做法强化了社会组织作为行政管理与服务的辅助之手角色，却弱化了其与基层社会间的联系。这是当前社会组织公共性弱化的重要原因之一。

（四）激励“打包”与高度嵌入地方行政网络的社会组织发展格局

当上级政府将发展社会组织的激励打包至社区建设框架下，基层政府往往以属地化的思路“内外有别”地对待社会组织，这也意味着社会组织高度嵌入地方行政网络。

一方面，这意味着不同属地内的社会组织结构高度相似，属地是其活动的主要边界。譬如，SUNS调查显示，85.56%的社会组织都仅在“本居委会/街道/乡镇”范围内活动。由于基层政府所提供的公共管理与服务具有高度相似性，导致在不同行政地域，紧密依赖地方行政网络的社会组织在结构、分布和类型上的趋同性。举例来说，T街道所在的P区组织部门自2014年开始探索党员服务中心的社会化运作，这一举措导致P区所辖的各街、镇都开始“孵化”与党建相关的社会组织，于是一夜间P区以街、镇为单位出现了多个相似的社会组织。据笔者观察，相似的逻辑在养老服务、

① 该调查由上海大学基层治理创新研究中心组织，覆盖S市10%的村居样本。并在被抽样的社区寻找社会组织负责人填答社会组织专业问卷模块，共有362个社会组织接受调查。

助残服务等领域已经广为盛行，导致了各行政辖区内社会组织结构的“小而全”与类型趋同。在这种情境下，大多数社会组织都会以属地为活动边界，保持较小发展规模。SUNS 数据表明：51.39%的社会组织仅有 10 人以下的核心成员规模；50 人以下规模的社会组织占总量的 86.11%。

另一方面，社会组织高度嵌入地方行政网络也意味着社会自我协调机制难以形成。“社团合作”曾被国内学术界视为中国社会团结的一种重要机制。[①] 当社会组织高度依赖地方行政网络时，它们的组织目标和运行模式都与地方行政管理部门高度嵌合。在基层政府间普遍存在属地竞争关系的背景下，社会组织间跨属地的横向合作就会面临困境。即使一些更具活力的社会组织试图扩展自身活动范围，其主要考虑的策略也是借助相关的行政网络支持，它们很少会通过横向间的社团合作来拓展空间。这样，单个社会组织所能产生的社会影响力和动员能力都极为有限，且跨地区的社会自我组织、自我协调能力羸弱。

如果忽略了高度嵌入地方行政网络这一结构特征对当前社会组织的发展会产生复杂而深远的影响，单纯强调“转移政府职能”，很有可能会在基层实践中引发一系列意想不到的社会后果，如：高度分割的公共服务市场、缺乏竞争活力的社会组织生态结构等。

本文所发现的社会组织深层发展特征比通常所说的“缺乏活力”“依附性强”更为复杂，呈现了转型期中国社会力量发展的独特境遇。从当代中国国家治理转型的宏观方向来看，多元治理、普遍的利益协商、以需求为导向的公共服务体系重塑，客观上都需要社会组织成为与政府治理相辅相成的重要结构性力量——这也是党的十八届三中全会关于“国家治理能力现代化”表述所蕴含的重要内容。

四　结语：模糊发包——一种亟待深入研究的政府治理机制

以下试图在更为抽象和一般化的层次讨论模糊发包作为一种治理机制，在国家治理中的结构性缘起，以及这种治理机制可能引发的社会后果。在此基础上，本文将讨论模糊发包作为一种分析概念的分析效力以及可引发的更多研究议题。

---

① 高丙中：《社团合作与中国公民社会的有机团结》，《中国社会科学》2006 年第 3 期。

（一）治理转型中的深层难题与模糊发包治理机制

政策框架蕴含多重逻辑、风险向下配置、弱激励——模糊发包的这些特点很容易令人将其视为一种亟待纠正的、暂时性的现象。事实上，近年来在模糊发包治理机制运转的政策领域，越来越多论者正在提出消解模糊性的政策建议，如在社会组织发展中形成系统的制度安排[①]等。然而，这些研判大多忽略了一点，即前述宏观政策的模糊性并非工具理性缺乏的后果，背后隐含着当代中国渐进式治理转型中的深层难题。渐进式治理转型要求同时兼顾多种治理目标，并循序渐进探求制度变迁的均衡点，以社会组织领域为例：党的十八大以来国家对发展社会组织提出了多重预期，此时改革很难根据某种先验的理论或观点自上而下一蹴而就。国家倾向于把改革任务发包给地方政府，鼓励其在改革实践中寻求到符合中国特色的有效路径。在此过程中，为防止激励设置过强而导致的某些激励扭曲现象，政策设计者通常会在这些改革领域设置弱激励。可见，模糊发包治理机制的出现，在某种意义上，是渐进式治理转型的伴生物。

然而，模糊发包在实践中很容易形成一种治理变革中的“悖论”现象：一方面，国家希望在控制风险的背景下推动地方政府自下而上探索改革路径；另一方面，地方政府在承担风险又缺乏激励的情况下往往缺乏改革的深层动力。如果不能立足于对模糊发包治理机制的深入分析，寻求超越上述悖论的改革思路，社会领域的改革就会长期被“锁定”，当代中国五位一体的国家治理体系建设也会遇到深层次的挑战。

如何应对模糊发包提出的治理难题？一种可能的改革思路是充分运用多种治理方式，在不同层次上实现不同的治理目标，并通过多种治理机制间的系统整合，使宏观政策中蕴含的不同目标得以实现，这就需要发展出某种更为精细化的协同治理机制。以社会组织领域为例，除了过去长期运用的行政治理方式外，还需要运用法治化方法构建当代中国社会组织发展的法律框架，并以此统合多部门、多层次的政府行政治理行为；运用执政党的政党治理机制，充分发挥其更具弹性、灵活性以及覆盖面广的治理优势，引导和规范社会组织围绕公共利益和公共性健康发展。上述三种治理

① 廖鸿、石国亮：《中国社会组织发展管理及改革展望》，《四川师范大学学报》2011 年第 5 期；王名、张严冰、马建银：《谈谈加快形成现代社会组织体制问题》，《社会》2013 年第 3 期；周俊：《政府与社会组织关系多元化的制度成因分析》，《政治学研究》2014 年第 5 期。

机制的有机结合使得管理与发展、扶持与引导等社会组织发展中的多对政策目标可以相互协调地实现。在此背景下，地方政府也更容易形成长期、稳定的社会组织发展思路。实际上，上述改革思路已在新一轮宏观政策设计中有所呈现，比如，国家开始强调进一步通过群团组织引导社会组织的健康发展。① 未来还需要进一步探索三种治理方式有机结合的深层条件以及彼此的边界。

此外，调整地方政府尤其是基层政府的政绩评估模式，强化公众自下而上评估对于化解上述难题也具有重要意义。原因在于，模糊发包领域所涉及的改革，大多需要长期投入才能体现效应，且难以测量。如果政绩评估体系无法识别出基层政府的投入程度，即“干好干坏一个样”，那么基层政府就没有动力深化推动改革。由于上级政府很难评估基层政府的实际投入水平，而公众却有可能更了解这一情况，因此当自下而上的评估变得重要时，基层政府在模糊发包领域的改革投入就可能被识别出来，这为政府内部激励的行使提供了重要的技术支持。

（二）作为分析工具的模糊发包

模糊发包的分析视角有助于研究者形成链接宏观政策与中、微观政策执行过程、结构与机制的总体性分析视角，使我们对社会组织政策体系的实际演化过程有更为清晰的分析。

作为一种分析工具，模糊发包为研究者理解渐进式治理转型中各级政府的行为提供了一个基本的分析框架。研究者可以沿着风险控制与激励、评估设置的线索，分析不同层级政府治理行为的核心逻辑及其互动机制。在此基础上，该框架可以为我们分析许多领域的政策执行提供较强的理论解释力。

以社会组织领域为例，模糊发包的理论框架不仅可以解释不同地区在发展社会组织时基本策略的相似性，还能解释各地做法中制度性差异的缘由。在当前中国治理转型进程中，不同地区规避治理风险的策略大致相同，因此普遍会出现筛选社会组织发展领域的相似做法。但当地方政府将发展社会组织的激励安排“打包”至社区建设领域时，由于不同地区在社区建

① 《中共中央关于加强和改进党的群团工作的意见》明确指出：“各级党委和政府要支持群团组织在党组织领导下发挥作用，加强对有关社会组织的政治引领、示范带动、联系服务。”详见 http://politics.people.com.cn/n/2015/0709/c70731-27280914.html，最后访问日期：2015 年 7 月 10 日。

设中有不同的治理思路，因此可能导致基层政府对待社会组织的态度出现差异。如在社区治理中强调高行政执行力的地区，基层政府更容易在行政部门的延伸领域发展社会组织，并鼓励其与职能部门间建立密切协作的关系；而在强调培养社区自治能力的地区，基层政府更倾向于鼓励社会组织对接社区自下而上的诉求，并鼓励其嵌入社区自治的组织网络。这表明，当人们顺着模糊发包的视角更为细致地梳理各层级政府在风险规避、激励设置、检查评估方面的操作策略时，有可能形成一种比结构分析更为合理的知识体系。

本文仅初步讨论了模糊发包的成因、表现形式以及内在的基本运行逻辑。仍有许多亟待进一步讨论的问题，譬如，这种特殊治理机制中上下级政府间压力传递机制如何实现，模糊发包的不同运作方式对当代中国“社会”的生长路径和表现形态有无影响，模糊发包中不同层级政府间的风险控制机制如何运行等，围绕这些课题的研究，将有助于我们深刻理解当代中国社会治理转型所面对的挑战，从而推进更高水平的政策创新。

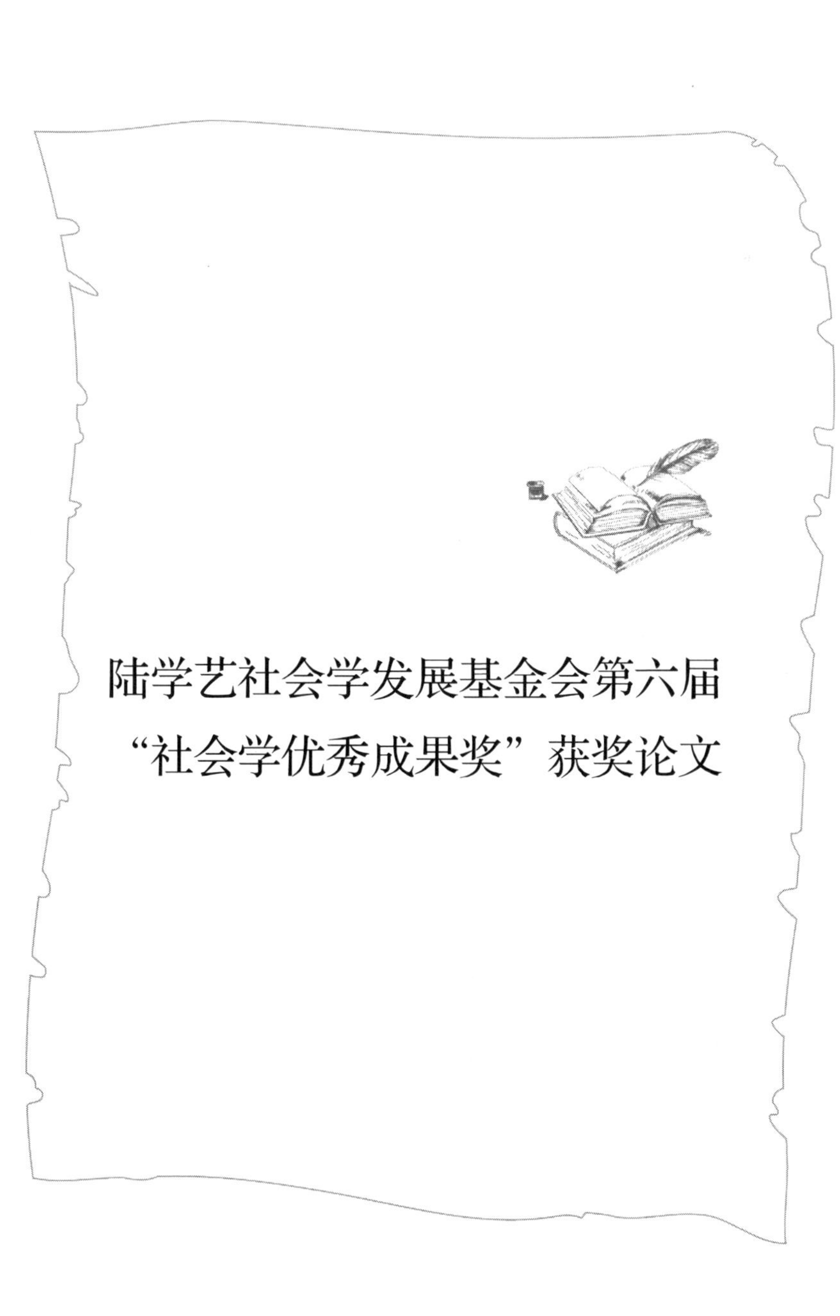

陆学艺社会学发展基金会第六届

“社会学优秀成果奖”获奖论文

移动互联网的崛起与社会变迁*

王　迪　王汉生

随着移动互联网的兴起，网络所引发的社会变迁迈进了新的阶段。相比于传统的桌面互联网，移动互联网打破了既有的时空边界，从而在微观个体层面的社会交往、中观群体层面的社会表达、宏观结构层面的社会分化等多个维度起到形塑社会的独特作用。基于对这些领域中移动互联网与传统互联网的差异的讨论，本文尝试回答：移动互联网时代的信息技术变革所带来的经验现象的变迁，如何进入社会学的研究领域？并如何形成"移动互联网—社会"关系的分析视角和解读路径？同时，中国社会既有的结构性特征，给移动互联网的生长方式、发挥作用的模式提供了怎样的背景？

一　移动互联网与时空重塑

卡斯特认为，网络的出现及其彼此相连，将使信息在全球范围内的即时流动成为可能，从而形成一种特殊的空间形式：流动空间。于是，一切社会活动都可以在地理上获得延伸。而在时间方面，卡斯特区分了传统的机械时间、生物时间以及网络社会背景下具有相对性的社会时间——在这个意义上，网络社会将构建新的社会时空。①

移动互联网对空间和时间的重塑，根源于其终端的移动性和便携性，这是它与传统互联网最本质的差异。这样的特点带来了移动互联网使用时

* 本文原载《中国社会科学》2016 年第 7 期。

① 参见曼纽尔·卡斯特《网络社会的崛起》，夏铸九等译，北京：社会科学文献出版社，2003，第六、七章。

间的极大延续和空间上的无限延展：移动设备一般都以远多于PC端的使用时间伴随在其主人身边，用户在移动中随时随地可以接入互联网。当然，对手机等移动终端的使用在带来时空扩展的同时，也最大限度地占用了人们的时间，挤占了原本在社会生活中承载不同功能的各种具体空间，这就意味着，移动互联网不间断地渗透到了我们的日常生活中，人们的碎片时间和各种场合几乎全部被占领。我们很难界定移动互联网是赋予了人们更多的可利用时间、还是挤占了原有的休闲时间；究竟是带来了空间上的延展，还是以移动终端的各种功能替代了空间功能的差异性。

另一方面，移动互联网的特性使人们对于民族、国家等各种共同体的认同感超越了时空的阻隔、在最广阔的范围内得到扩大。信息交流和体验分享已经完全超越了民族国家的界限，形成了在全球范围内影响社会成员的身份定位、建构民族认同、树立国家观念的格局。时至移动互联网崛起的今天，人们使用手机等移动设备接入互联网，摆脱了PC的限制，使得网络信息在横向上有更广泛的国别、地区覆盖范围，在纵向上能够贯穿更多不同层次的受众群体；伴随着人们在移动中随时发生的互动、交流和分享，认同形成的过程更加超越时空限制。需要注意的是，这种认同形成既有可能造就跨国界的民族团结；也存在着放大族际文化差异性、以单一的族群认同来消解国家观念的极端民族主义风险。

移动互联网对时空边界的破除，是其区别于传统桌面互联网的属性与特质；更重要的是，移动互联网时代的信息技术对社会交往、社会表达、社会分化等现象进行影响的方式，也正是以移动互联网的这一特征为基本前提。

二　移动互联网对社会交往方式的重塑

在互联网出现之前，碎片化的社会中充斥着原子化的个人。以手机微博、移动QQ、微信为代表的一系列元素，打破了原有的社会边界和人际交往模式，编制了一张行动者网络，扩大了“生活共同体”的概念，建立了一种虽然不是面对面、却彼此熟悉、信任、相互依赖的“虚拟社区”或“半熟社会”。

信息技术对社会交往与人际关系的影响并不完全是移动互联网的产物，而是在传统互联网时代就已经出现、并引发了众多学者从虚拟共同体的形成、网络社交的关系强度以及既有社会关系的变化等方面展开探讨。相比之下，借助移动互联网形成的纽带给社会交往带来了区别于PC网络时代的变化。首先，在传统互联网上既已出现的虚拟社区只有到了移动互联网的时代，才能完全超越时间和空间的限制，随时随地影响人们的互动状态和交往方式，真正形成与“实存共同体”和“想象共同体”相对应的社会存在形态——在手机微信、微博等社交工具兴起并日渐取代传统的面对面交流、电话沟通，甚至使传统互联网时代的邮件、论坛和聊天工具都显得有些落伍的今天，血缘、地缘和业缘关系不再是社会交往所仰赖的全部基础；共同的兴趣、哪怕一个微小的共同话题、抑或在移动过程中的一次网络邂逅，都可能成为陌生人之间建立网络联结或现实联系的纽带。

其次，由于移动网络接入的便利性、移动社交工具的伴身性和移动交流方式的黏着性，网络使用行为的时间总长和频密程度都在近年来获得了巨大的增加，这使得以往研究所讨论的“线下关系”与“线上关系”之间的“时间替代”概念变得不再适用，二者之间不再是必然存在的此消彼长关系；相反，“现实交往”和“虚拟交往”的份额在一定范围内获得了共同增长的可能性，交往范围以网络化的逻辑扩大的同时，并不必然意味着传统人际关系的疏离和真实生活的缺失，而能够成为既有社会关系形态的有效补充。

最后，基于移动互联网建立的关系的强弱程度，还需要结合具体的移动社交平台进行讨论——如国内的微信、人人网，国外的Facebook，用户建立的双向关系通常都是现实生活中社会网络和强关系的延伸；微博、Twitter之类可以单向追随、关注、成为粉丝的社交方式，在相当大的程度上超越了熟人圈子；而另外一些专属于移动互联网时代的沟通工具则为人们认识更多的陌生人创造了机会。

三　移动互联网背景下的社会表达与集体行动

现代社会剧烈变迁的形态一方面造成了生活节奏的加快、工作压力的加大，另一方面也带来了新鲜事物的增多、猎奇心理的增强，而无论是紧张与局促，还是新奇与兴奋，都给人们带来了强烈的表达意愿。在传统互联网时代，信息技术进步已经为人们搭建了多种表达与分享的平台，如BBS、Blog 、SNS、微博等；这些平台在客观上所起到的作用不只是表达与分享，甚至在一定程度上扮演着“自媒体”的角色，起到传播信息、挑战传统媒介的作用。

而移动互联网的发展使人们的分享意愿与表达行为能够以一种更为便捷、即时的方式实现，以其“随时随地”的特征弥补了传统互联网的意愿表达和信息发布缺口；以手机为代表的移动互联网终端，整合了报纸、杂志、广播、电视、互联网等各类媒体，逐渐成为人们获取资讯的主要渠道，成为装在口袋里、随时相伴、带着体温、接触最频繁的媒介终端。这种极大的便利性在满足人们需求的同时，也进一步推动和促进了人们对自我呈现与社会表达的渴望。

表达意愿高涨所带来的是一种“直播无处不在”的社会后果：一方面，原有的“公共空间—私人空间”的二分显得不再清晰可辨，所有人的私人生活（包括实时的位置、照片、感受等）都可以通过手机第一时间发布到具有公共媒体属性的微博；所有公共事件的始末经过，也都能够以私人转发的形式、以最快的速度得到传播和扩散。另一方面，这种社会表达方式重新分配了社会话语权力——在“前互联网”时代，话语霸权和文化资本总是掌握在少数人手中，而关于社会事实的过程与重大事件的真相，在社会范围内存在着严重的信息不对称或“滞后知情”的情况。而移动互联网将更多的表达权、传播权和知情权赋予了普通的社会大众，造就了“全民发声”的社会舆论结构。通过这些平台，移动网络用户实时传递有关社会事件的信息，对各种社会热点发表意见，从而在突发事件和热点舆情中，形成公共舆论压力，对中国社会生活各领域产生日益深刻的影响。

与此同时，我们也应注意到由移动互联网上的社会表达所带来的群体心理的变化以及由此产生的集体行为。网络公共空间内的表达与释放可能演化成为对网络事件或社会事件的批判、甚或演变为激烈的网上抗议。而当网络上的集体行为蔓延到线下，移动互联网将现代社会中原本彼此不相干的“原子化”的个人，通过手机QQ、微博、微信等方式集结在一起，并随时随地保持交流、呼应和彼此感染的状态，在某些外部条件的作用下，存在着集体情绪聚积和集体行动形成的风险。

较之传统互联网时代，移动互联网上的动员范围更大、效率更高，其后果当中的一个面向是积极的，诸如近年在微博上发起的“随手拍照解救乞讨儿童”活动及其后的“微博打拐”活动，都取得了显著成果；在近年来发生的一系列地震、暴雨、交通事故中，由移动社交平台所网聚的、不间断的信息传递，以及由此形成的救援、募捐等集体行动，都成为非常时期中可依靠的力量。另一个面向则有可能转向网络话语暴力或现实中的群体无理性——前者会导致极端声音以强硬的态度驱逐良性言论，进而形成

“群体极化现象”;[①] 而后者则是群体极化现象在现实层面的延伸，并容易引发群体性事件，如2011年伦敦的骚乱就被认为源于Twitter和手机短信的推波助澜。

四　移动互联网的使用与社会分化

与传统互联网一样，移动互联网的使用嵌入了众多的社会属性，而非无根的虚拟空间。有别于传统桌面互联网的，是移动互联网与差异化的日常生活之间更为紧密、即时、伴身性的结合；也就是说，人们面对PC时所做的事情尚未弥散到生活的各个领域，而应用移动终端时所能处理事务的多样性则非常接近于日常生活的复杂原貌。比如，对于处在社会不同阶层和地位的人们来说，移动互联网在生活中的用途和使用方式都有着巨大差异——学生、打工者和工作不久的都市白领人群，有着随时随地上网、与外界沟通交流并尝试新的生活方式的强烈意愿；他们使用手机上网的频率会比较高，移动虚拟社区、移动视频和移动搜索等交友或娱乐功能都是这个群体偏好的重点。而高端用户对移动互联网也具有强烈的依赖性，希望能在移动中完成办公需要、随时查看重要邮件、公司通知、信息动态等，关注的往往是移动邮箱、移动电子商务、移动支付等应用服务。移动互联网的接入终端对于这两类用户而言也有着不同的意义，低端用户更强调实用性，而高端用户则更看重手机、平板电脑的品牌和档次对于身份、地位和时尚品位的彰显——特定的社会结构、族群差异以及生活方式的不同，决定了移动互联网复杂和分化的应用取向。

网络社会是现实社会的延伸，反过来，现实社会结构也受到网络社会中“分层”或“分化”现象的重构：互联网在为人们提供获取信息的众多机会的同时，也在某种意义上加剧了社会群体结构的两极分化；与以往社会不平等表现在分配、收入等贫富不均的方面相比，由于对技术使用方式的不同所带来的知识不平等和信息不平等，所造成的社会结构中的“数字鸿沟”是前所未有的。那么，智能手机的普及、移动互联网的发展是否能够跨越和弥合传统互联网时代存在的“数字鸿沟”呢？

一方面，如果仅从进入互联网的角度而言，可以认为有更多人通过手

---

① 凯斯·桑斯坦：《网络共和国：网络社会中的民主问题》，黄维明译，上海：上海人民出版社，2003，第47—49页。

机上网的方式拿到了网络世界的门票、获得了接触和拥抱互联网的机会，并由此掌握了部分有形的社会资源和无形的社会资本。另一方面，不同于传统互联网（办公或娱乐的互联网），移动互联网是“生活”的互联网，仅仅“进入”和获取表层的信息是远远不足以填平“数字鸿沟”的，更重要的差异来自选择行为与使用过程——移动终端的差异性选择所影响的不仅是移动互联网的使用体验，更伴随着智能手机的功能整合而波及包括音乐收听、视频观看、拍照摄影、游戏娱乐、购物支付等多方面的生活感受，从而使得移动终端本身就成为移动互联网时代重要的消费区隔符号，从时尚、文化和身份的角度强化了社会分化的形态。对移动互联网不同的依赖程度，更造就了不同的生活方式：一部分用户只是在移动互联网上简单地获取信息，而另一部分更加依赖移动互联网，甚至被“捆绑”在上面的用户，从衣、食、住、行，到休闲娱乐、社交工作，生活中的方方面面都已经被各种移动应用程序改变和重塑了。于是，日常生活“数字化”程度的差异会带来更大的“数字鸿沟”，甚至引起社会分层和结构方面的断裂。

从这个意义上讲，不同的社会群体对移动互联网及其终端有着差异化的选择行为、应用取向和依赖程度，从多种维度复制和强化了社会分化的形态。因此，“分化”是理解“移动互联网—社会”关系问题的重要维度，数字鸿沟和社会断裂隐藏在对移动互联网不同程度的应用、体验和依赖中。

五　理解中国移动互联网发展特征的社会背景维度

自2008年中国3G应用正式启动以来，中国移动互联网取得了飞速进步；随后几年中，社交网络、微博、微信等新兴信息传播渠道的火热，也促进了移动互联网的强势崛起，并在2012年上半年实现了对传统互联网的超越。那么，中国移动互联网超高速发展的动力来自哪里？

首先，中国社会的高流动率，是移动互联网发展的最大支撑。

伴随着快速的城市化进程，人口向城市大规模迁徙与集中已经成为近20年中国社会最重要的特征之一。根据第六次人口普查数据，中国在2000—2010年这10年间，城镇人口比重提高了13.46%，排除自然增长和户籍性质转变所带来的城镇化比例提升，有数以亿计的人口从农村涌向城市。另外，21世纪以来的高校扩招让适龄人口中的四成左右都能够接受高等教育，其中很大一部分要到异地求学，也更有可能留在异乡就业或创业。对于这些“漂在”城市或异乡的学生、白领、外来务工人员而言，手机等移动终端无疑是他们联系家人与社会的最重要工具。

从这个意义上讲，中国制造的低成本优势仅仅是中国移动互联网快速增长的表面原因。从更深层的社会背景看，中国特有的城市化进程和教育发展轨迹造成了中国人口、特别是年轻人的高度流动性，由此表现出的周期性城乡流动、城市扩张带来的通勤时间增加以及越来越频繁的旅游和公务出行，都为中国移动互联网的高速增长提供了最坚实的社会需求，这就是中国移动互联网不同于欧美诸国的最大特点，也是中国移动互联网一枝独秀的根本原因。

其次，社会的急剧分化、不平衡发展和代际差异是理解中国移动互联网发展路径和特点的重要维度。

改革以来我国的社会分化不仅表现为不平等程度的增加（如基尼系数的增长、收入差距拉大等），而且也表现为多样化的迅速发展，价值多元、行为方式多样、生活方式多样、身份多样，等等。特别要强调的是，中国移动互联网的崛起，伴随着转型社会中文化和价值形态快速更替的宏观背景，每一代人都有其特有的理念和数字化生存方式，特别是 90 后人群将借助移动互联网强势登场，这部分人也是推动中国移动互联网替代传统互联网的主要力量。

需要看到的是，现实社会分化主要表现在因权力、社会声望和财富等稀缺资源的不平等占有上，而在移动互联网主导的“掌上社会”中，年龄、性别这些所谓生物学特征，以及消费取向、审美偏好与生活方式的差异等对社会分化起到的作用大大增强，这就使得“掌上社会”的分化与现实中国社会中的分化并非完全一致，而是彰显了新历史时期社会的分化。从这个角度来看，中国移动互联网的发展将更加参差多态，也更加具有阶层之间、族群之间、代与代之间的歧异化特征。

最后，中国移动互联网的发展状况植根于独特的文化传统。

不同的社会土壤和文化底色会在信息使用领域孕育出具有显著差异的行为习惯。比如从手机的使用习惯来看，马德里人无论在何时何地都会接听手机；而巴黎人只将手机视为一种可以点缀生活的道具；伦敦人则不喜欢将时间浪费在讲电话上，也更注重隐私，习惯隐藏来电显示。

移动互联网的使用方式和赋予用户的意义也存在着植根于社会状况和文化背景的国别差异。比如国内外研究大多从“个人媒体”的发展、民主政治参与意愿、技术需求、代际特征等角度解读欧美国家社交网络的活跃程度；反观我国社交网络平台发展的过程，则有更多嵌入在中国文化传统和社会结构中的因素在发挥作用：比如微信和支付宝红包近年来的兴起以及在春节期间形成的网络狂欢现象，如果简单地从营销策略、游戏规则和娱乐精神的角度来解释其成功则显得局限，而更应该看到其植根于中国社会节庆文化的一面，并在网络社会关系结构的框架下，从传统礼俗的网络化延续和时尚化表现的角度加以透视。又如微信朋友圈的“点赞”行为，同样有其专属于中国社会结构的土壤——由于中国社会（特别是“熟人社会”）中对于社会交往与关系维系的强调，维持人际关系的和谐也因此具有重要的意义，在网络朋友圈几乎完整复制了用户的现实社交圈的情况下，“点赞”行为的正当性和必要性也在一定程度上源于维系关系的考量。

与桌面互联网重构社会形态的逻辑相似，植根于社会背景的移动互联网，也会进一步影响社会结构与社会生活；由于移动互联网既有传统互联网的一般特点，又有其独有的特征，对中国社会的作用机制也有其特点。我国社会背景中的高流动性、急剧的社会分化以及特有的文化传统和社会结构共同构成了移动互联网发展的土壤，也为理解中国移动互联网发展特征提供了重要的维度。

结　语

总的来说，移动互联网在中国的快速发展在很大程度上是与独特的社会背景相关联的。这种发展既延续了传统互联网对社会形态的建构，又在时空重组、社会交往、信息传播与表达、社会分化等方面发挥着独特的形塑当今中国社会的作用，对以“互联网时代的社会转型”为主题的社会学研究提供了若干新的分析路径和研究视角。

同时，随着移动终端与人们的如影随形，移动互联网所形成的共同体形态已不再是区别于现实社会的虚拟时空，而是紧紧地附着于、并时刻重构着现实社会，所谓的“虚拟”与现实之间又存在着相当大程度的重合，甚至可以说：网络社会是以另一种形式存在的真实时空，其中所产生和记录的人们行为的痕迹要比现实中的人们呈现的状态来得更为真实。从这个意义上讲，移动互联网本身已经承载了大量关于消费行为、文化取向、生活轨迹、社会互动、情绪传递、人群分化和时空应用的信息和痕迹，这是移动互联网崛起和大数据当道的时代赋予我们用以研究社会变迁的一笔宝贵财富。

当然，传统社会学的研究方法对于考察人们的网络行为具有很大的局限性，加上在网络中获取研究对象行为信息的伦理限制，移动互联网时代的社会学研究面临着方法层面的新挑战。如何将移动互联网发展成为定性研究的长期民族志田野和定量研究的海量数据资料库，从而形成新的数据搜集方式、信息收集路径和资料分析手段，是值得进一步研究和探索的议题。

积极托底的社会政策及其建构*

王思斌

进入21世纪以来，我国经济、社会发生了巨大变化，在经济获得持续高速增长的同时，社会矛盾和社会问题也在积累，民生问题带来新的挑战。基于此，为进一步推动改革和促进经济社会发展，中央连续出台了一系列社会政策。中共中央十六届六中全会指出要“加强社会建设理论和社会政策的学习研究”，社会政策概念和议题第一次在中央文件中被提出。与之相呼应，学术界掀起发展社会政策和社会福利制度的热烈讨论，加快发展中国特色的社会福利制度成为社会政策学界的主流话语。但是，受2008年美国金融危机的影响，也由于我国经济结构转型升级方面的原因，自2012年起我国的经济增长放缓，我国开始进入“经济发展新常态”，其特征是“经济从高速增长转向中高速增长，从结构不合理转向结构优化，从要素投入驱动转向创新驱动，同时在机遇中也存在着风险和挑战”。[①] 面对新的机遇和挑战，在分析2013年上半年经济形势、部署下半年经济工作的会议上，习近平总书记第一次提出“坚持宏观政策要稳、微观政策要活、社会政策要托底，努力实现三者有机统一”的新思路，[②] 后来进一步发展为“宏观政策要稳、产业政策要准、微观政策要活、改革政策要实、社会政策要托底”。[③] 毫无疑问，社会政策托底已成为当前和未来一段时期国家经济社会

* 本文原载《中国社会科学》2017年第6期。

① 《经济发展迈入新阶段——新常态下的中国经济（下）》，《人民日报》2014年8月7日，第1版。

② 《宏观政策要稳住 微观政策要放活 社会政策要托底》，《新华每日电讯》2013年4月26日，第1版。

③ 《中央经济工作会议提出2016年五大任务》，2015年12月22日，http://news.xinhuanet.com/fortune/2015-12/22/c 128554414.htm，最后访问日期：2016年1月5日。

政策的重要组成部分，怎样全面理解和正确实施社会政策托底是政府和理论界面对的重要议题。本文拟从促进政策托底的有效实施和社会政策理论研究的角度，探讨以下问题：应该如何全面理解社会政策托底，什么样的社会政策能够实现有效托底；社会政策托底需要怎样的制度安排，使其既能支持经济结构转型升级、又能促进民生发展；社会政策托底与社会政策体系和制度建设的关系如何。笔者认为，托底性社会政策不是普惠性的，而是对困难群体的支持。当然，要真正实现社会政策托社会之底，就需要包括就业政策、医疗政策、教育政策等在内的社会政策体系的完善和创新，这需要更加系统化的分析。本文主要在习近平总书记“社会政策要托底”的语境之下展开讨论，研究如何通过完善社会政策来应对经济结构调整可能带来的社会风险。

一　全面理解经济发展新常态下社会政策托底的含义

1. 经济发展新常态需要社会政策托底

不论从国际经验还是我国的实践来看，社会政策都首先是因应对经济增长带来的严重问题而产生和发展的。当经济发展成就良好又面临众多社会问题时，社会政策作为补救措施被提出来，成为平衡社会矛盾、维持社会秩序的工具。

实际上，经济增长下行、经济结构调整为社会政策的发展创造了机会。正如“社会政策要托底”所要表达的，在经济增长下行、经济结构调整的过程中，我们会遇到众多“经济转型”问题或社会风险。这可能表现为：失业问题（结构性失业和摩擦性失业）加重、新旧行业（产业）从业群体之间关系摩擦、贫富差距拉大造成社会紧张等。即在走向新常态的进程中，可能会有一些群体“被甩出来”，他们会遇到物质的、社会的以及心理方面的困境和问题。这些既是基本民生问题，也可能对社会秩序带来不利影响。社会问题的出现和解决是社会政策发挥作用的空间，正是在这些方面，社会政策可以通过托底支持经济转型发展，保障和改善民生，促进社会和谐发展，并在此进程中实现社会政策自身的完善和发展。

2. 理解新常态下社会政策托底的两个角度

“社会政策托底”是在我国经济从高速度、较低质量向中高速度、较高质量转变的当口提出的。改革开放 30 多年，我国经济实现了持续、高速增长，国家实力明显增强，人民生活明显改善，虽然存在一些发展中的问题，但是较高的增长速度似乎给人们一种启示——发展中的问题可以通过发展来解决。然而面对现实，经济增长放缓不是短期现象，经济结构调整、科技创新一方面会使我国经济达到新的更高水平，另一方面也会带来就业机会、利益分配等方面的问题。这种“经济转型”所衍生的问题需要社会政策干预和托底。这是在解决经济转型带来社会问题的意义上的托底，实际上是运用社会政策来弥补漏洞、缓解矛盾、减少社会风险。关于这一点，习近平总书记在论述宏观政策、微观政策、社会政策三者之间辩证关系时指出：宏观政策、微观政策、社会政策是一个有机整体。宏观政策稳定，市场主体才能稳定预期，企业才能有序竞争；微观政策放活，才能增强市场主体内生动力，反过来才能有利于宏观经济稳定；社会政策托底，就可以缓解社会压力，守住社会稳定底线，为宏观经济“稳”和微观经济“活”创造条件。[①] 可以看出，社会政策托底是基于我国经济发展面临的现实问题而提出的对策。

从更长的经济社会进程的角度来看，我们现在正处于经济转型之中，一旦转型基本到位，亦即新常态到位，那就意味着经济已经保持中高速增长、经济结构调整到位，即一种相对稳定的经济发展状态。在已经实现“新常态”的情况下，社会政策要扮演的角色，也值得讨论。虽然经济转型到位尚需时日，但作为经济发展、社会稳定的保障手段和社会进步的推进力量，社会政策的连续性发展也需要研究。或者说，作为经济转型阶段的社会政策托底不可能不与未来社会政策的整体发展相联系，它必然会走向社会政策发展的更高阶段。因此，当前的社会政策托底还应从社会政策自身完善的角度加以思考。

3. 走向积极的社会政策托底

积极的社会政策既能实现转型中的托底，又能促进社会政策整体发展。在我国，以往的社会政策基本上是托底性的，这是狭义的、补救性社会政策的基本特点。从农村“五保”对象的照顾，到 20 世纪 90 年代中期以来城市困难家庭的最低社会保障，再到后来的城乡困难居民的社会救助，基本上实施的都是托底性社会政策。这种托底性社会政策有几个明显特点：第一，经济救助。当居民及其家庭经济上遇到困难不能维持基本的物质生活时，由政府和集体施以援手，帮助其解决困难。第二，低水平。政府和

---

① 王兰军：《习近平关于经济金融工作的新思想新观点新举措》，2014 年 1 月 16 日，http://news.xinhuanet.com/fortune/2014-01/16/c 126014613.htm，最后访问日期：2016 年 2 月 15 日。

集体对于政策对象的支持是低水平的，基本上是保障其基本生活。第三，离散性。对困难家庭的救助是由各政府部门分别施行的，以本部门责任为中心，缺乏整体性，这也被称为社会政策碎片化。如果说这种托底在计划经济体制下，在政府力量强大、行政体制较完整的情况下能发挥较大作用的话，那么，在市场经济体制已相当发展、人们社会权利意识增强、社会问题又复杂缠绕的情况下，社会政策托底必须进行积极的转化，即实行积极的社会政策托底。

二　积极社会政策托底的应有特征

积极的社会政策托底是笔者基于我国以往的社会政策实践，面对当前的社会政策托底任务，并考虑到社会政策自身发展的政策构想，积极的社会政策托底具有如下内容和基本特点。

1. 积极的社会政策和积极的政策实施

积极的社会政策包括两部分，即积极的社会政策内容和积极的社会政策实施措施。社会政策是积极的，意指社会政策要客观反映和恰当回应政策对象的真实需要。在社会政策领域，人的需要指作为一个社会成员应该得到满足、不满足就会伤害其基本生活的东西。[①] 政策对象的需要可能是多方面的，但经济上陷入困境常是其主要方面，于是，给予政策对象经济方面的救助就是社会政策的主要内容。在走向新常态的进程中，那些被经济转型甩出的社会成员会遭遇失业和贫困，给予他们适宜的救助是必要的。有的学者和政府官员把社会政策托底简单地理解为“应保尽保”“吃低保”，而没有看到政策对象的多种需要；一些地方的最低生活保障水平很低，难以实现托底的要求。笔者认为，为了真正实现托底，社会救助不能限于“不发生生命危险”的水平，而是要尽量满足政策对象的基本需要。要实现这一点，就要对经济转型中困难群体的需要做科学的调查和分析，这不但包括经济方面，也包括社会方面的内容。欧洲共同体委员会认为，贫困应该被理解为个人、家庭和群体的资源（物质、文化和社会的）如此有限，以致他们被排除在所在成员国可以接受的最低限度的生活方式之外。[②] 这一

① 参见莱恩·多亚尔、伊恩·高夫《人的需要理论》，汪淳波、张宝莹译，北京：商务印书馆，2008。

② 参见关信平《中国城市贫困问题研究》，长沙：湖南人民出版社，1999。

思想值得我国在制定社会政策时予以借鉴。

所谓社会政策的积极实施，是指面对走向新常态进程中被甩出的困难群体，社会政策行动应是积极的，应积极地实施救助和帮助。社会政策的积极实施表现于政策执行者的行动，即对困难群体需要的快速反应，及时回应他们的问题。20 世纪 90 年代中期以来，我国城乡逐渐形成了以最低生活保障和社会救助为主要内容的社会政策执行体系。总体来讲，这些政策得到了执行，但其中也存在官僚化、例行公事式的工作态度和工作方法，伤害了政策效果。比如，我国政府制定的就业政策是积极的，在许多地方也得到了执行。但我们也看到，一些地方出现追求下岗、失业人员再就业培训的数量而不太关心培训实际效果的现象，培训指标完成了，参加培训人员再就业能力却没有提升，进而使得政策对象怀疑再就业培训政策，这种现象必须予以纠正。新常态下的社会政策要对发生的问题作出迅速的实质性反应，尽快接触问题和处理问题，使政策对象感觉到政府对待问题的积极态度，这会增强托底的积极效果。在这方面，实施有效的行政监督和社会监督是必要的，有力的问责机制能有力地促进社会政策的积极实施。

2. 社会政策的科学托底和人文托底

向经济发展新常态的过渡和新常态的确立不是一蹴而就的，需要一个不短的时间，这是由转型主体——经济体制、经济结构、经济发展动力的转换——的复杂性所决定的。从质量不高的高速增长转向高质量的中高速发展，需要解决影响经济发展的体制机制、经济结构、社会结构、发展动力以及利益结构调整等方面的问题，这些决定了经济转型的非短期性。另一方面，这种经济转型的影响范围广大，它不但影响实体经济领域，也影响非实体经济领域，转型效果会出现外溢性。经济转型在时间上的延滞性和影响范围上的广泛性可能影响相当规模的就业者及其家庭，其中产生的问题需要科学的政策来应对。

科学托底的社会政策应具有如下特征：第一，能较准确地反映政策对象的真实需要且政策的福利资源供给能满足这些需要。反映政策对象的基本需要是社会政策的基本要求，只有这样才能通过实施政策进行托底。困难群体的基本需要是多样的，需要针对实际情况制定出科学的政策标准。另外，这种标准应该与政府和社会的能力相适应。尽量压低困难群体的救助保障水平是不负责任的；出于政绩等考虑，不顾福利资源支持的持续性，比较随意地提高某些福利标准也会带来消极后果。

第二，政策的规范化和标准化。托底的社会政策要有对困难群体的支持标准，包括经济支持标准和社会服务标准等，这些标准不但包括支持的水平，也包括实施政策的过程规范和具体方法。由于新常态经济转型的情况较复杂，包括政策实施过程在内的规范化设计是必要的。以往我国对实施社会政策的规范性要求比较弱，粗略的政策规定下出现了不少政策执行者的随意行为，骗保、错保、漏保、关系保在一些地方并不少见，导致政策大幅度偏离。当然，有了规范化、标准化的政策之后，还要对政策实施者进行严格培训，使他们真正掌握政策；另外要通过公开化、行政监督等措施保障政策的规范执行。

第三，政策实施的精准化。与上面两点相联系，社会政策应能精准地实施托底。精准托底一方面是支持到真正需要支持的人，另一方面是真正能够满足政策对象的基本需要。只有这样才能真正实现托底的目标，才能通过托底解决政策对象的困难并支持其走出困境。以往，某些社会政策（如最低生活保障政策）的实施出现过不少滥用自由裁量权的现象，也有的社会保障政策变为“乱撒钱”，就业支持政策的实施变成“走形式”，[①] 这实际上使社会政策走向失败。新的托底性社会政策应该避免这些情况的发生。

所谓社会政策的人文托底是指政策实施者通过与政策实施对象建立良好的工作关系、体现关怀以更有效地实施政策，更好地实现托底。在社会政策的相关文献中，很少有政策执行者与政策对象建立工作关系的内容。实际上，就我国的社会文化而言，政策的有效实施常常有适度的良好关系相伴随，即在政策实施过程中双方有良好的交流和沟通、相互理解，这有助于托底政策的有效实施。近几年来，习近平总书记多次强调带着感情做工作，使人民群众有更多“获得感”，[②] 对于托底的社会政策来说，增加政策对象的获得感尤为重要。在社会政策托底的过程中，注重其中的人文因素，体现政府和社会对困难群体的人文关怀，使社会政策托底达到促进社会认同和政治认同的效果，这是社会政策托底不应忽视的。

3. 社会政策的整合托底

走向新常态的社会政策应实现整合托底。整合托底是指社会政策的各

---

① 李永新、王思斌：《失业人员再就业服务的“任务中心模式”——中国行政性社会工作的实证研究》，载王思斌主编《中国社会工作研究》第 3 辑，北京：社会科学文献出版社，2005。

② 《习近平：让人民对改革有更多获得感》，2015 年 2 月 27 日，http://news.xinhuanet.com/fortune/2015-02/27/c 1114458700.htm，最后访问日期：2016 年 2 月 15 日。

组成部分、各种资源实现整合，社会政策实施的相关力量协同努力以实现共同托底的状况。在我国，影响广泛的社会政策是20世纪90年代中期开始推进的社会保障制度改革和后来的城乡最低生活保障制度，这两项大的制度改革和实施都与我国的体制改革和社会转型密切相关。在这两个制度建立和运行过程中，在中央政府的强力推动下，制度与政策的设计和运行基本上都采取了部门负责、垂直推动的做法，各部门负责自己部门系统的保障救助责任、分别向上级负责。这种做法的好处是依靠自上而下的行政权力，各系统的工作得到较快推进；问题是整个工作缺乏整体设计，部门各自为战，出现各部门突出自己的政绩、各种救助扎堆和漏保同时存在等现象。

新的托底社会政策必须是整合的，这种整合包括三个方面。一是相关政策之间的整合。它是指面对“被甩出”困难群体的各类政策要互相协调和一致。这首先要求各部门相关政策的整体协调，比如最低生活保障政策、促进就业政策、社会服务政策等相关政策的相互照应、有机统一。这也要求在托底任务分解为具体政策时，分支政策既不互相重复，也不留有空挡，而是实现有效衔接，[①] 在政策实施时各执行主体也要相互观照。二是政府、社会、企业托底行动之间的整合。新常态经济转型中的托底并不完全是政府的责任，也是企业的责任和社会的责任。政府在托底方面要承担最主要的责任，企业要尽量减少经济转型给员工带来的负面影响，增强员工抵御失业和实现再就业的能力，社会要给困难群体以更有力的社会支持。正如李克强总理指出的，“政府要尽力，并且调动社会的力量，保障人们的基本生存权利和人格尊严”。[②] 三个方面资源和力量的整合，可以产生更加积极的托底效果。三是托底政策和行动要面对政策对象的综合性需要。如前所述，那些在经济转型中处于边缘地位、被甩出的困难群体的需要是多方面的，他们需要经济上的帮助、社会关系上的支持，也需要增强自己重回劳动力市场的能力，等等。真正托底的社会政策应该在这些方面有所兼顾，既解决他们面临的经济困难，又增强他们重新融入社会的信心和能力。实现社会政策既托经济之底，也托社会支持之底，又托政策对象的心理之

① 关信平：《论当前我国社会政策托底的主要任务和实践方略》，《国家行政学院学报》2016年第3期。

② 《李克强：尽力保障人们的基本生存权利和人格尊严》，2013年3月17日，http://www.chinanews.com/gn/2013/03-17/4650157.shtml，最后访问日期：2017年2月15日。

底，[①] 就是一种综合性托底。

能在上述三个层面共同努力、使各方面协调地发挥作用，就能实现整合性托底，这是更加牢靠的、稳妥的托底。

4. 社会政策的发展性托底

在全球化影响下，由科学技术创新推动的世界经济更富有变动性，对劳动市场中的弱势群体来说，他们可能遭遇的风险不断增大。在这种背景之下，社会政策的托底就应具有发展性，即实现社会政策的发展性托底。社会政策的发展性托底是指社会政策在托底时具有发展的功能，社会政策托底可以促进政策对象的发展。

第一，政策内容上的发展性。社会政策托底，不是只托一时之底，解决政策对象的临时性困难。经济转型是长期的，随着科学技术创新，市场竞争会越来越激烈。因此，社会政策不应该消极地面对困难群体，而应积极化解不断积累的矛盾和问题，尽量促进政策实施对象的能力发展。这就是说，既要积极地对他们实施经济上的救助，又要关注他们的发展。将救助和促进他们的发展结合起来是新常态下必须有的社会政策思维。另外，从维护社会稳定的角度来看，有了发展机会，才能在根本上缓解困难群体的生活困境，才能减少冲击“底线”行为的发生。在这方面，发展性社会政策既改善困难群体的基本物质生活，又关注困难群体的发展和社会发展。通过社会投资、发展社会企业、促进社会资本建设来解决困难群体的发展问题，[②] 是发展性托底的一种选择。

第二，把政策对象当作解决问题的主体。日益激烈的市场竞争和经济快速转型会使一些失败者陷入困境，作为改革的利益受损者，他们的利益应该得到一定的保护，托底救助就是政府与社会实施保护的基本举措。但是，在托底、兜底中不应把受助群体当作完全的被动者和低能力群体。实际上，作为被残酷竞争和快速转型甩至边缘的弱者，他们也有自己参与竞争的愿望，只是以往的职业结构和社会结构使他们力不从心，不得不走向边缘。作为托底的社会政策要考虑这一群体的主体性和能动性，要看到他们的优势，即用优势视角来看待处于边缘的弱者。现实表明，这些被不可抗拒的经济转型甩向边缘的群体也有自己的发展韧性，[③] 不甘沦为被救助人

---

① 王思斌：《新常态下积极托底社会政策的建构》，《探索与争鸣》2015 年第 4 期。

② 参见安东尼·哈尔、詹姆斯·梅志里《发展型社会政策》，罗敏等译，北京：社会科学文献出版社，2006。

③ 王思斌：《社会韧性与经济韧性的关系及建构》，《探索与争鸣》2016 年第 3 期。

群的意识应该成为社会政策托底支持该群体“再崛起”的撬动点。

第三，政策对象的能力发展。如果把社会政策看成具有发展性特征、认为被经济转型甩至边缘的群体有其不甘“沦落”的韧性的话，社会政策托底就要关注这一群体的能力发展。一般认为，这一群体是因为能力不足才被甩至边缘，但也必须看到，这一群体有强烈的不被甩出的愿望，也有一定的在市场中参与竞争的能力。在这种情况下，社会政策就应该尽可能地激发、培育、增强他们的能力，促进该群体的能力发展。能力发展被认为是反贫困的重要的、有时是根本性的政策安排，它也应成为社会政策托底的重要内容。应该一开始就把困难群体的能力发展纳入托底性社会政策的安排。在能力建设方面，尤其要注重他们的“可行能力”的培育和发展。“可行能力”既不是企图回到市场竞争中心的能力，也不是一般人都会的技能，而是在一定的市场竞争格局中实际上可以最大限度地发挥其作用的能力。[①] 市场变化、企业重组、社会结构变迁、城乡居民生活需求的提高，会产生一些新的就业机会、新的业态，有可能会成为那些被甩向边缘劳动者的新的就业机会。李克强指出，加强社会保障，包括为创业当中的失败者提供保障，也是为他们“东山再起”提供机会。[②] 这也是对托底政策的要求。托底的社会政策应动员政府、企业和社会各方面的资源，促进该群体可行能力的发展，预防和减少失业、促进再就业、再融入。近几年来，党中央、国务院对企业职工再就业培训给予了极大重视，鼓励企业肩负起自己应有的社会责任，也产生了一定效果。但是我们也必须看到，一些私营企业在这方面并不积极，这种状况应该得到扭转。

三　建构积极—科学—整合的社会政策托底体系

1. 积极托底的社会政策具有整体性

以上我们从政策制定与实施，从科学性、人文性、整合性和发展性等方面阐述了积极的社会政策托底的内容，实际上，具有上述“积极性”特点的社会政策是整体性的，即这些特点可以互相结合、相互促进。

社会政策的科学性是其得以发挥积极功能的基础。它首先表现为能准

① 参见阿马蒂亚·森《以自由看待发展》，任赜等译，北京：中国人民大学出版社，2002。

② 《李克强：老百姓有安全感，社会才有安定感》，2016 年 12 月 17 日，http://www.gov.cn/xinwen/2016-12/17/content 5149308.htm，最后访问日期：2017 年 2 月 15 日。

确地反映政策对象的真实需要，从政策对象的现实生活状态和他们“体面的”生存需要出发来制定政策标准。这里涉及该群体的“规范性需要”，[①]这既是社会政策的标准问题，也与政策的精准投放有关，而其关键是站在政策对象的现实需要的角度看待政策制定及其标准。这种设身处地的考虑也反映在社会政策托底的实施过程中，即要从理解被甩至边缘群体的经历、现实处境和理念的角度，从相互理解的角度去实施社会政策。应该看到，走向新常态中被甩出的群体与20世纪90年代国企改革中下岗失业群体在就业经历、价值观念、权利意识上有明显不同，新一代农民工与第一代农民工在就业期望、未来归属、权利观念上也差异甚大。这就要求，面对新群体的社会政策托底要考虑他们的生活现实，要理解他们，使政策更具人文性。人文性也应明显地反映在社会政策的实施过程中。执行政策是有规范的，这是它的科学性的表现，但是政策实施过程也需要艺术，即使政策对象易于接受。这里最重要的是政策实施者要与政策对象建立良好的工作关系，讲清政策、促进理解，善于听取政策对象的意见。实际上政策的科学性与人文性并行不悖，它们可以是互相促进的。

科学的社会政策应该是整合的。如果实施托底社会政策的各部门还是各行其是，就会出现各项政策在内部看起来是科学的，但在整体上则不整合、不衔接，甚至相互矛盾的现象。因此，在系统内部是科学的、从总体上看来也科学的社会政策才具有整体上的科学性。这就需要相关部门政策的相互协同，即社会政策的整合托底。这种整合不但发生于政府部门之间，也发生于政府和社会力量之间。政府作为主要责任者，它与包括企业、社会组织在内的社会力量之间的合作，有利于对困难群体的托底。这种联合托底也应该是科学的、有规范的，是在符合实际的、科学评估的基础上展开的。

规范、科学、整合的托底社会政策必然要对准政策对象的现实需求，满足其基本需要，这就是要“保基本”“兜底线”。但是，不能把这种托底只看成经济上的救助、看成低保。

经济转型中被甩出群体的基本需要是多方面的，包括物质、心理、健康、社会关系等多个方面。只有从总体上看待他们的困境，并给予科学的回应，才能在更根本的意义上达到托底的效果。所以，对政策对象基本需要的整体性理解和整体性回应，是经济转型中社会政策托底的应有之义，

① 参见王思斌《社会行政》，北京：高等教育出版社，2013。

也是社会政策的科学性所要求的。

从社会政策托底的总要求看，社会政策的发展性与科学性、整体性是密不可分的。没有政策对象的主体性参与、不激发和发掘他们的发展潜力，社会政策托底就不能成功。社会政策托底不是纯经济救助，它有深刻的政治和社会内涵。通过社会政策托底维持社会秩序稳定、避免社会分裂、促进社会团结和社会融合，是党和政府及广大人民群众所期望的。所以，科学的社会政策应该具有发展性，促进困难群体的发展，促进社会资本的发展。而能够促进政策对象积极参与和社会团结，是社会政策在更高层次的整合。

2. 积极—科学—整合的社会政策托底体系的建构

在市场化、信息化、国际化的大背景下，走向经济发展新常态面临着经济结构调整、动力机制转换、就业结构变化、多种风险聚集的挑战，必须进行社会政策托底和社会政策创新，以保障民生、稳定社会、促进发展。如前所述，我国原来的社会政策常常是就事论事、应急性和碎片化的，也是效能不佳的。走向经济发展新常态和达成新常态需要建构积极—科学—整合的社会政策体系，实现有效托底、促进协调发展。

建构积极—科学—整合的社会政策体系的核心是调整社会政策思维，形成新的社会政策方法论。所谓社会政策的新思维就是要改变以往社会政策是“堵漏洞”“救穷人”的观念，而把社会政策看作是政府解救困境人群的责任。社会政策不局限于对困境人群的物质救助，也包括其社会关系的修复和能力的发展。就社会政策的实施主体而言，社会政策托底不只是政府的责任，也要动员各种社会力量参与。[①] 社会政策的制定和实施不应该成为分裂的、各部门分段包干的“责任田”，而应该是在一个政府主导下的分工协作。对于政策对象，不应当把他们看作“无能力”“靠救济”的一群，而应在帮助他们解决困难的同时，激发、强化他们本来就有的潜能。此外，社会政策的任务不仅着眼当前的堵漏、兜底，还应着眼于经济、社会和人的发展。这样，新的社会政策方法论就是整体性方法论，它对政策对象困境和需要的看法是一体化的，对作为应对措施的社会政策的结构设计是一体化的，政策实施也是各方面相互协调和整合的。

毫无疑问，积极—科学—整合的社会政策体系的建构需要政府对经济

---

① 关信平：《论当前我国社会政策托底的主要任务和实践方略》，《国家行政学院学报》2016年第3期。

转型中困难群体问题的科学而全面的认识，需要有对各相关主体责任的科学划分及其相互协作的机制，需要政府部门、社会力量、政策对象的积极有效的共同参与。我们也看到，党的十八大以来，党中央、国务院通过顶层设计、建立协调机构和机制，在解决社会政策碎片化、政府部门各自为政方面作了切实努力，并取得重要成果。政府在动员社会力量解决贫困问题，通过政府购买服务吸引社会力量参与解决社会问题方面作出了积极努力，成效可观，这说明构建积极—科学—整合的社会政策体系不但必要，而且是可行的。当然，在这方面还有许多工作要做，比如，作为重要托底政策的《社会救助暂行办法》的整合实施就需要作更大的努力。

四　结语

自党中央提出科学发展观以来，我国的社会政策着重改善民生，有了显著发展，其基本取向是还欠账、补短板、惠民生。“社会政策托底”虽然是在经济发展新常态的背景下提出的，具有应对的工具性，但是中央强调了经济政策与社会政策要有机统一，在实践中着力促进社会政策的科学化、制度化，强调政策对象的“获得感”，这也是对科学发展观指导下社会政策发展的本质性深化。本文从经济发展新常态的经济转型可能带来问题的角度分析社会政策托底问题，认为能够实现有效托底的是积极的社会政策，它是积极—科学—整合的社会政策托底体系。新常态下的社会政策托底，要从整体的角度看待困难群体的问题，也要从整体角度设计和实施社会政策，实际上这就是社会政策创新。笔者认为，建构积极—科学—整合的社会政策托底体系不但能积极有效地回应经济转型中的风险问题，而且对进入新常态之后的社会政策制度建设有重要的意义。2016 年中央经济工作会议指出，要按照守住底线、突出重点、完善制度、引导舆论的思路，深入细致做好社会托底工作，扩大人民群众获得感，维护社会和谐稳定。[①] 积极的社会政策托底应该成为做好社会托底工作的重要组成部分。

---

① 《中央经济工作会议在京举行 习近平发表重要讲话》，2016 年 12 月 16 日，http://news.xinhuanet.com/fortune/2016-12/16/c 1120133530.htm，最后访问日期：2017 年 2 月 15 日。

激情与社会*

——马克思情感社会学初探

成伯清　李林艳

摘　要：自众多学科研究发生情感转向以来，情感社会学研究也得到迅猛发展，经典社会学家有关情感的论述不断得到重新诠释，但对于马克思的相关思想，除围绕异化概念进行了过度情感化的解读之外，并未有系统的梳理。事实上，马克思不仅主张人是有激情的存在物，而且他还从生产方式和私有财产的角度对不同社会形态的情感基调予以揭示，特别是对激情的商品化及其后果多有关注。此外，马克思还强调激情在政治过程中的作用。马克思有关情感社会学的论述可谓贯通宏观的社会结构与微观的情感体验，并具有规范性意义。

关键词：情感社会学　私有财产　激情　情感基调　商品化

"情感人"（homo sentimentalis）的崛起[①]或"情感转向"（affective /emotional turn）的发生[②]，意味着情感日益成为困扰当代人的一个重要问题，而相关话语的勃兴，也表明情感已成为日常交流和学术研究的重要议题之一。关于情感及其社会意义，学界已多有讨论。有研究从"情感的冲突"角度等考察全球化进程中的地缘政治[③]，或者从情感障碍和紊乱等心理疾患的增

---

* 本文原载《社会学研究》2017 年第 4 期。本文为江苏省社科基金项目"培育积极健康的社会心态研究"（13SHB004）的项目成果。

① Eva Illouz, *Cold Intimacies: The Making of Emotional Capitalism*, London: Polity Press, 2007.

② Patricia T. Clough, *The Affective Turn: Theorizing the Social*, Durham: Duke University Press, 2008.

③ Dominique Moisï, "The Clash of Emotions: Fear, Humiliation, Hope, and the New World Order," *Foreign Affairs*, 2007, 86 (1).

多来分析社会负担[①]，亦有研究关注到恐惧和愤怒的情绪如何侵袭和改变公共生活[②]。近来，“后真相政治”（post-truth politics）或“后事实政治”（post-factual politics）的观点大为流行，即源于在当前西方社会中情绪诉求比客观事实更能主导舆论，事实似乎逐渐失去支撑社会共识的作用，而情绪的影响力则日益上升[③]。然而，虽然相关研究从多个层面——由民族主义情绪导致的国家间纷争，到道德义愤激发社会运动，再到因情感疾病而带来的社会失能——揭示了情感问题的紧迫性和复杂性，但也不能否认，在当前社会中又普遍存在着将情感问题个体化、生理化和医学化的倾向，甚至出现了试图在基因中探寻情感问题根源的态势。诚然，情感的产生有其生理基础，但情感问题在一个时代的凸显，更多的是社会结构和文化模式变迁在主观感受层面造成的效应，仅从生理层面显然不能解释情感问题的起伏和变化。

情感社会学随着“情感研究的革命”得到了迅猛发展[④]，同时，不少学者也重返经典理论以寻求启迪。确实，社会学从一开始就重视情感因素，毕竟，“社会人”（homo sociologicus）意象之不同于“经济人”假说的主要方面就在于人有情感。社会学创始人孔德倡导的实证政体与情感拜物教（emotional fetishism）具有紧密的关联；涂尔干设想的神圣秩序以及由此产生的“集体欢腾”（collective effervescence）就是一种跃动的激情状态；在韦伯思想中至关紧要的“克里斯玛”（charisma），基本是通过激发情感性行动而发挥作用的；齐美尔则撰写了不少直接以情感为论题的篇章。他们或强调情感在个体行动中的动力作用，或将共同情感视为社会秩序的基础[⑤]。但概览之下不难发现，在众多所谓“情感社会学传统”塑造者的论著中，竟然没有马克思的一席之地！间或有提及者，大多在交代了异化概念之后即“点到

① Kerri Smith，“Mental Health：A World of Depression，” *Nature*，2014，515（7526）.

② 弗兰克·富里迪：《恐惧的政治》，方军、李静莲译，南京：江苏人民出版社，2007；Arlie Russell Hochschild，*Strangers in Their Own Land：Anger and Mourning on the American Right*，New York and London：The New Press，2016。

③ Alison Flood，“‘Post-Truth’ Named Word of the Year by Oxford Dictionaries，” *The Guardian*，2016，16.

④ William M. Reddy，*The Navigation of Feeling：A Framework for the History of Emotions*. Cambridge：Cambridge University Press，2001；Jonathan H. Turner & Stets Jan E.（eds.），*Handbook of the Sociology of Emotions*，New York：Springer，2006；成伯清：《情感的社会学意义》，《山东社会科学》2013年第3期。

⑤ Chris Shilling，“The Two Traditions in the Sociology of Emotions，” In Jack Barbalet（ed.），*Emotions and Sociology*，Oxford：Blackwell Publishing，2002.

为止”，不复深究。[①]

表面上看，这似乎并不奇怪，因为在世人心目中，以马克思所秉持的唯物主义立场，他不太关注情感也可理解。但另一方面，在经典作家中，恐怕不会有人比马克思更富有激情了！“马克思笔端饱含感情：阶级团结和忠诚的感情，对资本主义剥削的愤怒和憎恨，对社会主义未来满怀希望”[②]。这也就不免让人好奇：难道在激情澎湃的挥洒之下，马克思没有为我们留下可供当今情感社会学借鉴的论述吗？抑或现有情感社会学视角本身的局限无法将马克思的相关思考纳入关注范围？事实上，目前的情感社会学，特别是美国取向的学者，大都采用相对微观的符号互动论视角，专注于互动情境中的情感现象，且倾向于将意蕴深厚的情感化约为偏重生理反应的情绪。即便有关注结构者，也多从地位和权力的差异角度着眼，相对忽视总体性的社会历史背景。当然，也有考虑宏观结构者，并且认识到“在阶级社会中，情感往往被认为是存在中一个主观的、私人的、扰乱的和无关紧要的方面，不值得认真考虑。对于这种资产阶级式的模糊处理，必须予以拒绝！”但最后不得不承认，“有关马克思情感思想的讨论尚未开始”[③]。除了强调“情感并非主观和私人的事情，它们源于生产和交换的社会关系”外，倡导者在自己后来的著作中也未曾系统探究这个问题[④]。堪称当前情感社会学之集大成的著作[⑤]，也没有从正面提及马克思的贡献。近来零星出现了重新诠释马克思有关情感论述的尝试[⑥]，但尚未见涉及情感社会学之范式拓展者。

那么，马克思关于情感到底有哪些值得当今情感社会学借鉴的思想呢？

---

① 虽然关于异化的论题在社会学中可谓形成了一个持续不断的研究领域，但又恰恰存在着过分情感化解读的倾向，代表人物当属西门。参见 Melvin Seeman，“On the Meaning of Alienation，” *American Sociological Review*，1959，24（6）。

② J. M. Barbalet，“Class Action and Class Theory：Contra Culture，Pro Emotion，” *Science and Society*，1996，60（4）：483.

③ J. M. Barbalet，“Class Action and Class Theory：Contra Culture，Pro Emotion，” *Science and Society*，1996，60（4）：482-483.

④ J. M. Barbalet，*Emotion，Social Theory，and Social Structure：A Marcosociological Approach*，Cambridge：Cambridge University Press，1998；J. M. Barbalet（ed.），*Emotion and Sociology*，Oxford：Blackwell Publishing，2002.

⑤ 特纳、斯戴兹：《情感社会学》，孙俊才、文军译，上海：上海人民出版社，2007。

⑥ L. Frank Weyher，“Re-Reading Sociology Via the Emotions：Karl Marx's Theory of Human Nature and Estrangement，” *Sociological Perspectives*，2012，55（2）；张聪卿：《马克思关于激情的“真正本体论肯定”阐释——解读〈巴黎手稿〉的一个新视角》，《郑州轻工业学院学报》（社会科学版）2012 年第 6 期。

一　人是有激情的存在物

我们暂且不谈马克思早年创造的众多饱含激情的诗作[①]，因为直接的抒情不同于有关情感的社会学思考。前者应该属于马克思所谓的“头脑的激情”，后者则属于“激情的头脑”[②]。马克思从学理上较为系统地论述情感的著作，当首推《1844年经济学哲学手稿》。在这里，马克思提出了一种哲学人类学主张：“人作为对象性的、感性的存在物，是一个受动的存在物；因为它感到自己是受动的，所以是一个有激情的存在物。激情、热情是人强烈追求自己的对象的本质力量。”[③]

这里所谓“对象性的”或“受动的”，是指人作为受限制和受制约的存在物，“他的欲望的对象是作为不依赖于他的对象而存在于他之外的，但是，这些对象是他的需要的对象，是表现和确证他的本质力量所不可缺少的、重要的对象”[④]。人是有激情的存在物这一观点，包含了马克思关于个体与社会之关系的思考。在他看来，我们要避免将社会作为抽象的东西而与个体对立起来，从根本上来说，“个体是社会存在物”。人之激情，既是人介入现实的社会生活的动力；同时，人的激情的实现和满足又有赖于对象特别是他人的回应和肯定。如此，激情“同对象的关系，是人的现实的实现，是人的能动和人的受动，因为按人的方式来理解的受动，是人的一种自我享受”[⑤]。在这种真正的人的关系中，人的一切感觉和特性获得彻底的解放，人的潜力和丰富性得以展开，自我实现成为内在必然性，成为需要，而在人的生命表现的完整性上有所欠缺的人，“感觉到自己需要的最大财富是他人。因此，对象性的本质在我身上的统治，我的本质活动的感性爆发，是激情，从而激情在这里就成了我的本质的活动”[⑥]。考虑到马克思还经常强调“人化的自然”，不难发现，在他的构想中，人是嵌入在由物—他人—社会所构成的网络中的存在。追根究底，个人与社会的关系可一言

---

① 聂锦芳：《作为理解人性和世界方式的情感：复杂性与局限性——基于马克思早期诗作的解读》，《中共中央党校学报》2017年第1期。

② 《马克思恩格斯文集》第一卷，北京：人民出版社，2009，第6页。

③ 《马克思恩格斯文集》第一卷，北京：人民出版社，2009，第211页。

④ 《马克思恩格斯文集》第一卷，北京：人民出版社，2009，第209页。

⑤ 《马克思恩格斯文集》第一卷，北京：人民出版社，2009，第189页。

⑥ 《马克思恩格斯文集》第一卷，北京：人民出版社，2009，第195页。

以蔽之，就是“每个人的自由发展是一切人的自由发展的条件”[①]。这种观点超越了微观和宏观之间的机械区分，也呼应了马克思所说的“旧唯物主义的立脚点是‘市民’社会；新唯物主义的立脚点则是人类社会或社会化的人类”[②]。

人是有激情的存在物，激情是人的本质力量，而且激情也是对人的本质的真正本体论的肯定。

> 如果人的感觉、激情等等不仅是［本来］意义上的人本学规定，而是对本质（自然）的真正本体论的肯定；如果感觉、激情等等仅仅因为它们的对象对它们是感性地存在的而真正地得到肯定，那么不言而喻：(1) 对它们的肯定方式不是同样的……(2) 如果感性的肯定是对采取独立形式的对象的直接扬弃（吃、喝、对象的加工，等等），那么这就是对对象的肯定；(3) 只要人是合乎人性的，因而他的感觉等等也是合乎人性的，那么对象为别人所肯定，这同样也就是他自己的享受；(4) 只有通过发达的工业，也就是以私有财产为中介，人的激情的本体论本质才既在其总体上、又在其人性中存在；因此，关于人的科学本身是人在实践上的自我实现的产物；(5) 私有财产的意义——撇开私有财产的异化——就在于本质的对象——既作为享受的对象，又作为活动的对象——对人的存在。[③]

这段议论表达的含义可以归结为两点，一是强调了“人是肉体的、有自然力的、有生命的、现实的、感性的、对象性的存在物”[④]；二是强调了私有财产在激情演变中的中介作用。对于第二点我们暂且按下不表。先来看第一点，这其实就是强调激情是对人性的直接的“真正本体论的肯定”。我们以人与人之间最为自然的关系为例。“人对人的直接的、自然的、必然的关系是男人对妇女的关系。在这种自然的类关系中，人对自然的关系直接就是人对人的关系，正像人对人的关系直接就是人对自然的关系，就是他自己的自然的规定。因此，这种关系通过感性的形式，作为一种显而易见的事实，表现出人的本质在何种程度上对人来说成为自然，或者自然在

① 《马克思恩格斯文集》第二卷，北京：人民出版社，2009，第 53 页。
② 《马克思恩格斯文集》第一卷，北京：人民出版社，2009，第 506 页。
③ 《马克思恩格斯文集》第一卷，北京：人民出版社，2009，第 242 页。
④ 《马克思恩格斯文集》第一卷，北京：人民出版社，2009，第 210 页。

何种程度上成为人具有的人的本质。”因此，马克思强调，“从这种关系就可以判断人的整个文化教养程度”[①]。

如果上述表述太过哲学化，不能让人一目了然，那么我们不妨以马克思自身的情感为例，来具体展现其中的含义。在写下上述这段文字之后的12年，即1856年，马克思与夫人燕妮有过一次短暂的分离，其间马克思给燕妮写过一封饱含深情的信，这封信太过感人，经常被称为“马克思情书”，其中有这样一段话：

> 暂时的别离是有益的，因为经常的接触会显得单调，从而使事物间的差别消失。甚至宝塔在近处也显得不那么高，而日常生活琐事若接触密了就会过度地胀大。热情也是如此……深挚的热情由于它的对象的亲近会表现为日常的习惯，而在别离的魔术般的影响下会壮大起来并重新具有它固有的力量。我的爱情就是如此。只要我们一为空间所分隔，我就立即明白，时间之于我的爱情正如阳光雨露之于植物——使其滋长。我对你的爱情，只要你远离我身边，就会显出它的本来面目，象巨人一样的面目。在这爱情上集中了我的所有精力和全部感情。我又一次感到自己是一个真正的人，因为我感到了一种强烈的热情。[②]

其中的“热情”一词，按照如今情感表达更为坦率和热烈的表达习惯，恐怕译为“激情”更为恰当。真挚的感情和澎湃的激情，让生命充满了活力，可以让一个人获得存在论层面的确证：“我感到自己是一个真正的人！”

马克思与燕妮之间的爱情，以及马克思与恩格斯之间的友情，令人感佩，极为罕见。但这份爱情，在实际生活中不断遭受迫害和贫穷的打击，以至于马克思在写给恩格斯的信中曾经流露出这种看法：“对有志于社会事业的人来说，最愚蠢的事一般莫过于结婚，从而使自己受家庭和个人生活琐事的支配。”[③] 这也就是说，个人的激情在极大程度上要受制于一般性的社会处境。换言之，激情虽然是人的本质性力量，但是这种本质展开的具体形态乃至展开的可能——而这也就牵出了上文按下不表的线索：私有财

① 《马克思恩格斯文集》第一卷，北京：人民出版社，2009，第184页。

② 《马克思恩格斯全集》第二十九卷，北京：人民出版社，1972，第515页。

③ 《马克思恩格斯全集》第二十九卷，北京：人民出版社，1972，第274页。

产的中介。

在转向结构性条件的讨论之前，我们应该重温一下马克思“方法的唯物主义基础”：“人们在自己生活的社会生产中发生一定的、必然的、不以他们的意志为转移的关系，即同他们的物质生产力的一定发展阶段相适合的生产关系。这些生产关系的总和构成社会的经济结构，即有法律的和政治的上层建筑竖立其上并有一定的社会意识形式与之相适应的现实基础。物质生活的生产方式制约着整个社会生活、政治生活和精神生活的过程。”[①]情感作为精神生活的基调和色彩，显然也漫布和渗透于社会生活和政治生活。此外，需要指出的是，在马克思的著作中，“激情”虽然是使用较多的概念，但其他与情感有关的概念还包括“热情”“情欲”“感情”“贪欲”“欲望”等，其中也有同一概念存在不同中译的情况。事实上，从西方情感范畴的演变来看，原先欲望（appetites）、激情（passions）、感情（affections）、情操（sentiments）之类概念所指涉的现象，自 19 世纪以来则归于现今最常用的指称所有情感现象的 emotion 一词。同时，原来激情或情操之类概念中所蕴含的宗教、道德乃至社会的涵义也渐趋消失，emotion 更多地指身体性的、非认知的和无意识的感受（feelings）[②]。范畴的演变折射出众多的社会结构和思想意识方面的转变，甚至反映了话语背后的权力意志的嬗递，对此我们不拟讨论。在解读马克思相关论述时，我们没有纠缠于概念本身的选择和使用，而是根据语境来予以引证和阐释，并将激情或情感作广义的理解。

二　激情演变的结构背景

马克思从物质生活的生产方式出发来分析一般性的社会处境，或者说是从一个简单而确切的“国民经济的事实”出发，这个事实就是劳动的异化或外化。工人“在自己的劳动中不是肯定自己，而是否定自己，不是感到幸福，而是感到不幸，不是自由地发挥自己的体力和智力，而是使自己的肉体受折磨、精神遭摧残。因此，工人只有在劳动之外才感到自在，而在劳动中则感到不自在，他在不劳动时觉得舒畅，而在劳动时就觉得不舒

① 《马克思恩格斯文集》第二卷，北京：人民出版社，2009，第 591 页。

② Thomas Dixon，*From Passions to Emotions*：*The Creation of a Secular Psychological Category*，Cambridge and New York：Cambridge University Press，2003.

畅……人同自己的劳动产品、自己的生命活动、自己的类本质相异化的直接结果就是人同人相异化。当人同自身相对立时，他也同他人相对立”[①]。而“私有财产是外化劳动即工人对自然界和对自身的外在关系的产物、结果和必然后果”[②]。

马克思所谓的异化现象包含多个层面，兼有经济学、人类学、社会学和政治学的多重意蕴。但在当代的相关诠释和使用中，这个概念却过于心理学化了，正如伊洛兹所指出的：“当马克思的‘异化’概念为大众文化所挪用——也是扭曲——时，主要是因其情感的意涵：现代性和资本主义之异化，就体现在它们造成了一种情感麻木的形式，将人与人相互分离开来，将人与共同体分离开来，将人与他们的深层自我分离开来。”[③] 其实，根据托兰斯的观点，马克思的异化包含着两层含义，一是严格意义上的异化（alienation），是指为他人放弃或让渡权利或所有物；二是社会关系意义上的疏离或疏远（estrangement），即人与人之间相互变得陌生乃至对立[④]。显然，仅仅将异化局限于情感的意涵，有违马克思的原意。

马克思的异化概念必须放入到社会结构的背景之中方可得到准确的理解。前文所引述的马克思的观点——“只有通过发达的工业，也就是以私有财产为中介，人的激情的本体论本质才既在其总体上、又在其人性中存在”，这其实是一个重要的情感社会学命题。这里既涉及激情作为人的本质性规定及其实现的条件，也攸关激情演变的社会机制，关键就在“以私有财产为中介”。在马克思看来，“私有财产的运动——生产和消费——是迄今为止全部生产的运动的感性展现，就是说，是人的实现或人的现实”[⑤]。同样，我们可以说，私有财产的运动就是情感的实现或情感的现实。正如马克思所指出的，费尔巴哈“撇开历史的进程，把宗教感情固定为独立的东西，并假定有一种抽象的——孤立的——人的个体”，而事实上，“‘宗教感情’本身是社会的产物……抽象的个人，是属于一定的社会形式的”[⑥]。社会形式的本质性区别即在生产方式及其相应的所有制的不同。尽管马克

---

① 《马克思恩格斯文集》第一卷，北京：人民出版社，2009，第159—163页。

② 《马克思恩格斯文集》第一卷，北京：人民出版社，2009，第166页。

③ Eva Illouz, *Cold Intimacies: The Making of Emotional Capitalism*, London: Polity Press, 2007: 1.

④ John Torrance, *Estrangement, Alienation and Exploitation: A Sociological Approach to Historical Materialism*, London and Basingstoke: The MacMillan Press Ltd., 1977.

⑤ 《马克思恩格斯文集》第一卷，北京：人民出版社，2009，第186页。

⑥ 《马克思恩格斯文集》第一卷，北京：人民出版社，2009，第501页。

思曾对所有制变化的复杂形式进行过分析[①]，但为简化分析，我们以马克思对私有财产的区分作为讨论的框架。

马克思认为存在着三种私有财产的形式，即个人的私有财产、普遍的私有财产和真正的私有财产。所谓个人的私有财产，是私有财产的最初异化，体现为对财产的占有和拥有，将之理解为直接的、片面的享受，“在它被我们使用的时候，才是我们的”[②]。这种财富的拥有者既是它的主人，也是它的奴隶，“既是慷慨大方的，同时又是卑鄙无耻的、性情乖张的、傲慢自负的、目空一切的、文雅的、有教养的和机智的。他还没有体验到这种财富是一种作为凌驾于自己之上的完全异己的力量的财富”[③]。这种私有财产的形式体现得最为充分的莫过于封建主义秩序。普遍的私有财产则是对私有财产的最初扬弃，“从表面上承认人、人的独立性、自主活动等等开始，并由于把私有财产移入人自身的本质中而能够不再受制于作为存在于人之外的本质的私有财产的那些地域性的、民族的等等的规定，从而发挥一种世界主义的、普遍的、摧毁一切界限和束缚的能量”[④]。这种私有财产形式体现得最为充分的无疑是资本主义社会。注意，在马克思看来，粗陋的共产主义因为“还受私有财产的束缚和感染”，并未“理解私有财产的积极的本质”[⑤]，所以仍然属于这种形式。而真正的私有财产是对私有财产的积极扬弃，彰显了“私有财产的主体本质，私有财产作为自为地存在着的活动、作为主体、作为人，就是劳动”[⑥]。“因此，它是人向自身、也就是向社会的即合乎人性的人的复归，这种复归是完全的复归，是自觉实现并在以往发展的全部财富的范围内实现的复归。”[⑦]

上述私有财产的三种形式其实也对应于马克思所区分的人的历史发展的三个阶段，即从人的依赖关系，到以物的依赖性为基础的人的独立性——“人与人的互相独立为物与物的全面依赖的体系所补充”[⑧]——再到个人全面发展的自由个性。以往对于马克思的诠释大都侧重于结构性的分析。事实上，马克思在探究结构性变迁的同时，对置身其中的人的主导性

---

① 《马克思恩格斯文集》第一卷，北京：人民出版社，2009，第521—524页。
② 《马克思恩格斯文集》第一卷，北京：人民出版社，2009，第189页。
③ 《马克思恩格斯文集》第一卷，北京：人民出版社，2009，第234页。
④ 《马克思恩格斯文集》第一卷，北京：人民出版社，2009，第179页。
⑤ 《马克思恩格斯文集》第一卷，北京：人民出版社，2009，第185页。
⑥ 《马克思恩格斯文集》第一卷，北京：人民出版社，2009，第178页。
⑦ 《马克思恩格斯文集》第一卷，北京：人民出版社，2009，第185页。
⑧ 《马克思恩格斯文集》第五卷，北京：人民出版社，2009，第129页。

情感体验也有充分的关注。在不同的发展阶段、不同的社会形态下，人与人之间可能发生的关系以及由此产生的情感效应各不相同。在封建社会及之前，人被局限在特定的地域、族群和等级之中，这种人身依附所产生的情感或许会有极强的归属感和忠诚感，但缺乏自由，且视野狭窄。在资本主义阶段，个人获得了前所未有的自由，但多数人却因物质贫乏而高度依赖于劳动力市场，然而这个市场受制于残酷无情的利益竞争机制。但是，在马克思看来，人类的发展必须经历这个世界主义的扩张过程，突破所有的界限和束缚，形成最为充分的社会关系，最终可以在自由、自觉的活动中实现人的感觉和本质的解放。所以，从情感的角度看待社会发展历程，可以清晰地看到不同历史阶段精神世界的色彩和风格。

当代众多社会理论作为出发点的孤立的个人，在马克思看来是“缺乏想象力的虚构”，“只是大大小小的鲁滨逊一类故事所造成的美学上的假象”。因为在“自由竞争的社会里，单个的人表现为摆脱了自然联系等等，而在过去的历史时代，自然联系等等使他成为一定的狭隘人群的附属物”①。“我们越往前追溯历史，个人，从而也是进行生产的个人，就越表现为不独立，从属于一个较大的整体：最初还是十分自然地在家庭和扩大成为氏族的家庭中；后来是在由氏族间的冲突和融合而产生的各种形式的公社中。只有到18世纪，在‘市民社会’中，社会联系的各种形式，对个人说来，才表现为只是达到他私人目的的手段，才表现为外在的必然性。但是，产生这种孤立个人的观点的时代，正是具有迄今为止最发达的社会关系（从这种观点看来是一般关系）的时代。人是最名副其实的政治动物，不仅是一种合群的动物，而且是只有在社会中才能独立的动物。”②

在马克思看来，第一阶段向第二阶段的转变，关键是“地产买卖，地产转化为商品，意味着旧贵族的彻底没落和金钱贵族的最后形成”③，也就是从基于土地的统治转向基于金钱的统治。对于这种转变，马克思说道：“浪漫主义者为此流下的感伤的眼泪，我们可没有。”④ 为何会有浪漫主义的感伤呢？因为“正像一个王国给它的国王以称号一样，封建地产也给它的领主以称号。领主的家庭史，他的家族史等等——对他来说这一切都使他的地产个性化，使地产名正言顺地归属于他的家族，使地产人格化。同样，

① 《马克思恩格斯文集》第八卷，北京：人民出版社，2009，第5页。

② 《马克思恩格斯文集》第八卷，北京：人民出版社，2009，第6页。

③ 《马克思恩格斯文集》第一卷，北京：人民出版社，2009，第150页。

④ 《马克思恩格斯文集》第一卷，北京：人民出版社，2009，第150页。

那些耕种他的土地的人并不处于短工的地位，而是一部分像农奴一样本身就是他的财产，另一部分则对他保持着尊敬、忠顺和纳贡的关系。因此，领主对他们的态度具有直接的政治性，同时又有其温情的一面。”①

这种转变一旦发生，把人与地块联结在一起的，就不复是人的性格或个性，而是人的钱袋了。还有一点，封建领主通常并不追求收益最大化，也就是不会竭泽而渔地盘剥，又因为他在生活消费上也要依赖土地耕种者，于是“这种关系给领主罩上浪漫主义的灵光”②。在马克思看来，“这种外观必将消失，地产这个私有财产的根源必然完全卷入私有财产的运动而成为商品；所有者的统治必然要失去一切政治色彩而表现为私有财产的、资本的单纯统治；所有者和劳动者之间的关系必然归结为剥削者和被剥削者的国民经济关系……一切人格的关系必然终止……与土地的荣誉联姻必然被利益的联姻所代替，而土地也像人一样必然降到交易价值的水平。地产的根源，即卑鄙的自私自利，也必然以其无耻的形式表现出来”③。

这种转变或许有着某种内在的连续性，两种社会形态之间存在着情感基调的差别，而通过二者的相互攻击，这种比照就显得更为清晰了。“土地所有者炫耀他的财产的贵族渊源，夸示封建时代留下的纪念物（怀旧），标榜他的回忆的诗意、他的耽于幻想的气质、他的政治上的重要性等等，而如果他用国民经济学的语言来表达，那么他就会说：只有农业才是生产的。同时，他把自己的对手描绘为狡黠诡诈的，兜售叫卖的，吹毛求疵的，坑蒙拐骗的，贪婪成性的，见钱眼开的，图谋不轨的，没有心肝和丧尽天良的，背离社会和出卖社会利益的，放高利贷的，牵线撮合的，奴颜婢膝的，阿谀奉承的，圆滑世故的，招摇撞骗的，冷漠生硬的，制造、助长和纵容竞争，赤贫和犯罪的，败坏一切社会纽带的，没有廉耻、没有原则、没有诗意、没有实体、心灵空虚的贪财恶棍。”④ 封建领主在标榜自己充满诗意的田园牧歌式怀旧情调的同时，抨击了资产阶级社会的贪鄙和无情。而资产阶级自认为“是现代之子，现代的合法的嫡子；它很遗憾自己的对手是一个对自己的本质懵然无知的（这个评价完全正确），想用粗野的、不道德的暴力和农奴制来代替合乎道德的资本和自由的劳动的蠢人”，于是，“它宣布自己的对手是诡计多端的垄断者；它回顾历史，以辛辣嘲讽的口气历

① 《马克思恩格斯文集》第一卷，北京：人民出版社，2009，第151页。
② 《马克思恩格斯文集》第一卷，北京：人民出版社，2009，第151页。
③ 《马克思恩格斯文集》第一卷，北京：人民出版社，2009，第151页。
④ 《马克思恩格斯文集》第一卷，北京：人民出版社，2009，第174—175页。

数这个对手在浪漫的城堡里干的下流、残忍、挥霍无度、荒淫无耻、卑鄙龌龊、无法无天和大逆不道的勾当，以此来给对手的怀旧之情、诗意和幻想大泼冷水”①。亦即，在资产阶级看来，封建领主“貌似率直坦诚、一本正经、热心公益、始终不渝，而实际上缺乏活动能力、一味贪求享乐、只顾自己、牟求私利、居心不良”，并且还有“仇外心理”。然而资产阶级则“给人间带来了政治自由，解除了束缚市民社会的桎梏，把各领域彼此连成一体，创造了博爱的商业、纯洁的道德、令人愉悦的文化教养”②。

两幅不同的情感世界图景其实是有共通之处，即它们都是以私有制为基础的，而且它们之间存在着转化的必然性，因为“发达的私有财产必然战胜不发达的、不完全的私有财产，正如一般说来动必然战胜不动，公开的、自觉的卑鄙行为必然战胜隐蔽的、不自觉的卑鄙行为，贪财欲必然战胜享受欲，直认不讳的、老于世故的、孜孜不息的、精明机敏的开明利己主义必然战胜眼界狭隘的、一本正经的、懒散懈怠的、耽于幻想的迷信利己主义，货币必然战胜其他形式的私有财产一样”③。

然而这并非历史的终结。“它发展到一定的程度，就产生出消灭它自身的物质手段。从这时起，社会内部感到受它束缚的力量和激情就活动起来。”④ 异化的劳动和异化的激情都不能复归和实现劳动与激情的本质。但在朝向第三个阶段的转化过程中颇为曲折。马克思指出，那种粗陋的毫无思想的共产主义，不过是私有财产的彻底表现，其中涉及一种继承和感染而来的特殊情感，即“普遍的和作为权力而形成的忌妒，是贪欲所采取的并且只是用另一种方式使自己得到满足的隐蔽形式。任何私有财产本身所产生的思想，至少对于比自己更富足的私有财产都含有忌妒和平均主义欲望，这种忌妒和平均主义欲望甚至构成竞争的本质”⑤。特别有趣的是，后来竟然有人专从忌妒的角度来解读《共产党宣言》⑥，可谓是为马克思的洞见提供了一个反面的注脚。

在马克思看来，真正的共产主义则是“对私有财产即人的自我异化的

---

① 《马克思恩格斯文集》第一卷，北京：人民出版社，2009，第175页。

② 《马克思恩格斯文集》第一卷，北京：人民出版社，2009，第175页。

③ 《马克思恩格斯文集》第一卷，北京：人民出版社，2009，第176页。

④ 《马克思恩格斯文集》第五卷，北京：人民出版社，2009，第873页。

⑤ 《马克思恩格斯文集》第一卷，北京：人民出版社，2009，第184页。

⑥ Mihnea Moldoveanu & Nitin Nohria, *Master Passions: Emotion, Narrative, and the Development of Culture*, Cambridge: The MIT Press, 2002: 97.

积极的扬弃，因而是通过人并且为了人而对人的本质的真正占有”①。此时，“人以一种全面的方式，就是说，作为一个完整的人，占有自己的全面的本质。人对世界的任何一种人的关系——视觉、听觉、嗅觉、味觉、触觉、思维、直观、情感、愿望、活动、爱，——总之，他的个体的一切器官……是通过自己的对象性关系，即通过自己同对象的关系而对对象的占有，是人的现实的占有”②。

马克思特别指出情感本身的特性是不可以通过货币之类的中介来维持的。事实上，马克思强调“因为货币作为现存的和起作用的价值概念把一切事物都混淆了、替换了，所以它是一切事物的普遍的混淆和替换，从而是颠倒的世界，是一切自然的品质和人的品质的混淆和替换”。如果“我们现在假定人就是人，而人对世界的关系是一种人的关系，那么你就只能用爱来交换爱，只能用信任来交换信任，等等”③。也就是说，情感自有情感的规则，在真正的人的关系之中，情感只有由情感来诱发和满足。“如果你在恋爱，但没有引起对方的爱，也就是说，如果你的爱作为爱没有使对方产生相应的爱，如果你作为恋爱者通过你的生命表现没有使你成为被爱的人，那么你的爱就是无力的，就是不幸。”④ 显然，在异化的状态下，生命是扭曲的，甚至是衰落的，不能显示出内在的激情和力量，也就更有可能处在情感的不幸之中。

不过，马克思在现实中已经看到新情感的迹象，在共产主义的手工业者联合中产生了“一种新的需要，即交往的需要，而作为手段出现的东西则成了目的”⑤。马克思特别注意到法国社会主义工人，“交往、联合以及仍然以交往为目的的叙谈，对他们来说是充分的；人与人之间的兄弟情谊在他们那里不是空话，而是真情，并且他们那由于劳动而变得坚实的形象向我们放射出人类崇高精神之光”⑥。在法兰西内战期间，马克思更是敏锐地觉察到基于真挚友谊的新社会诞生的征兆：“英国工人阶级向法国工人和德国工人伸出了友谊的手。他们深信，不管当前这场可憎的战争进程如何，全世界工人阶级的联合终究会根绝一切战争。法国当局和德国当局把两国

① 《马克思恩格斯文集》第一卷，北京：人民出版社，2009，第185页。
② 《马克思恩格斯文集》第一卷，北京：人民出版社，2009，第189页。
③ 《马克思恩格斯文集》第一卷，北京：人民出版社，2009，第185页。
④ 《马克思恩格斯文集》第一卷，北京：人民出版社，2009，第247—248页。
⑤ 《马克思恩格斯文集》第一卷，北京：人民出版社，2009，第247页。
⑥ 《马克思恩格斯文集》第一卷，北京：人民出版社，2009，第232页。

推入一场手足相残的争斗，但法国的工人和德国的工人却互通和平与友谊的信息。单是这一史无前例的伟大事实，就向人们展示出更加光明的未来。这个事实表明，与那个经济贫困和政治昏聩的旧社会相对立，正在诞生一个新社会，而这个新社会的国际原则将是和平，因为每一个民族都将有同一个统治者——劳动！”①

三　激情的商品化与商品化的激情

马克思毕生所探究的重点当是资本主义社会的特性。在情感现象上也是一样，我们需要专门来考察马克思的相关论述。如果说在《1844 年经济学哲学手稿》中马克思通过不厌其烦地引用其他学者的说辞，在一定程度上是借他人之酒杯浇胸中之块垒——这既是一种修辞和抒情，同时也是一个批判、超越和升华的过程②。到《共产党宣言》乃至后来《资本论》的阶段，我们可以看到更为成熟和深入的观点。实际上，在马克思关于资本主义社会的分析中不时涉及情感问题，这为我们重建马克思有关情感的理论框架提供了素材和基础。

在《共产党宣言》中，以下文字可算是最常被引用的段落之一：

> 资产阶级在它已经取得了统治的地方把一切封建的、宗法的和田园诗般的关系都破坏了。它无情地斩断了把人们束缚于天然尊长的形形色色的封建羁绊，它使人和人之间除了赤裸裸的利害关系，除了冷酷无情的“现金交易”，就再也没有任何别的联系了。它把宗教虔诚、骑士热忱、小市民伤感这些情感的神圣发作，淹没在利己主义打算的冰水之中。它把人的尊严变成了交换价值，用一种没有良心的贸易自由代替了无数特许的和自力挣得的自由。总而言之，它用公开的、无耻的、直接的、露骨的剥削代替了由宗教幻想和政治幻想掩盖着的剥削……生产的不断变革，一切社会状况不停的动荡，永远的不安定和变动，这就是资产阶级时代不同于过去一切时代的地方。一切固定的僵化的关系以及与之相适应的素被尊崇的观念和见解都被消除了，一

① 《马克思恩格斯文集》第三卷，北京：人民出版社，2009，第 117 页。

② 乔纳森·斯珀伯：《卡尔·马克思：一个 19 世纪的人》，邓峰译，北京：中信出版社，2014。

> 切新形成的关系等不到固定下来就陈旧了。一切等级的和固定的东西都烟消云散了，一切神圣的东西都被亵渎了。人们终于不得不用冷静的眼光来看他们的生活地位、他们的相互关系。①

特别需要指出的是，资本主义社会并不是一种没有情感的社会，或如帕森斯所谓的“情感中立”的社会②，也并非赫希曼所说的利益驯服了激情的社会③。事实上，“冷静务实”和“讲求实际”的资产阶级“不得不用冷静的眼光来看”情感，并将之“淹没在利己主义打算的冰水之中”，它将情感“变成了交换价值”。正如马克思所说，“有些东西本身并不是商品，例如良心、名誉等等，但是也可以被它们的占有者出卖以换取金钱，并通过它们的价格，取得商品形式”④。简言之，即资本主义社会情感的商品化。

其实，资本主义的起源与特定的激情颇有关系，马克思在分析资本积累的结构性背景时，确实注意到了其中的情感动力。资本的运动是没有限度的，作为这一运动的有意识的承担者即资本家，“只有在越来越多地占有抽象财富成为他的活动的唯一动机时，他才作为资本家或作为人格化的、有意志和意识的资本执行职能”⑤。以“谋取利润的无休止的运动”为目的，“这种绝对的致富欲，这种价值追逐狂，是资本家和货币贮藏者所共有的，不过货币贮藏者是发狂的资本家，资本家是理智的货币贮藏者。货币贮藏者通过竭力把货币从流通中拯救出来所谋求的无休止的价值增值，为更加精明的资本家通过不断地把货币重新投入流通而实现了”⑥。

马克思承认资本家的历史贡献，至少视之为“必要的恶”。“作为价值增殖的狂热追求者，他肆无忌惮地迫使人类去为生产而生产，从而去发展社会生产力，去创造生产的物质条件；而只有这样的条件，才能为一个更高级的、以每一个个人的全面而自由的发展为基本原则的社会形式建立现实基础。只有作为资本的人格化，资本家才受到尊敬。作为资本的人格化，他同货币贮藏者一样，具有绝对的致富欲。但是，在货币贮藏者那里表现为个人的狂热的事情，在资本家那里却表现为社会机制的作用，而资本家

---

① 《马克思恩格斯文集》第二卷，北京：人民出版社，2009，第33—35页。

② Talcott Parsons, *The Social System*, New York: Free Press, 1951.

③ Albert Hirschman, *The Passions and the Interests: Political Arguments for Capitalism before Its Triumph*, Princeton, N. J.: Princeton University Press, 1997.

④ 《马克思恩格斯文集》第五卷，北京：人民出版社，2009，第123页。

⑤ 《马克思恩格斯文集》第五卷，北京：人民出版社，2009，第178页。

⑥ 《马克思恩格斯文集》第五卷，北京：人民出版社，2009，第179页。

不过是这个社会机制中的一个主动轮罢了。"[①] 在此，马克思比韦伯更为强调社会机制的作用，尽管他不否认资本家在其中作用极大，甚至具有发轫和启动的作用。而韦伯则似乎将资本家——资本主义精神的担纲者——的作用绝对化了，"现代资本主义扩张背后的驱动力问题主要不是可以用于资本主义公司的资金储备来源的问题，而首先是资本主义精神发展的问题。无论在哪里，只要这一精神变得活跃并能够产生效果，它就会获取资金储备用作现代资本主义活动的燃料——这里没有其他方式"[②]。在韦伯看来，"通过禁欲主义的强制储蓄导致资本的形成"[③]。韦伯只是觉得资本主义羽毛丰满以后不复需要禁欲的激情。"大获全胜的资本主义，自从栖息在机器的基础上，就不再需要禁欲主义的支撑了"[④]。马克思则指出，"资本主义生产的发展，使投入工业企业的资本有不断增长的必要，而竞争使资本主义生产方式的内在规律作为外在的强制规律支配着每一个资本家。竞争迫使他不断扩大自己的资本来维持自己的资本，而他扩大资本只能靠累进的积累"[⑤]。也就是说，一旦迈入这种竞争的游戏，就必须不断扩大投入，以更大的谋利激情将之进行到底，否则就可能被淘汰。也因此，马克思认为在资本主义条件下，"一切情欲和一切活动都必然湮没在贪财欲之中"[⑥]。在资本主义社会中，其他无用的、不能带来利益的激情或脉脉温情都在摒除之列。但是，我们又必须避免走向另外一个极端，避免落入既往的窠臼，即认为"贪欲以及贪欲者之间的战争即竞争"是推动资本主义发展"仅有的车轮"[⑦]。事实上，这种贪欲或对财富的激情本身是在特定的社会历史条件下形成的。

此外，马克思认为情感动力在资本主义发展中的作用还显示出阶段性。在资本主义生产方式的历史初期，"致富欲和贪欲作为绝对的欲望占统治地位"[⑧]；资本主义生产的进步，不仅创立了一个享乐世界，也开辟了突然致

---

① 《马克思恩格斯文集》第五卷，北京：人民出版社，2009，第683页。

② 马克斯·韦伯：《新教伦理与资本主义精神》，苏国勋、覃方明、赵立玮、秦明瑞译，北京：社会科学文献出版社，2010，第39页。

③ 马克斯·韦伯：《新教伦理与资本主义精神》，苏国勋、覃方明、赵立玮、秦明瑞译，北京：社会科学文献出版社，2010，第111页。

④ 马克斯·韦伯：《新教伦理与资本主义精神》，苏国勋、覃方明、赵立玮、秦明瑞译，北京：社会科学文献出版社，2010，第117页。

⑤ 《马克思恩格斯文集》第五卷，北京：人民出版社，2009，第683页。

⑥ 《马克思恩格斯文集》第一卷，北京：人民出版社，2009，第227页。

⑦ 《马克思恩格斯文集》第一卷，北京：人民出版社，2009，第155—156页。

⑧ 《马克思恩格斯文集》第五卷，北京：人民出版社，2009，第685页。

富的源泉，于是，“在一定的发展阶段上，已经习以为常的挥霍，作为炫耀富有从而取得信贷的手段，甚至成了‘不幸的’资本家营业上的一种必要。奢侈被列入资本的交际费用……虽然资本家的挥霍从来不像放荡的封建主的挥霍那样是直截了当的，相反地，在它的背后总是隐藏着最肮脏的贪欲和最小心的盘算；但是资本家的挥霍仍然和积累一同增加，一方决不会妨害另一方。因此，在资本家个人的崇高的心胸中同时展开了积累欲和享受欲之间的浮士德式的冲突”①。不过，马克思最终还是寻求到一种结构性的解释，他虽然不否定禁欲或节制的一定的历史作用，但是也存在着这种情况，即“虽然没有那种奇异的圣徒、神色黯然的骑士、‘禁欲的’资本家介于其间，生产和规模扩大的再生产也仍在照常进行”②。

所以，在某种意义上，马克思已经预告和预先终结了韦伯与桑巴特之间的争论，“关于奢侈和节约的争论，不过是已弄清了财富本质的国民经济学同还沉湎于浪漫主义的反工业的回忆的国民经济学之间的争论”③。事实上，资本要求的禁欲或节制的“真正理想是禁欲的却又进行重利盘剥的吝啬鬼和禁欲的却又进行生产的奴隶”④。资本的札格纳特车轮碾过之处，“在一极是财富的积累，同时在另一极，即在把自己的产品作为资本来生产的阶级方面，是贫困、劳动折磨、受奴役、无知、粗野和道德堕落的积累”⑤。在这样的社会中，斯密在《道德情操论》中所说的同情之心也将大打折扣。“如果你愿意节俭行事，并且不愿意毁于幻想，那么你不仅应当在你的直接感觉，如吃等等方面节约，而且也应当在普遍利益、同情、信任等这一切方面节俭。”⑥ 在这种“非人的力量统治一切”⑦ 的社会，我们“应当看到，工人和资本家同样苦恼，工人是为他的生存而苦恼，资本家则是为他的死钱财的赢利而苦恼”⑧。马克思反讽地写道：“既然按照斯密的意见，大多数人遭受痛苦的社会是不幸福的，社会的最富裕状态会造成大多数人遭受这种痛苦，而且国民经济学（总之，私人利益的社会）是要导致这种最富裕

① 《马克思恩格斯文集》第五卷，北京：人民出版社，2009，第685页。
② 《马克思恩格斯文集》第五卷，北京：人民出版社，2009，第691页。
③ 《马克思恩格斯文集》第一卷，北京：人民出版社，2009，第235页。
④ 《马克思恩格斯文集》第一卷，北京：人民出版社，2009，第226页。
⑤ 《马克思恩格斯文集》第五卷，北京：人民出版社，2009，第743—744页。
⑥ 《马克思恩格斯文集》第一卷，北京：人民出版社，2009，第228页。
⑦ 《马克思恩格斯文集》第一卷，北京：人民出版社，2009，第233页。
⑧ 《马克思恩格斯文集》第一卷，北京：人民出版社，2009，第119页。

状态，那么国民经济学的目的也就是社会的不幸。”[①] 原因就在于“分工提高劳动的生产力，增加社会的财富，促使社会精美完善，同时却使工人陷于贫困直到变为机器。劳动促进资本的积累，从而也促进社会富裕程度的提高，同时却使工人越来越依附于资本家，引起工人间更剧烈的竞争，使工人卷入生产过剩的追猎活动；跟随生产过剩而来的是同样急剧的生产衰落”[②]。

激情的商品化还会导致商品化的激情，即在这种社会中如果还有情感供给的话，也是以商品化的形式出现的，是可以购买来的热情。生产这种感情的劳动就是情感劳动（emotional labour）。对此素有研究的当代学者霍克希尔德在其代表作《心灵的整饰》中，正是从马克思《资本论》论述“工作日”的章节中一段关于童工的叙述切入，实际上就带有与马克思展开对话并将相关思想予以深化的意图[③]。当然，这种修辞似乎也在暗示马克思没有关注情感方面的问题。确实，在当时的劳动条件下，除了麻木、疲惫或者马克思一再强调的痛苦，并没有其他感情需要特别拿出来讨论。“人们为体力和智力的衰退、夭折、过度劳动的折磨而愤愤不平，资本家却回答说：既然这种痛苦会增加我们的快乐（利润），我们又何必为此苦恼呢?”[④] 不过，马克思接着指出，“这也并不取决于个别资本家的善意或恶意。自由竞争使资本主义生产的内在规律作为外在的强制规律对每个资本家起作用”[⑤]。

对于情感劳动，马克思也曾预见到“仆役阶级”的壮大，“大工业领域内生产力的极度提高，以及随之而来的所有其他生产部门对劳动力的剥削在内涵和外延两方面的加强，使工人阶级中越来越大的部分有可能被用于非生产劳动，特别是使旧式家庭奴隶在‘仆役阶级’（如仆人、使女、侍从等等）的名称下越来越大规模地被再生产出来”[⑥]。服务业的兴起乃至转向服务经济，其实还潜含着这种动力，即“工业的宦官迎合他人的最下流的念头，充当他和他的需要之间的牵线人，激起他的病态的欲望，默默地盯着他的每一个弱点，然后要求对这种殷勤服务付酬金”[⑦]。

---

① 《马克思恩格斯文集》第一卷，北京：人民出版社，2009，第122页。

② 《马克思恩格斯文集》第一卷，北京：人民出版社，2009，第123页。

③ Arlie Russell Hochschild, *The Managed Heart: Commercialization of Human Feeling*, Berkely: University of California Press, 1983.

④ 《马克思恩格斯文集》第五卷，北京：人民出版社，2009，第311—312页。

⑤ 《马克思恩格斯文集》第五卷，北京：人民出版社，2009，第322页。

⑥ 《马克思恩格斯文集》第五卷，北京：人民出版社，2009，第513页。

⑦ 《马克思恩格斯文集》第一卷，北京：人民出版社，2009，第224—225页。

尽管马克思没有具体解析情感劳动——毕竟这在当时并未成为劳动的主流——但马克思对于劳动特性的揭示至今仍值得我们关注。首先，在马克思看来，劳动是人通过运动作用于身外的自然并改变自然，但同时也改变自身的自然。其次，劳动是人在自然物中实现自己的目的，而且“这个目的是他所知道的，是作为规律决定着他的活动的方式和方法的，他必须使他的意志服从这个目的。但是这种服从不是孤立的行为。除了从事劳动的那些器官紧张之外，在整个劳动时间内还需要有作为注意力表现出来的有目的的意志，而且，劳动的内容及其方式和方法越是不能吸引劳动者，劳动者越是不能把劳动当做他自己体力和智力的活动来享受，就越需要这种意志”[①]。劳动者贡献出自己的体力、智力，还有意志力，而这种意志力消耗显然与情感劳动密切相关。“一个以人为器官的生产机构”[②]，工人“不断从事单调的劳动，会妨碍精力的振奋和焕发，因为精力是在活动本身的变换中得到恢复和刺激的”[③]。另外，社会分工的无政府状态与工厂分工管理中的“专制”或“绝对的权威”是相互制约的。最后，“在简单协作中，资本家在单个工人面前代表社会劳动体的统一和意志，工场手工业使工人畸形发展，变成局部工人，大工业则把科学作为一种独立的生产能力与劳动分离开来，并迫使科学为资本服务”[④]。

相比之下，马克思当时更为关注“物的坚硬的现实性”[⑤]，没有浪漫主义的感伤，但在其背后，马克思试图揭示结构性的力量。情感劳动的异化，不能简单地归结为市场的作用，我们必须看到结构性力量的博弈。所以，马克思虽然对商品化形态的情感少有直接论述，但是分析的思路已然展开。更为关键的是，马克思对于这种违逆个人意志的劳动的批判，可以为我们理解当今劳动异化的局面提供一个更具穿透力的视角。

四　激情社会学?

从上文我们不难看出，马克思有关情感的论述极为丰富，甚至可以说是呈现一种颇有启发意义的情感社会学思路。在此我们稍加总结。

---

① 《马克思恩格斯文集》第五卷，北京：人民出版社，2009，第208页。

② 《马克思恩格斯文集》第五卷，北京：人民出版社，2009，第392页。

③ 《马克思恩格斯文集》第五卷，北京：人民出版社，2009，第395页。

④ 《马克思恩格斯文集》第五卷，北京：人民出版社，2009，第418页。

⑤ 《马克思恩格斯文集》第五卷，北京：人民出版社，2009，第133页。

第一，马克思强调人是有激情的存在物，也就是从本体论上肯定了情感的价值和意义。当今的神经科学研究已证明情感在心理和实践活动中的重要性，情感是记忆、理性和价值形成等其他心理活动的基础，并能起到定向作用[①]。甚至道德推理都依赖于情感[②]。激情是我们行动的动力，同时激情也是针对特定对象的，激情的实现取决于外在于我们的对象，因此激情的存在意味着受动和能动的辩证统一。从情感角度所建构的这种社会行动者意象，有利于消除社会学理论中长期潜含的诸多虚假的二元对立。显然，人是有激情的存在物这种哲学人类学立场，可为情感社会学奠定更为根本和坚实的基础，不必再为自身存在寻找其他不必要的理由。

第二，社会存在决定情感。当然，社会存在的关键是生产方式，是围绕生产组织起来的各种社会关系，而情感可谓是这种社会关系丛结的效应，同时也存在于这种社会关系丛结之中。从宏观层面来说，在生产力发展的不同阶段，人的激情可能呈现出不同的形态，形成不同时代的情感基调和韵律。由于劳动和私有财产的异化，在迄今为止的社会发展史上，主导性的情感样式都或多或少是异化的。马克思搜集的封建贵族和资产阶级之间的相互攻讦，展现了两种社会形态下存在的不同的情感风格，尽管主要是卑鄙的方面。从总体上来把握特定历史阶段的情感氛围和倾向，这对当今日益碎片化的情感社会学研究尤其具有借鉴意义。换言之，马克思的唯物主义视角可以拓展出别开生面的情感研究。

第三，根据马克思的观点我们不难推断，在当代社会，情感异化的最终根源还是私有财产问题。“每个人都力图创造出一种支配他人的、异己的本质力量，以便从这里获得他自己的利己需要的满足。因此，随着对象的数量的增长，奴役人的异己存在物王国也在扩展，而每一种新产品都是产生相互欺骗和相互掠夺的新的潜在力量。”[③] 所以，情感的问题必须与宏观结构问题结合起来考察。如若撇开社会构成和运作的特性，一般性地谈论情感的商品化和商品化的情感，即使展示再多花样翻新的情感交易[④]，也不能真正揭示问题之所在。我们必须明白情感劳动的剩余价值流向了何处。

---

① Antonio R. Damasio, *Descartes' Error: Emotion, Reason, and the Human Brain*, New York: Putnam, 1994.

② Laura Helmuth, "Moral Reasoning Relies on Emotion," *Science*, *New Series*, 2001, 293 (5537).

③ 《马克思恩格斯文集》第一卷，北京：人民出版社，2009，第223—224页。

④ Arlie Russell Hochschild, "Emotional Life on the Market Frontier," *Annual Review of Sociology*, 2011, 37 (1).

第四，我们必须强调的，也是马克思在具体历史分析中所展现出来的，就是尽管我们必须看到结构的决定性作用，但并不能因此就忽视情感的社会和政治意义。事实上，马克思在关于特定历史事件的分析中就极为重视激情的作用[①]。在《路易·波拿巴的雾月十八日》中，马克思有一著名的论断——“人们自己创造自己的历史，但是他们并不是随心所欲地创造，并不是在他们自己选定的条件下创造，而是在直接碰到的、既定的、从过去承继下来的条件下创造”[②]，但紧接其后他并不是陈述物质条件或者经济基础，而是描述了众多带有情感色彩的文化意象和神话[③]。在马克思看来，“不管资产阶级社会怎样缺少英雄气概，它的诞生却是需要英雄行为，需要自我牺牲、恐怖、内战和民族间战斗的……为了要把自己的热情保持在伟大历史悲剧的高度上所必需的自我欺骗……为了他们的资产阶级革命，就借用过旧约全书中的语言、热情和幻想”[④]。

第五，马克思曾经批判过“政治冷淡主义”，对社会科学博士们不敢将知识运用于现实斗争的“胆怯”进行了嘲讽[⑤]。如果马克思地下有知，他对如今越来越学院化、专业化和琐碎化的社会科学的发展定然会嘲弄一番。事实上，正如马克思早年所说，“批判已经不再是目的本身，而只是一种手段。它的主要情感是愤怒，它的主要工作是揭露”[⑥]。当然，仅仅揭示情感背后的结构性背景也是不够的，我们必须直面情感问题本身。事实上，情感在当代人生活中的分量日趋加重。无论是情感整饰的要求，还是情感表达的技巧，抑或情感体验的能力，都需要付出额外的努力[⑦]。在一定意义上，当代人已经不堪情感之重负，于是，抑郁就成为一种“公众性感受”[⑧]。目前所谓“后真相政治”，在一定程度上是公众性抑郁的对立过程，即公众性躁狂的效应：在当代情感体制之下，越来越多的人感受到不愉快的沉重压力，变得焦躁起来，他们亟须逃离这种情绪状态。任何人只要允诺可以

---

① 应星：《事件社会学脉络下的阶级政治与国家自主性——马克思〈路易·波拿巴的雾月十八日〉新释》，《社会学研究》2017年第2期。

② 《马克思恩格斯文集》第二卷，北京：人民出版社，2009，第470—471页。

③ L. Frank Weyher, “Re-Reading Sociology Via the Emotions: Karl Marx’s Theory of Human Nature and Estrangement,” *Sociological Perspectives*, 2012, 55 (2): 355.

④ 《马克思恩格斯文集》第二卷，北京：人民出版社，2009，第472页。

⑤ 《马克思恩格斯文集》第三卷，北京：人民出版社，2009，第341页。

⑥ 《马克思恩格斯文集》第一卷，北京：人民出版社，2009，第6页。

⑦ 成伯清：《情感的社会学意义》，《山东社会科学》2013年第3期。

⑧ Ann Cvetkovich, *Depression: A Public Feeling*, Durham: Duke University Press, 2012.

带领他们走出这种状态，他们就会不假思索地追随而去，至于将会走向何方、结果如何，恐怕都无人关心了。关键是要摆脱目前的不快！当然，公众性躁狂的说法也许有点严重，但分离式的感受所淤积的无根性情绪，确实越来越多地积压在公众的心头，成为可供猎取和动员的政治资源。当情绪表达或情绪宣泄成为参与政治的主要原因时，真相或事实就会变得无关紧要。

第六，面对问题丛生的当代社会发展，社会学固然应当追求客观中立的知识，但也不应停留于抽象的命题和超脱的体系，局限于干巴巴、冷冰冰的理性。为何不倡导一种有激情的社会学（passionate sociology）呢？这不仅是需要关注激情、理解激情，更为重要的是诉诸激情、唤起激情，也就是将社会学的洞见变为富有激情的促进社会正义的力量。“公共社会学”的主张[①]如若离开了激情的支撑，恐怕难以找到践行的动力。何况，越来越多的证据表明，激情与理性实乃相辅相成[②]。当然，最为重要的是，如马克思所说，激情可以推动我们朝向全面本质的复归，可以让我们获得直接的本体论肯定，“感到自己是一个真正的人！”[③]

① 麦克·布洛维：《公共社会学》，沈原等译，北京：社会科学文献出版社，2007。

② Richard Lazarus & Bernice Lazarus, *Passion and Reason: Making Sense of Our Emotions*, New York and Oxford: Oxford University Press, 1994.

③ 《马克思恩格斯全集》第二十九卷，北京：人民出版社，1972，第515页。

中国精英地位代际再生产的双轨路径（1978—2010）*

吕　鹏　范晓光

摘　要：本研究试图分析自改革开放以来，父辈的优势地位影响子代获得特定精英身份的程度和方式，以及这一模式是否在1978—1992年、1993—2002年、2003—2010年这三个历史时期发生了变化。通过对2011年“中国社会综合调查”（CSS2011）资料的分析，本研究发现虽然父辈的优势地位对子代的精英地位获得有着显著正效应，但体制精英和市场精英的代际流动仍然遵循着两条相互隔离的轨迹，只是在2003年之后体制精英的子女成为市场精英的概率比1993—2002年有所上升。对可能造成这种代际再生产模式的原因分析表明，虽然精英地位获得的影响因素多元化给社会流动提供了一定的开放性，但未来代际再生产的趋势很可能会强化并且由体制精英占据主导。这种代际流动的格局及趋势在更宏观的层面上反映了中国自市场转型以来政治经济生态的变迁。

关键词：地位获得　代际流动　市场精英　体制精英

* 本文原载《社会学研究》2016年第5期。本研究为之江青年课题“中国精英的代际流动研究”（16ZJQN045YB）的阶段性成果。本文使用数据来自中国社会科学院重大项目“2011年中国社会状况综合调查”（CSS2011）。该调查由中国社会科学院社会学研究所执行，项目主持人为李培林。作者感谢上述机构及其人员提供数据协助。非常感谢Ivan Szelényi、刘欣、曹洋、吴愈晓、郑路、陈宗仕、孙砚菲、李钧鹏、王甫勤、田丰等师友在理论创见和研究设计上的指导和帮助。最后，还要感谢匿名评审人的中肯意见。有关文章的一切建议或疑问请联系本文的通讯作者范晓光（xgfan@ zju. edu. cn）。文责自负。

一 引言

在一个“典型”的资本主义社会中，经济精英和政治精英之间的地位似乎是“互通”的。这不仅表现在代内流动上两者之间有着所谓的“旋转门”机制[①]，而且在代际流动上，许多批判性的研究者认为，经济精英的子女可以利用父辈的优势获得政治精英的地位，反过来，政治精英的子女也有很多成为商场上的赢家[②]。这一模式能够运转的关键在于资本占据主导地位。经济精英的子代在竞选政治职位的过程中可以获得来自家族以及家族编织的政治经济网络的支持；而政治精英的子女可以通过昂贵的精英教育为进入顶级公司买到“入场券”，或者他们的父母或家族本身其实就同时也是经济精英——政治精英或经济精英其实都是一个权力精英集团[③]、“内部圈子”[④]、上层阶级[⑤]的成员，是同一拨人，或者说得更文雅点，“国家贵族”[⑥]。尽管上层阶级一直饱受道义上的批判，但客观上，一方面“赢者通吃”保证了上层阶级的再生产，另一方面，政治精英和经济精英等构成的“确定的精英”（established elite）相互之间的代际流动——加上来自外部多多少少的“流动性”——也给掌管这个国家政治和经济命脉的集团内部带来了一定的“开放性”[⑦]。

那么，在强国家的社会中，权力精英内部是否存在代际流动上的“跨

---

① E. Cohen, “The Dynamics of the ‘Revolving Door’ on the FCC,” *American Journal of Political Science*, 1986, 30 (4).

② M. Zeitlin, “Corporate Ownership and Control: The Large Corporation and the Capitalist Class,” *American Journal of Sociology*, 1974, 79 (5); M. Schwartz, *The Structure of Power in America: The Corporate Elite as a Ruling Class*, New York: Holmes & Meier Publication, 1987; M. Corcoran, “Rags to Rags: Poverty and Mobility in the United States,” *Annual Review of Sociology*, 1995, 21 (1); T. Dye, *Who's Running America? The Clinton Years*. NJ: Pearson, 1995; L. Schubert, T. Dye & H. Zeigler, *The Irony of Democracy: An Uncommon Introduction to American Politics*, New York: Cengage Learning, 2013.

③ C. W. Mills, *The Power Elite*, New York: Oxford University Press, 1956; W. Domhoff, *Who Rules America?: Power, Politics, and Social Change*, New York: McGraw-Hill, 2006.

④ M. Useem, *The Inner Circle: Large Corporations and the Rise of Business Political Activity in the USand UK*, Oxford: Oxford University Press, 1984.

⑤ J. Scott, *Who Rules Britain?* London: Polity Press, 1991.

⑥ P. Bourdieu, *The State Nobility: Elite Schools in the Field of Power*, California: Stanford University Press, 1998.

⑦ A. Giddens, *The Class Structure of the Advanced Societies*, London: Harper & Row, 1973.

界再生产效应”？也就是说，政治精英和经济精英在代际流动上是相互排他，还是说他们其实是一类人？这个问题的答案首先取决于国家的强度。在转型之前的一些社会主义国家，政治精英（官员）基本上只能从阶级出身正确的“红苗子”里选拔[①]，而“旧社会”里经济精英的后代，因为“市场”已经被“消灭”了，大多数失去了成为市场经济精英的机会[②]。[③] 从某种意义上来说，对“红色”家庭背景的强调，有助于加强政体的合法性。

但是我们要讨论的，不是那些基本定型的社会，而是市场转型社会。在强国家与市场并存的大环境下，精英的再生产模式是否会形成某种独特轨迹？中国为我们回答这一问题提供了一个天然的“社会实验室”[④]。我们的研究有两个关键性的目标。一是“历史的眼光”，即考察政治精英和市场精英优势地位的获得模式及其机制是否在过去30年的三个主要历史阶段中存在差异。

二是聚焦国家与市场的关系：虽然有大量的定量研究从各个社会阶层的总体流动率上来判断改革开放以来中国代际流动的延续性（inheritability）的程度[⑤]，但我们将只讨论与我们的研究直接相关的两类阶层（国家精英和商业精英）之间代际流动的概率和轨迹。

---

① M. Whyte, “Inequality and Stratification in China,” *The China Quarterly*, 1975, 64.

② D. Davis, “‘Skidding’: Downward Mobility among Children of the Maoist Middle Class,” *Modern China*, 1992, 18 (4); D. S. Goodman, “The Localism of Local Leadership Cadres in Reform Shanxi,” *Journal of Contemporary China*, 2000, 9 (24).

③ 在“实际存在的社会主义”的不同阶段，“市场”多多少少都以不同的方式在残喘，很少量的一些“旧商业精英”的后代因此也以“自雇者”或“地下经济”的方式从事着某种程度的市场商业活动。参见 E. Osborn & K. Slomczynski, “Becoming an Entrepreneur in Poland, 1949-1993: Recruitment Patterns and Professionalization Processes,” *Polish Sociological Review*, 1997, 119; I. Szelényi, “An Outline of the Social History of Socialism or an Auto-Critique of an Auto-Critique,” *Research in Social Stratification and Mobility*, 2002, 19 (2)。例如，在20世纪50年代的中国，对一些“民族资产阶级”来说，其子女虽然失去了对父辈财富的控制，但依然可以获得政治上的某种安排。但这种“统战”职务并不能等同于真正的政治精英，且本身也是党对其“红色资本家”背景的认可。

④ M. Burawoy, “Neoclassical Sociology: From the End of Communism to the End of Classes,” *American Journal of Sociology*, 2001, 106 (4); G. Eyal, I. Szelényi & E. Townsley, “On Irony: An Invitation to Neoclassical Sociology,” *Thesis Eleven*, 2003, 73 (1).

⑤ N. Lin & Y. Bian, “Getting Ahead in Urban China,” *American Journal of Sociology*, 1991, 97 (3); X. Zhou, N. Tuma & P. Moen, “Stratification Dynamics under State Socialism: The Case of urban China, 1949-1993,” *Social Forces*, 1996, 74 (3); 李路路:《制度转型与分层结构的变迁——阶层间相对关系模式的“双重再生产”》,《中国社会科学》2002年第6期；刘欣:《市场转型与社会分层：理论争辩的焦点和有待研究的问题》,《中国社会科学》2003年第5期；余红、刘欣:《单位与代际地位流动：单位制在衰落吗?》,《社会学研究》2004年第6期；张翼:《中国人社会地位的获得》,《社会学研究》2004年（转下页注）

第一项目标让我们必须关注地位获得模式的时期效应。许多研究者都曾指出，不管是代内流动还是代际流动，在不同的历史时期，过去曾经占主导的模式都可能发生变化①。不同时期分层模式的变化，可能是同一种家庭背景在不同时期被赋予的政治地位变化的表现②，也可能是占据主导的经济规则变化的反映③，还可能是在不同时期国家针对不同部门的产业政策差异④或人事制度变革⑤的反映。

第二项目标让我们可以将有关国家精英的地位获得和商业精英的地位获得这两批文献放在一起考察。自所谓"市场转型理论之争"兴起以来，这两方面的文献都曾经占据了中国社会分层研究的前沿⑥。但正如有研究

（接上页注⑤）第4期；刘精明：《国家，社会阶层与教育：教育获得的社会学研究》，中国人民大学出版社，2005；X. Wu & D. Treiman, "Inequality and Equality under Chinese Socialism: The Hukou System and Intergenerational Occupational Mobility," *American Journal of Sociology*, 2007, 113（2）；高勇：《社会樊篱的流动——对结构变迁背景下代际流动的考察》，《社会学研究》2009年第6期；李煜：《代际流动的模式：理论理想型与中国现实》，《社会》2009年第6期。

① A. Róna-Tas, "The First Shall Be Last? Entrepreneurship and Communist Cadres in the Transition from Socialism," *American Journal of Sociology*, 1994, 100（1）; V. Nee & Y. Cao, "Postsocialist Inequalities: The Causes of Continuity and Discontinuity," *Research in Social Stratification and Mobility*, 2002, 19（2）; A. Walder, "Income Determination and Market Opportunity in Rural China, 1978-1996," *Journal of Comparative Economics*, 2002, 30（2）；余红、刘欣：《单位与代际地位流动：单位制在衰落吗?》，《社会学研究》2004年第6期；X. Wu, "Communist Cadres and Market Opportunities: Entry into Self-Employment in China, 1978-1996," *Social Forces*, 2006, 85（1）；吴愈晓：《家庭背景、体制转型与中国农村精英的代际传承（1978—1996）》，《社会学研究》2010年第2期；刘欣、李婺：《中国转型期城市精英的地位获得：所有制部门有差异吗?》，中国社会学会社会分层与流动专业委员会冬季论坛工作论文，2013。

② X. Zhou & L. Hou, "Children of the Cultural Revolution: The State and the Life Course in the People's Republic of China," *American Sociological Review*, 1999, 64（1）; A. Walder & S. Hu, "Revolution, Reform, and Status Inheritance: Urban China, 1949-1996," *American Journal of Sociology*, 2009, 114（5）.

③ S. Szelényi, I. Szelényi & I. Kovách, "The Making of the Hungarian Postcommunist Elite," *Theory and Society*, 1995, 24（5）.

④ A. Walder, T. Luo & D. Wang, "Social Stratification in Transitional Economies: Property Rights and the Structure of Markets," *Theory and Society*, 2013, 42（6）.

⑤ 孙明：《家庭背景与干部地位获得（1950—2003）》，《社会》2011年第5期。

⑥ D. Guthrie, "Understanding China's Transition to Capitalism: The Contributions of Victor Nee and Andrew Walder," *Sociological Forum*, 2000, 15（4）; Y. Bian, "Chinese Social Stratification and Social Mobility," *Annual Review of Sociology*, 2002, 28；边燕杰、吴晓刚、李路路《导言：评述与展望》，载边燕杰、吴晓刚、李路路主编《社会分层与流动——国外学者对中国研究的新进展》，中国人民大学出版社，2008。

者[①]指出的那样，大多数研究关心的是代内流动或职业发展（career advancement），尤其是再分配体制下的政治精英向市场体制下的经济精英的流动[②]；甚至有学者认为，在包括中东欧在内的整个转型研究的文献中都存在重代内轻代际的问题[③]。尽管如此，我们在后面将讨论这些文献对于我们揭示代际流动机制的启示。

在讨论市场转型以来中国政治精英代际流动的文献中，大多数的研究者在“再生产还是循环”这个描述性的命题上并没有太大的分歧：在1978年之后，优势家庭背景的正向作用——不管是1949年之前的“旧精英”身份，还是作为党政干部的“新精英”身份——又回来了，而党政精英的后代在成为党政精英上比其他群体的后代优势更为明显[④]。即使一些持部分相反意见的研究认为技术精英在职业发展上的开放性依然较强[⑤]，也并不否认政治精英和技术精英都可以将自己的优势传递给下一代。

相反，市场精英的代际流动研究在经验层面并没有形成一个支配性的

---

① 吴愈晓：《家庭背景、体制转型与中国农村精英的代际传承（1978—1996）》，《社会学研究》2010年第2期。

② V. Nee, “A Theory of Market Transition: From Redistribution to Markets in State Socialism,” *American Sociological Review*, 1989, 54 (5); 宋时歌：《权力转换的延迟效应——对社会主义国家向市场转变过程中的精英再生与循环的一种解释》，《社会学研究》1998年第3期；A. Walder, “Income Determination and Market Opportunity in Rural China, 1978-1996,” *Journal of Comparative Economics*, 2002, 30 (2); Y. Peng, “Kinship Networks and Entrepreneurs in China's Transitional Economy,” *American Journal of Sociology*, 2004, 109 (5); 刘欣：《当前中国社会阶层分化的多元动力基础》，《中国社会科学》2005年第4期；X. Wu, “Communist Cadres and Market Opportunities: Entry into Self-Employment in China, 1978-1996,” *Social Forces*, 2006, 85 (1); 刘欣、李婁：《中国转型期城市精英的地位获得：所有制部门有差异吗？》，中国社会学会社会分层与流动专业委员会冬季论坛工作论文，2013。

③ T. Gerber & M. Hout, “Tightening Up: Declining Class Mobility during Russia's Market Transition,” *American Sociological Review*, 2004, 69 (5): 682-683.

④ X. Zhou & L. Hou, “Children of the Cultural Revolution: The State and the Life Course in the People's Republic of China,” *American Sociological Review*, 1999, 64 (1); A. Walder, B. Li & D. Treiman, “Politics and Life Chances in A State Socialist Regime: Dual Career Paths into the Urban Chinese Elite, 1949 to 1996,” *American Sociological Review*, 2000, 65 (2); W. Zhao & X. Zhou, “Chinese Organizations in Transition: Changing Promotion Patterns in the Reform Era,” *Organization Science*, 2004, 15 (2); T. Lin & X. Wu, “The Transformation of the Chinese Class Structure, 1978 - 2005,” *Social Transformations in Chinese Societies*, 2009, 5; A. Walder & S. Hu, “Revolution, Reform, and Status Inheritance: Urban China, 1949 - 1996,” *American Journal of Sociology*, 2009, 114 (5); 孙明：《家庭背景与干部地位获得（1950-2003）》，《社会》2011年第5期。

⑤ 张乐、张翼：《精英阶层再生产与阶层固化程度》，《青年研究》2012年第1期。

答案。一个很重要的原因是受数据局限，相关研究匮乏。[①] 但还有一个非常特殊的原因在于，政治精英的存在是延续的；相反，与其他社会主义计划经济体一样，中国的市场经济精英是在市场转型之后重新出现的[②]。因此，许多研究者认为他们面对的是“第一代”私营企业主，在代际传承上很少存在“企业家父亲再生产企业家子代”的故事。[③] 一些研究者于是将问题转化为讨论干部的子女成为私营企业家的概率，另一些研究者则试图讨论“被中断”之前的家庭背景对人们“隔代”再生产的影响。不少学者都发现了来自家庭的“隔代”影响，就像塞勒尼在20世纪80年代匈牙利农民企业家的研究里提出的“被中断的资产阶级化理论”那样[④]。例如，古德曼[⑤]和陈明璐[⑥]各自通过地方性个案研究发现，私营企业主中的很多人，祖父辈和父辈其实来自所谓的“（小）资产阶级家庭”，家庭的经商传统通过各种方式对他们的行为产生了重要的影响，但这个发现尚未得到统计检验。吴愈晓[⑦]发现，在中国农村，不管是“旧式精英”（新中国成立前的政治精英

---

① 虽然政治精英和经济精英的代际流动都可以通过综合性调查数据进行，但这类调查中市场经济精英的样本数一直比前两者低得多。就专门的全国性数据来说，在企业研究方面，许多全国性抽样调查都不包含企业主个人信息而只有公司层面的数据；中央统战部、全国工商联、国家工商总局等单位每两年实施一次的全国民营企业抽样调查是目前为数不多的包含企业主社会和政治信息的全国性数据，但该调查自2000年至2014年的七轮调查均只设计了代内流动而没有代际流动的题目（2002年的调查只简单询问了亲属的文化程度）。

② G. Eyal, I. Szelényi & E. Townsley, *Making Capitalism without Capitalists: Class Formation and Elite Struggles in Post-Communist Central Europe*, London: Verso., 1998.

③ 这种情况在早期的经济精英的研究中是客观存在的，但今天所谓年轻一代企业家已经崛起。可惜的是，迄今我们尚未发现以年轻一代的代际流动为主旨、以全国性数据为基础的实证研究。此外需要注意的是，正如有学者指出的那样，有不少被认为是第一代创业的企业家的父亲其实也是成功的商人，其中不少人实际上是与其父共同创业，还有一些则是在开始创办自己的企业之前，其父亲就通过非正规市场或地下经济为家庭积累了一定的财富，还有人则从家族企业创办伊始就担任企业的高级管理人员并最终在父辈隐退之后成为企业的“掌门人”。参见吕鹏《新古典社会学中的“阿尔吉之谜”：中国第一代最富有私营企业家的社会起源》，《学海》2013年第3期。从这个角度来说，这些人在某种意义上可以算是“第一代企业家中的第二代”。他们与那些靠遗产继承成为富豪的“第二代”的区别是，他们的财富在很大程度上仍然是靠自己获得的，属于“创业”的一代。

④ I. Szelényi, *Socialist Entrepreneurs: Embourgeoisement in Rural Hungary*, Madison: University of Wisconsin Press, 1988.

⑤ 古德曼：《新经济精英：地方权力的社会基础》，《中国研究》2014年第1期。

⑥ M. Chen, *Tiger Girls: Women and Enterprises in the People's Republic of China*, London: Routledge, 2011.

⑦ 吴愈晓：《家庭背景、体制转型与中国农村精英的代际传承（1978—1996）》，《社会学研究》2010年第2期。

或经济精英）还是“新式精英”（社会主义计划经济时期的政治精英或经济精英），他们的子女在改革后进入“非农职业”的概率都比较高。这项研究实际上承认了祖父辈和父辈优势家庭背景的显著影响，但样本仅限于1996年之前的中国农村。亦有研究认为对第一代最富有的私营企业主来说，优势家庭背景的影响不能被夸大，有超过一半的“富豪榜”上榜企业主来自农民或工人家庭，还有近三成来自专业技术人员家庭[①]。但该项研究仅限于非常有限的最富裕的群体。

同时将国家精英和市场精英的父代与子代之间的流动模式置于一个模型下考察的已发表研究并不多见。在那些数量相对有限的文献中，有两篇文献与我们的研究尤其相关。在一篇工作论文中，贾瑞雪和兰小欢探讨了与本文类似的话题[②]。他们认为，只有在财政支出占全省GDP比重更大的省份（大政府），父辈是官员的被访者才更有可能成为企业家，而在总体上“父官子商”的现象并不存在。他们的研究隐约揭示了不同的制度环境（通过“政府开销投资占GDP比例”来间接测量的政府“规模”的大小）对代际流动模式的影响，但政府规模本身虽然可能会对流动产生影响，并不是一个有效的、直接的解释性机制；此外，他们也没有检验“父商子官”的假说，更没有考察不同历史时段下的不同效应。

第二篇文献是郑辉和李路路利用三个城市的抽样数据所做的一项研究。严格来说，这项研究只是讨论了“体制精英”（用作者自己的术语就是行政干部精英、技术干部精英、专业技术精英）之间的代际流动，经济精英（包含国有企业管理者和私营企业主）被作者划归到了“干部精英”当中来分析[③]。即便如此，这篇文章也提出了一个与本文相呼应的问题：中国不同种类的精英之间到底是相互分割的，还是其实是一种人？我们非常同意他们的一个观点，那就是仅仅通过考察代内流动无法回答这个问题，而只有代际流动的分析才能完成这一任务。他们认为，整个精英阶层——严格来说是体制精英阶层——实现了再生产，但这个再生产是通过两个机制完成的：一是“精英排他”，也就是精英群体排斥非精英群体进入，精英的子女

① 吕鹏：《新古典社会学中的“阿尔吉之谜”：中国第一代最富有私营企业家的社会起源》，《学海》2013年第3期。

② R. Jia & X. Lan, “Capitalism for the Children: Entrepreneurs with Cadre Parents under Big Government,” Working Paper of Fudan University, 2014.

③ 郑辉、李路路：《中国城市的精英代际转化与阶层再生产》，《社会学研究》2009年第6期，第75页。

比非精英的子女更有可能成为精英；二是"精英的代际转换"，就是说，行政干部精英、技术干部精英、专业技术精英在代与代之间实现了人员的自由交换。这些不同类型的精英群体之间互相渗透，并已形成了一个团结的、合作的、没有分割的精英阶层。

我们在本文中的主要研究发现与上述两篇文章都有部分一致的地方，但都有较大的发展。首先，他们都只考察了父辈的家庭背景对子代现职的影响，而我们同时考察了子代的初职部门和现职部门。初职的纳入将更有利于我们从职业流动的路径依赖的角度考察代际优势传承的程度。通过多元逻辑斯蒂回归分析，我们发现，不管是体制精英还是市场精英，他们的后代在初职上获得精英地位的可能性都比非精英家庭要高，这也与早先的一项以武汉市居民为调查对象的研究的结论相近①。其次，我们采用同样的分析方法，还着重考察了家庭背景对子代现职的影响。我们将子代的现职划分为体制精英和市场精英两大类。我们将在本文的"研究设计"部分详细交代变量的操作化指标。即便如此，也可以看到，我们的研究对象已经对前述两篇文章做了拓展，真正将国家和市场两类精英同时纳入了进来。我们先是考察了父代的职业对子代成为政治精英、技术精英和市场精英的影响，进一步考察来自父代影响的差异。此外，在所有的分析中，我们都既考察了自 1978 年改革开放以来至 2010 年（我们数据的最晚年份）的全模型，也划分出了三个不同的历史时期（1978—1992 年、1993—2002 年、2003—2010 年）来剖析政治经济大环境的变化给代际流动模式可能带来的差异。

我们将自己的主要经验发现概念化为"精英再生产的双轨路径"。我们发现，一方面，体制精英的子女更有可能成为体制精英，市场精英的子女更有可能成为市场精英；但另一方面，父辈是体制精英的个体并不是更有可能成为市场精英，父辈是工商业者的个体也并不是更有可能成为体制精英。精英之间的再生产，倒更像是沿着两条轨迹在进行，只是在 2003 年以后出现了父亲是体制精英的子女在成为市场精英上优势下降的局部现象。也就是说，虽然父辈的优势地位可以对子代成为精英产生积极影响，但是，在总体上来说，各种类型的精英在我们所考察的代与代之间并没有实现人员上的自由交换。中国的经济精英已经不再是社会主义计划经济时期下的"专政对象"，但他们的子女也没有像一些人所描绘的"典型资本主义社会"的经济精英一样，能够较容易地成为政治精英的一员，从而构成一个统一

① 余红、刘欣：《单位与代际地位流动：单位制在衰落吗?》，《社会学研究》2004 年第 6 期。

的或确立的上层阶级[①]。[②]

“精英再生产的双轨路径”为我们理解当前中国精英阶层的代际流动提供了一个经验上的洞见。但我们并不仅满足于此。我们要继续追问的是，造成这种双轨再生产路径的机制有哪些？尽管与本文的内容并不完全一致，那些单独或主要以国家精英或商业精英的代内和代际流动为讨论对象的研究也为我们理解机制提供了重要的线索。有意思的是，尽管政治精英的文献“再生产派”占据主导，经济精英的文献并没有达成一致的结论，但学者们用来解释各自发现的“机制”却大体一致：政治身份和教育程度是学者们最常考虑的因素。刘欣和李婺[③]就指出，党员身份对于在公有部门成为行政精英的重要性较以往有明显下降，而其对公有部门专业精英的效应有所上升；市场部门的管理精英地位与其市场能力密切相关。

中国政治精英地位获得模式研究的许多争论是围绕“红与专”展开的。虽然官方政策并未完全放弃对家庭背景的审核，[④] 但大多数的研究者都将党员身份和高等教育视为最为重要的中间机制。党员身份测量的是政治忠诚（红），大学文凭测量的是文化程度（专）[⑤]。“红”与“专”之间的区分也成为“精英二元论”（政治官僚与技术官僚）的出发点[⑥]。尽管各有分歧，但绝大多数研究者都同意，随着人事制度改革的推进和时代的发展，教育程度相对于党员身份的重要性在日益提高[⑦]。

研究市场精英的代内流动的研究也会考察政治身份对他们地位获得的影响。但与政治精英的研究不同，市场精英之前的职业经历（尤其是党政部门的职业经历）是一个比党员身份更常用的指标。一些人认为有干部经

---

① A. Giddens, *The Class Structure of the Advanced Societies*, London: Harper & Row, 1973.

② 我们的结论看上去与郑辉和李路路的结论矛盾，但实际上并不冲突。因为他们的文章所讨论的精英之间的代际转换只是我们所界定的“体制精英”内部的代际转换。

③ 刘欣、李婺：《中国转型期城市精英的地位获得：所有制部门有差异吗?》，中国社会学会社会分层与流动专业委员会冬季论坛工作论文，2013。

④ 比如，政审依然是一个强制性的规定，而父辈的一些越轨行为（如腐败、“裸官”）在实践中也会成为影响干部录用和提拔的因素。

⑤ B. Li & A. G. Walder, "Career Advancement as Party Patronage: Sponsored Mobility into the Chinese Administrative Elite, 1949-1996," *American Journal of Sociology*, 2001, 106 (5).

⑥ X. Zang, "University Education, Party Seniority, and Elite Recruitment in China," *Social Science Research*, 2001, 30 (1).

⑦ W. Tsai & N. Dean, "The CCP's Learning System: Thought Unification and Regime Adaptation," *The China Journal*, 2013, 69 (1); X. Zang, *Elite Dualism and Leadership Selection in China*, London: Routledge, 2013.

历的人会更有可能成为企业家①，另一些人则认为干部在成为乡镇企业家方面不占据优势②，还有人认为干部成为企业家的概率在不同的历史时期有着不同的表现。随着市场改革的推进，有学者认为干部成为乡镇企业家的概率在下降③，还有学者则认为政治精英在成为公司企业家方面的优势会越来越明显④。此外，高等教育在企业家地位获得方面的重要性也会被研究者讨论⑤，而另有学者认为对家庭的（重商）文化资本的继承才是理解市场经济精英再生产的关键⑥。

基于以上回溯，我们将选择党员身份、初职部门和文化程度作为解释前述代际流动的机制，来考察这些机制的作用力在过去30年的三个不同历史时段内是否发生了变化。简言之，我们的研究发现，促成体制精英和市场精英代际再生产的机制也呈现出以下两方面特征：一方面，国有部门的初职对党政精英获得产生强化作用，但是市场部门的初职作用较弱。另一方面，变化也在出现，初职部门效应在1993年后在弱化，而党员身份、教育程度的作用在日益增强，这表明决定精英地位获得的机制呈现多元化趋势。

在下面的章节里，在简要交代数据来源和资料特征之后，我们将首先交代研究的设计方案和研究方法。然后将报告模型的结果。我们的模型主要涉及三类问题：初职部门、现职部门、精英地位获得的影响因素分析。在文章的第四部分，我们将讨论出现上述研究结果的原因，并通过进一步的统计分析来揭示自1978年以来商业精英和政治精英在地位获得机制上的不同，以及各自在不同历史时段内的变化。文章最后的总结部分将讨论本研究的发现对我们理解中国当前及未来代际流动的启示，以及将来可能的研究方向。

---

① 宋时歌：《权力转换的延迟效应——对社会主义国家向市场转变过程中的精英再生与循环的一种解释》，《社会学研究》1998年第3期。

② V. Nee, "Social Inequalities in Reforming State Socialism: Between Redistribution and Markets in China," *American Sociological Review*, 1991, 56 (3).

③ A. Walder, "Income Determination and Market Opportunity in Rural China, 1978-1996," *Journal of Comparative Economics*, 2002, 30 (2); X. Wu, "Communist Cadres and Market Opportunities: Entry into Self-Employment in China, 1978-1996," *Social Forces*, 2006, 85 (1).

④ A. Róna-Tas, "The First Shall Be Last? Entrepreneurship and Communist Cadres in the Transition from Socialism," *American Journal of Sociology*, 1994, 100 (1); 陈光金：《从精英循环到精英复制——中国私营企业主阶层形成的主体机制的演变》，《学习与探索》2006年第1期。

⑤ 陈光金：《从精英循环到精英复制——中国私营企业主阶层形成的主体机制的演变》，《学习与探索》2006年第1期；吕鹏：《新古典社会学中的"阿尔吉之谜"：中国第一代最富有私营企业家的社会起源》，《学海》2013年第3期。

⑥ 吴愈晓：《家庭背景、体制转型与中国农村精英的代际传承（1978—1996）》，《社会学研究》2010年第2期。

二　研究设计

（一）数据资料

本研究使用的是由中国社会科学院社会学研究所主持的“中国社会综合调查”2011年（CSS2011）资料。该数据库是目前中国最具权威性的综合调查数据之一。经过数据筛选和清理，我们得到有效样本量为4125。表1为描述统计。

表1　描述统计

单位:%

变量	类别	职业地位			
		党政精英	技术精英	市场精英	其他从业者
家庭背景	党政干部	18.47	17.67	8.32	5.75
	专业技术人员	9.27	14.32	5.55	3.37
	工商业者	0.59	4.38	8.17	2.50
	非精英	71.67	63.63	77.96	88.38
文化程度	初中及以下	11.67	7.15	55.5	73.54
	高中	19.36	18.33	27.04	17.83
	大专及以上	68.97	74.52	17.46	8.63
政治面貌	中共党员	58.74	23.55	8.36	5.89
	非党员	41.26	76.45	91.64	94.11
地区	沿海	47.37	39.98	36.07	28.14
	其他	52.63	60.02	63.93	71.86
初职时期	1978—1992年	54.50	31.4	39.90	52.51
	1993—2002年	27.74	28.17	37.18	24.51
	2003—2010年	17.76	40.43	22.92	22.98
现职时期	1978—1992年	26.72	18.93	9.07	34.12
	1993—2002年	29.15	21.96	27.80	18.96
	2003—2011年	44.14	59.11	63.13	46.92
性别	男	24.03	51.91	50.33	47.99
	女	75.97	48.09	49.67	52.01
初职部门	国有	81.79	70.66	21.65	20.42
	市场	10.62	20.46	56.03	27.02
	其他	7.59	8.88	22.32	52.57

续表

变量	类别	职业地位			
		党政精英	技术精英	市场精英	其他从业者
现职部门	国有	92.22	70.13	2.08	15.82
	市场	—	20.76	96.62	34.75
	其他	7.78	9.12	1.30	49.42
户籍	非农	88.79	82.50	43.91	29.12
	农业	11.21	17.50	56.09	70.88
年龄		41.25（12.03）	35.62（11.29）	36.00（9.00）	38.08（11.06）
年龄平方/100		18.45（10.02）	13.96（9.07）	13.77（6.83）	15.72（8.71）
N		131	384	367	3243

注：（1）年龄和年龄平方报告的是均值，括号中为标准差。（2）所有变量都已经过加权处理。

（二）变量及操作化

1. 自变量

家庭背景是本研究的核心自变量。我们主要通过父亲在调查时点的职业地位来测量。对于调查时点已退休者，将其退休前最后一份工作视为职业地位；对少量过世者，我们用其妻子的职业地位来替换。在数据处理上，本研究首先将“中国社会综合调查”的职业编码转换为ISCO88，而后利用EGP（Erikson-Goldthorpe-Portocarero）框架①将其分为11大阶层，最后再根据单位性质和职业大类区分出三大类：体制精英、市场工商业者和其他从业者。具体而言：（1）体制精英包含了党政干部（党政军群机关、国有企事业单位的管理者），② 以及专业技术人员（国有企事业单位具有中高级

① R. Erikson & J. Goldthorpe, *The Constant Flux: A Study of Class Mobility in Industrial Societies*, Oxford: Clarendon Press, 1992.

② 我们将国有企业的管理者划为党政干部的范畴，是基于以下两点理由。首先，尽管一直在改革，但国有企业经理人在人事制度上的管理方式仍然大体上与党政官员一样，真正的去行政化的改革并未落实，他们并不能被视为真正意义的“企业家”。参见 S. Chan, “Research Report: Cadre Personnel Management in China: The Nomenklatura System, 1990-1998,” *The China Quarterly*, 2004, 179; D. L. Shambaugh, *China's Communist Party: Atrophy and Adaptation*, CA: University of California Press, 2008; K. E. Brdsgaard, “Politics and Business Group Formation in China: The Party in Control?” *The China Quarterly*, 2012, 211。其次，国企领导不仅与同级的政府官员享有同样或接近的政治待遇，而且拥有类似的晋升空间，最近几年国企干部与地方干部之间的“交流”尤其频繁。因此，他们至少可以被视为一种“准官员”。参见杨瑞龙、王元、聂辉华《“准官员”的晋升机制：来自中国央企的证据》，《管理世界》2013年第1期。

职称的专业技术工作者)。这些人大体上也是我们平时所称的“国家干部”的范畴。[①]（2）市场部门的工商业者由私营企业、外资企业的中高级管理人员、私营企业主和个体工商户组成。[②]（3）其他从业者家庭背景。包括了不在上述范围内的群体，这里面既有体制内的普通从业者（如国有企业的工人等），也有广义上的市场部门的其他从业者，如外资私营企业的工人，还有不便归类的自由职业者等。

除了家庭背景，入职时期也是我们揭示精英地位获得的关键自变量。本研究试图考察1978-2010年中国城乡的精英地位获得过程是否在不同的历史时段存在差异。综合考虑政治格局代际更替和市场化进展的标志性事件，我们划分出1978—1992年、1993—2002年和2003—2010年三个历史时期。第一个阶段始于1978年党的十一届三中全会确立的“改革开放”，在这一阶段，尽管市场导向的经济改革已经从农村的合作社蔓延到了城市的工厂，但占据国民经济支配地位的国营企业并没有受到特别严重的冲击。第二个阶段始于1993年，到2002年止。在这一阶段，党和政府开启了以“建设有中国特色的社会主义市场经济”为目标的新一轮市场化浪潮。大规模的国有企业改造既给干部和新生代企业家创造了无数的机会，也受到来自利益受损者的批判[③]。

① 从制度上说，我国具有“干部身份”的人群的范围比这个还要广泛，但很少有人实际上再将“干部身份”等同于“干部”，国有企事业单位具有高级职称的专业技术人员在生活中可能也很少会将自己视为“干部”。参见余洋《从精英国家化到国家精英化：我国干部录用制度的历史考察》，《社会》2010年第6期；S. Chan，“Research Report：Cadre Personnel Management in China：The Nomenklatura System，1990-1998，” *The China Quarterly*，2004，179。为了避免纷扰，我们因此将他们统称为体制精英。

② 区分出有产者（proprietor）和管理者是经典EGP框架的做法，尽管现实生活中在“管理革命”之后许多企业的高级管理者其实也是企业的大股东，这类“大股东”往往很少将自己的职业描述为仅仅是管理者。个体工商户和私营企业主在EGP框架内都属于有产者，许多国内外的研究也统称他们为“企业家”（entrepreneurs）——这在英文的语境里并无不妥。参见I. Szelényi，*Socialist Entrepreneurs：Embourgeoisement in Rural Hungary*，Madison：University of Wisconsin Press，1988。在中文语境中，许多人依然认为企业家和个体户之间的区别是规模上的；事实上，一直到2011年11月1日之前，根据《城乡个体工商户管理暂行条例》，雇佣人数在8人以下的登记为个体工商户，8人以上则登记为各类企业。但实际上的情况是，很多个体工商户经过发展壮大，雇佣人数早已超过这一限制。2011年之后的《个体工商户条例》对个体工商户从业人员的人数不再进行限制。我们采用了“市场部门的工商业者”这一相对中性的概念。

③ X. B. Zhao & L. Zhang，“Decentralization Reforms and Regionalism in China：A Review，” *International Regional Science Review*，1999，22（3）；Y. Huang，*Capitalismwith Chinese Characteristics：Entrepreneurship and the State*，Cambridge：Cambridge University Press，2008；C. Lin，“Against Privatization in China：A Historical and Empirical Argument，” *Journal of Chinese Political Science*，2008，13（1）.

第三个阶段理论上应该从 2003 年到 2012 年，但实际上分析截至 2010 年，也就是我们数据截止的最后一年。

此外，党员身份和文化程度[①]是我们分析精英地位获得形成机制的核心自变量。前者分为中共党员和非党员两类，后者分为初中及以下、高中和大专及以上。

2. 因变量

因变量包括被访者的现职、第一份工作和目前（或最后）工作的单位类型。我们将子代职业地位分为党政精英、技术精英、市场精英和非精英等四大类。与父代一样，党政精英与技术精英属于体制精英，但我们对党政精英的界定更为严格，仅指党政军群机关、国有企事业单位的副科级以上的管理者；同时，为了较好地将对象聚焦于更小的群体——位居社会分层结构最上层的社会成员——我们将子代是个体工商户的归入“非精英”类。[②]因为如无意外，绝大多数人的初职都是从基层做起，无法像现职一样区分出精英与非精英。

单位类型分为国有部门、市场部门和其他。国有部门包括党政军群机关、国有企事业单位，市场部门包括外资、港澳台和私营企业。

3. 控制变量

控制变量包括被访者的性别、年龄、年龄平方、户籍和（调查时被访者所处的）地域。其中，户籍是影响地位获得的重要外生变量；考虑到东南沿海和直辖市的市场化程度较高，我们将北京、天津、上海、山东、江苏、浙江、福建和广东作为一类，称为“沿海发达地区”，用虚拟变量来测量。[③]

---

① 我们知晓将党员身份视为“政治忠诚”（红）的指标遭到了越来越多的批评。例如，臧小伟即认为党员资历是一个更好的指标，参见 X. Zang, “University Education, Party Seniority, and Elite Recruitment in China,” *Social Science Research*, 2001, 30（1）。我们亦知晓党员和企业家的文化程度可能是在职教育而不是全日制教育的结果，参见 W. Tsai & N. Dean, “The CCP’s Learning System: Thought Unification and Regime Adaptation,” *The China Journal*, 2013, 69（1）; X. Zang, *Elite Dualism and Leadership Selection in China*, London: Routledge, 2013；吕鹏：《新古典社会学中的“阿尔吉之谜”：中国第一代最富有私营企业家的社会起源》，《学海》2013 年第 3 期。遗憾的是，由于 CSS2011 没能收集被访者党员身份和文化程度获得的具体时点信息，故我们无法在本研究中对它们做时变变量处理。

② 即 EGP 中的 IVa 和 IVb。这里的筛选标准要比家庭背景中的“市场部门的工商业者”更为苛刻。

③ 目前经济学界有不少用以测量地区市场化程度的指数，其中樊纲的“中国市场化指数”应用最广泛。但亦有不少学者认为该指数的一些指标存在偏差。采用指数来区分各个省份市场化程度并不是本研究的理论关切点，因此只采用了定类的方式。在绝大多数现存的市场化指数中，本研究所归纳的几个省份基本上都被认定为市场化程度较高。

（三）统计模型

为检验1978—2010年中国精英职业获得的不同模式，本研究主要采用多元逻辑斯蒂回归模型（multi-nominal logit model）。囿于CSS2011没有测量个体职业流动历程，在分析不同市场化时期精英地位获得影响因素的变化趋势，我们对分样本采取相似的回归分析。①

三　经验发现

（一）初职的进入：体制的区隔

表2为进入初职部门的影响因素分析。模型2-1、2-2和2-3还增加了文化程度、户籍和入职时期变量。总体而言，相比于非精英家庭来说，不管是体制精英家庭，还是市场精英家庭，他们的后代在进入体制内部门和市场部门上都具有不同程度的优势。具体而言，来自体制精英家庭的个体更可能在机关事业单位和企业（包括国有、私营和外资）开始自己的职业生涯；而且相比于市场部门，党政干部后代进入国有部门的概率要高于专业技术人员的后代（见模型2-1），即体制精英后代的部门进入也存在一定的异质性。对于市场精英的后代，他们虽然在进入国有部门和市场部门上比非精英后代都具有优势（系数分别为2.040和1.947），不过在两个部门间不存在显著差异（$p>0.1$）。此外，从历史时段比较来看，不论进入国有部门还是市场部门，随着市场化的推进，精英后代的概率都呈现上升趋势，与2003—2011年逐渐趋同，不过市场部门的进入优势要高于国有部门。

表2　初职部门类型的多元逻辑斯蒂回归

	模型2-1	模型2-2	模型2-3
	国有vs.市场	国有vs.其他	市场vs.其他
家庭背景[a]			
党政干部	0.417* (0.175)	1.122*** (0.215)	0.704** (0.233)

① 笔者曾试图使用事件史分析（EHA）。该模型能够有效地应对时变变量（time-varying covariates）和数据model截删（censored cases）问题。但是，个体现职的获得时点和精英地位获得时点并不完全一致，在缺乏完整职业流动经历测量的情况，EHA的统计结果存在明显偏差。在此感谢匿名评审人的中肯建议！

续表

	模型 2-1	模型 2-2	模型 2-3
	国有 vs. 市场	国有 vs. 其他	市场 vs. 其他
专业技术人员	-0.234 (0.203)	0.307 (0.246)	0.541+ (0.282)
工商业者	0.092 (0.254)	2.040*** (0.478)	1.947*** (0.427)
男性	0.392*** (0.105)	0.296** (0.103)	-0.096 (0.103)
年龄	-0.067 (0.048)	0.078+ (0.046)	0.145** (0.048)
年龄平方/100	0.177** (0.060)	-0.086+ (0.050)	-0.263*** (0.061)
东部沿海	-0.528*** (0.112)	0.767*** (0.115)	1.296*** (0.116)
文化程度[b]			
高中	1.151*** (0.136)	1.733*** (0.130)	0.581*** (0.143)
大专及以上	2.172*** (0.163)	2.179*** (0.197)	0.007 (0.212)
非农户口	1.183*** (0.129)	2.681*** (0.117)	1.498*** (0.134)
入职时期[c]			
1993—2002 年	-1.186*** (0.179)	0.587*** (0.175)	1.773*** (0.162)
2003—2010 年	-1.735*** (0.249)	0.942** (0.287)	2.677*** (0.245)
常数项	-0.715 (0.994)	-4.797*** (1.057)	-4.082*** (0.973)
观测值	4125	4125	4125

注：(1) 括号中为稳健标准误。(2)[abc] 的参照组分别为其他从业者、初中及以下和 1978—1992 年。(3) $^{+}p<0.1$, $^{*}p<0.05$, $^{**}p<0.01$, $^{***}p<0.001$。

表 3 是进入现职部门的影响因素分析，模型设定与表 2 中完全一致。从结果上看，家庭背景对现职部门的影响效应与初职部门略有不同，体制精英家庭后代进入市场部门没有比非精英后代更具优势（见模型 3-3），这恰恰反映出体制精英进入国有部门的优势依然稳定。

表 3 现职部门类型的多元逻辑斯蒂回归

	模型 3-1	模型 3-2	模型 3-3
	国有 vs. 市场	国有 vs. 其他	市场 vs. 其他
家庭背景[a]			
党政干部	0.392*	0.464*	0.072
	(0.157)	(0.218)	(0.227)
专业技术人员	-0.099	-0.069	0.0297
	(0.183)	(0.271)	(0.279)
工商业者	-0.400	1.618**	2.018***
	(0.253)	(0.564)	(0.528)
男性	0.215*	0.150	-0.065
	(0.097)	(0.106)	(0.093)
年龄	-0.154***	-0.147***	0.006
	(0.034)	(0.036)	(0.030)
年龄平方/100	0.235***	0.196***	-0.039
	(0.042)	(0.041)	(0.037)
东部沿海	-0.607***	0.411***	1.018***
	(0.104)	(0.121)	(0.107)
文化程度[b]			
高中	0.722***	1.501***	0.779***
	(0.127)	(0.141)	(0.131)
大专及以上	2.064***	2.263***	0.199
	(0.145)	(0.201)	(0.199)
非农户口	1.438***	3.084***	1.646***
	(0.135)	(0.134)	(0.134)
入职时期[c]			
1993—2002 年	-1.668***	0.235	1.903***
	(0.163)	(0.160)	(0.152)
2003—2010 年	-2.174***	0.467**	2.641***
	(0.168)	(0.181)	(0.147)
常数项	1.695*	-0.578	-2.274***
	(0.688)	(0.790)	(0.618)
观测值	4125	4125	4125

注：(1) 括号中为稳健标准误。(2)[abc] 的参照组分别为其他从业者、初中及以下和 1978—1992 年。(3) $^{+}p<0.1$，$^{*}p<0.05$，$^{**}p<0.01$，$^{***}p<0.001$。

(二) 精英地位获得：家庭背景的影响

图 1 报告了 1978—2010 年子代精英的流入率（inflow ratio）。党政干部

家庭后代成为党政精英的比例从1978—1992年的12.89%上升至2003—2010年的21.69%，而成为市场精英的比例要低得多，1978—1992年为5.07%，最高的1993—2002年也仅为11.99%。在党政精英中，来自工商业者家庭的占比在1993—2002年为2.03%，1978—1992年和2003—2010年为零；与之存在明显反差的是，他们成为市场精英的比例从3.48%增至9.31%。

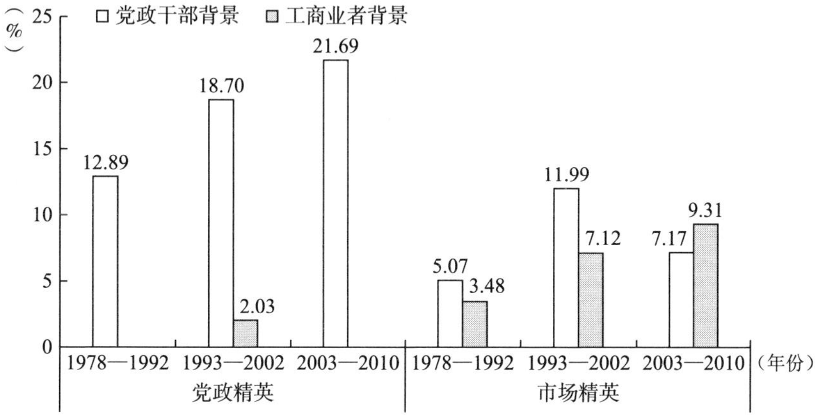

图1　党政精英和市场精英的流入率比较

以上发现来自流动表分析，没能控制其他的相关变量，为此我们引入多元逻辑斯蒂回归，对家庭背景效应做进一步的分析。在表4中，模型4-1和模型4-2都以技术精英为参照组，比较党政精英和市场精英获得的概率。模型4-3则以市场精英为参照，直接考察党政精英获得概率。

表4　精英地位获得的多元逻辑斯蒂回归

	模型4-1	模型4-2	模型4-3
	党政精英 vs. 技术精英	市场精英 vs. 技术精英	党政精英 vs. 市场精英
家庭背景[a]			
党政干部	1.197 (1.109)	-0.746+ (0.433)	1.943+ (1.116)
专业技术人员	1.031 (1.126)	-1.065* (0.453)	2.096+ (1.137)
非精英	1.402 (1.087)	-0.989* (0.386)	2.391* (1.083)
男性	0.767*** (0.216)	0.348* (0.165)	0.418+ (0.227)

续表

	模型 4-1	模型 4-2	模型 4-3
	党政精英 vs. 技术精英	市场精英 vs. 技术精英	党政精英 vs. 市场精英
年龄	0.126 (0.077)	0.506*** (0.061)	-0.380*** (0.088)
年龄平方/100	-0.107 (0.086)	-0.595*** (0.075)	0.488*** (0.101)
东部沿海	0.160 (0.207)	0.282 (0.172)	-0.123 (0.226)
文化程度[b]			
高中	-0.499 (0.413)	-1.236*** (0.279)	0.736* (0.370)
大专及以上	-0.640 (0.422)	-3.096*** (0.309)	2.456*** (0.413)
中共党员	1.326*** (0.229)	-0.007 (0.249)	1.333*** (0.281)
初职部门[c]			
市场	-0.338 (0.399)	1.878*** (0.233)	-2.216*** (0.406)
其他	-0.422 (0.400)	0.866** (0.301)	-1.289** (0.395)
户口	0.301 (0.423)	-0.530* (0.250)	0.831* (0.413)
入职时期[d]			
1993—2002 年	0.246 (0.278)	1.399*** (0.277)	-1.153*** (0.333)
2003—2010 年	0.227 (0.283)	1.628*** (0.281)	-1.401*** (0.326)
常数项	-6.428** (2.010)	-9.376*** (1.247)	2.948 (2.146)
观测值	4125	4125	4125

注：(1) 括号中为稳健标准误。(2) [abcd]的参照组分别为工商业者、初中及以下、国有部门和1978—1992 年。(3) $^{+}p<0.1$，$^{*}p<0.05$，$^{**}p<0.01$，$^{***}p<0.001$。

具体而言，模型 4-1 表明，相比于工商业者背景，不论是党政干部还是专业技术人员，体制精英家庭背景对子代获得党政精英和技术精英地位不存在显著优势。然而，体制精英家庭对子代获得市场精英地位具有显著的抑制作用。具体而言，党政干部后代成为市场精英的概率是工商业者后代的 47.43% [exp（-0.746）]，专业技术人员后代的概率为 34.47% [exp（-1.065）]。在入职时期方面，党政精英和技术精英地位获得不存在显著差异，但是市场精英获得的概率存在明显时期差异，2003—2010 年最高。

在模型 4-3 中，我们发现党政精英背景对子代获得党政干部和专业技术干部的地位都具有显著的正效应（系数分别为 1.943 和 2.096），而且非精英后代成为党政精英的概率也与参照组存在统计差异（$p<0.05$）。由此，我们认为，体制精英和工商业者的后代在精英地位获得上具有优势，但是他们的“跨界效应”却并不明显，即体制精英后代成为党政精英和技术精英的可能性更大，而工商业者后代成为市场精英的可能性更大（见图 2）。

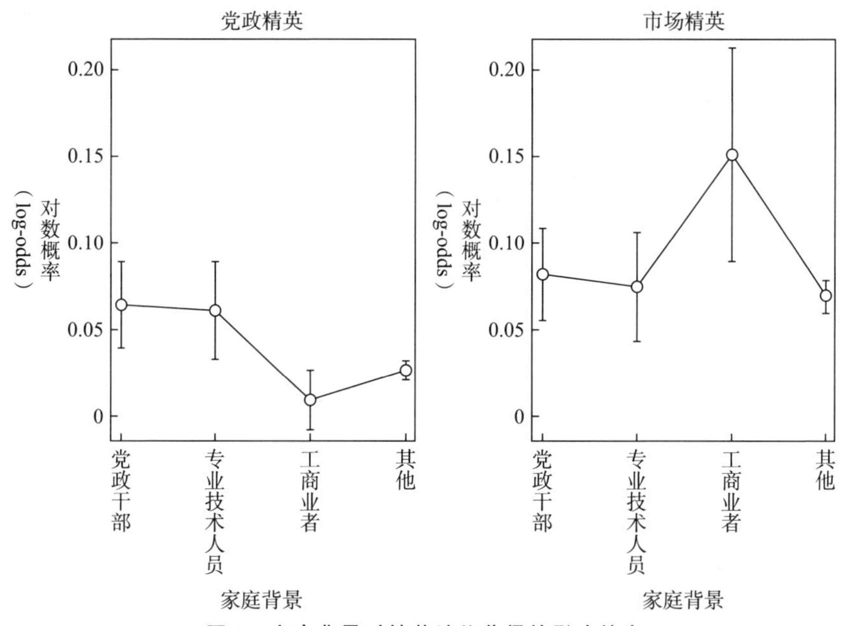

图 2　家庭背景对精英地位获得的影响效应

（三）精英地位获得：家庭背景效应的时期差异

家庭背景对精英地位获得是否存在时期效应？其中的机制是否呈现新的趋势？为了回答以上问题，我们对子样本做了多元回归分析，重点考察体制精英和工商业者家庭背景的影响效应。我们在模型 5-1、5-2、6-1、6-2、7-1、7-2 中都纳入了文化程度、党员身份和初职部门变量，其中模型5、模型6和模型7分别基于对1978—1992年、1993—2002年和2003—2011年子样本的分析。在文化程度上，其效应在三个时期都表现出稳定的正向作用，不过2003年后略有下降；在党员身份上，它对党政精英的影响在1992—2002年不显著，在前后的两个时期不仅显著，而且2003年后效应呈现增强趋势；在初职部门上，国有部门经历对其成为党政精英或技术精英有正效应，市场部门经历对人们成为技术精英却存有负效应。概言之，统计结果传递出以下两方面特征：一方面，国有部门的初职对党政精英获得产生强化作用，但是市场部门的初职作用较弱。另一方面，变化也在出现，初职部门效应在1993年后在弱化，而党员身份、教育程度的作用在日益增强，这表明决定精英地位获得的机制呈现多元化趋势。

最后，我们要花适当笔墨回应一个技术性的问题，即母亲是否会带来叠加效应？虽然不少类似的研究只考虑父母一方的职业，但我们一开始仍然试图在模型设定上增加母亲的职业。但数据中母亲职业缺失量较大，最终带来有效样本量大量遗失，导致统计偏差。许多实证研究已经证明中国的婚姻匹配以“男高女低”和“男女相当”为主导①，那么，相比于用父亲职业地位来作为家庭背景的代理变量，用父母职业地位之和作为家庭背景代理变量，其对子代地位获得的影响很可能会更大。因此，不论叠加效应存在与否（父母的独立效应理论上是一致的），都不影响我们去实现研究的目标。

表5　精英地位获得影响因素的分时期比较

	模型5-1	模型5-2	模型6-1	模型6-2	模型7-1	模型7-2
	党政精英 vs. 市场精英	技术精英 vs. 市场精英	党政精英 vs. 市场精英	技术精英 vs. 市场精英	党政精英 vs. 市场精英	技术精英 vs. 市场精英
家庭背景[a]						
党政干部	12.55***	-0.281	0.202	0.355	15.52***	1.256*
	(1.726)	(2.069)	(1.408)	(0.886)	(0.507)	(0.530)
专业技术人员	12.44***	-0.148	0.522	0.394	15.03***	1.487*
	(1.647)	(2.008)	(1.383)	(0.876)	(0.722)	(0.598)
非精英	12.51***	-0.518	1.216	0.989	15.52***	1.175**
	(1.446)	(1.867)	(1.315)	(0.830)	(0.379)	(0.447)

① 李煜：《婚姻匹配的变迁：社会开放性的视角》，《社会学研究》2011年第3期；齐亚强、牛建林：《新中国成立以来我国婚姻匹配模式的变迁》，《社会学研究》2012年第1期。

续表

	模型 5-1	模型 5-2	模型 6-1	模型 6-2	模型 7-1	模型 7-2
	党政精英 vs. 市场精英	技术精英 vs. 市场精英	党政精英 vs. 市场精英	技术精英 vs. 市场精英	党政精英 vs. 市场精英	技术精英 vs. 市场精英
文化程度[b]						
高中	1.875** (0.705)	2.329*** (0.659)	1.179 (0.825)	2.443 (0.763**)	0.345 (0.728)	0.727+ (0.375)
大专及以上	3.295** (1.072)	4.127*** (1.005)	3.394*** (0.839)	4.500 (0.823***)	1.994** (0.767)	2.477*** (0.390)
中共党员	0.227 (0.851)	-0.828 (0.824)	0.964* (0.488)	-0.199 (0.488)	2.147*** (0.426)	0.389 (0.343)
初职部门[c]						
国有	3.005*** (0.889)	2.539** (0.878)	0.752 (0.749)	0.614 (0.679)	1.089+ (0.611)	0.620 (0.389)
市场	-1.147 (1.009)	-2.241+ (1.154)	-1.915 (1.313)	-1.891* (0.779)	-0.671 (0.743)	-0.703+ (0.376)
控制变量	是	是	是	是	是	是
常数项	-7.354 (9.231)	12.91+ (7.650)	2.473 (5.698)	11.43** (3.939)	-14.52*** (2.779)	5.473*** (1.585)
观测值	1514	1514	845	845	1766	1766

注：（1）括号中为稳健标准误。（2）[abc]的参照组分别为工商业者、初中及以下和其他部门。（3）模型同时控制了性别、年龄、年龄平方/100、地域。（4）$^{+}p<0.1$，$^{*}p<0.05$，$^{**}p<0.01$，$^{***}p<0.001$。

四 讨论与总结

本研究试图通过“精英再生产的双轨路径”这一表述来概括本文的主要经验发现。这个表述有两层含义。一是精英地位的再生产。不管是体制精英还是市场精英，都更有可能将他们的优势地位传递给子代。二是虽然无论个案研究还是新闻报道都显示“一家两制”的现象时有发生，全国性抽样数据表明，从整体上来说，这两种职业地位延续的壁垒依然存在，子代对父代优势地位的继承并没有呈现出明显的“跨界效应”。

也许有学者会认为，这种格局只是两代人之间的一种暂时性现象，随着更多代人的成长，体制精英和市场精英之间的相互代际流动最终会成为精英阶层再生产的主导模式。我们并不掌握第三代家庭成员的职业流动数据，因此暂时无法对更长期的趋势做出预判。但出于两个方面的原因，我们不排除这种可能性。这两个原因都来自本文的经验发现。一方面，市场精英和体制精英在吸纳模式上的多元化趋势正是精英地位流动依然维持一定程度开放性的动力。我们以上对精英地位获得的机制分析表明，对精英们而言，初职部门的重要性在 1993 年之后都较之前有了明显下降，而党员身份对获得体制精英的作用不断强化，同时文化程度的影响保持稳定。这种多元化如果能够长期化，就会对整个阶层结构产生实质性影响。

另一方面，本研究还发现，在 2003 年之后，父亲是体制精英的子女在成为市场精英上出现了局部优势。这种优势在现实生活中真实程度可能被低估。正如一份晚近的调查所显示的那样，父母中至少一方是党政干部的子代在金融业和党政军群机关、事业单位及国际组织任职的比例明显高于普通人群子女①。日常生活中的经验也告诉我们，即便是投身商界，相比于自己开办实业做企业主这种“风险”较高的行业，一些官员的子女更加偏好去诸如金融、房地产、能源这样的收入丰厚的境内外企业担任经理人，或者扮演这些企业与政府部门之间的中介和服务角色。出于可以理解的原因，常规手段进行的社会调查对这部分群体的覆盖是远远不够的。需要指出的是，本文完全没有暗示这样的行为即涉嫌寻租。事实上，子代从事商业活动这一现象出现的原因有很多。比如，一些研究指出体制束缚自由、晋升渠道较窄等，反而可能推动子女走上体制外的发展道路。问题的关键是要让这些活动严格按照法律和党章进行。

私营企业主和私营企业管理者的子女“从政”被低估的可能性则要小很多。从一些新闻报道和我们通过调研获取的一些个案来看，近年来这一现象在一些地方似乎有所增多；但与领导干部子女经商常常会被“低调处理”不同，这基本上是一件不用刻意去隐瞒，甚至很多时候值得去“夸耀”的家族成就。当然，企业家的子女从政的经济和政治利益方面的动力总体上可能并不大。在现有的政治架构下，市场精英可以通过人大、政协、工商联甚至党代会在内的渠道实现个人或家族的政治地位②，在一些基层，甚

---

① 李宏彬、孟岭生、施新政、吴斌珍：《父母的政治资本如何影响大学生在劳动力市场中的表现》，《经济学》（季刊）2012 年第 4 期。

② K. Tsai, *Capitalism without Democracy*: *The Private Sector in Contemporary China*, Ithaca: Cornell University Press, 2007; B. Dickson, *Wealth into Power*: *the Communist Party Embrace of China Private Sector*, New York: Cambridge University Press, 2008; 吕鹏：《新古典社会学中的“阿尔吉之谜”：中国第一代最富有私营企业家的社会起源》，《学海》2013 年第 3 期。

至有直接让民营企业主担任地方党政机关副职以资鼓励的做法[1]。

因此，如果未来精英之间代际流动的跨界开始加速，那么在既有利益格局不变的情况下，企业家子女从政这条轨迹的可能性不会显著增加。这一判断背后反映的是，套用布迪厄的术语，市场精英仍然是“支配阶级中的被支配阶级”[2]。这也是我们通过这项研究得出的对中国当前政商关系格局及未来走向的一个基本判断。更重要的是，精英研究的意义，不只是为了解他们掌握资源的多寡和渠道，更要去分析他们掌握的资源转化成其他形式资源的方式。因此，正如有学者已敏锐地指明，对精英的研究实际上关注的是对资源的控制与分配，或者说，从一种自上而下的视角来考察权力与不平等[3]。本研究指出，中国的政治精英与经济精英的再生产，基本上是在两条轨道上进行的；这与西方资本主义社会里的政治精英与经济精英的再生产基本上混合在一条轨道上进行的格局有着很大的不同。因此，本文并不是一项单纯的“中国研究”，而是给理解中国的代际流动的机制提供了国际和历史比较的视野。中国正处在一个社会转型期，这一转型为我们提供了一种了解精英循环或精英再生产背后的动力机制究竟从何而来的新场景。但从更长远的视角来说，在经过几代人之后，体制精英和市场精英究竟是从同一群人中产生，还是完全隔绝的两种人，抑或相互渗透但一方主导，仍然取决于他们之间以及他们与其他社会群体的博弈。博弈的方式和结果，也将对精英集团内部的团结或分裂产生重大而深远的影响。

---

① 张厚义：《中国私营企业主阶层：成长过程中的政治参与》，载汝信、陆学艺、李培林主编《2008 年中国社会形势分析与预测》，北京：社会科学文献出版社，2007；张厚义、吕鹏：《私营企业主的经济分化与政治面貌变化》，载陆学艺、李培林、陈光金主编《2013 年中国社会形势分析与预测》，北京：社会科学文献出版社，2012。

② P. Bourdieu, *The State Nobility: Elite Schools in the Field of Power*, California: Stanford University Press, 1998.

③ S. R. Khan, "The Sociology of Elites," *Annual Review of Sociology*, 2012, 38.

当前我国社会政策的目标及总体福利水平分析*

关信平

导　言

当前我国进入了一个新的经济、政治和社会发展时期。在经历了较长时期的高速经济增长后，我国面临着“经济新常态”、人口老龄化、快速城市化等方面的新挑战，并且中央提出了要在2020年全面建成小康社会的宏大目标，以及包括“共享发展”在内的新的发展理念。这使我国的社会政策发展面临新的战略选择。对于未来我国社会政策发展应该朝向何处，学术界仍有不同看法。一部分学者强调中国当前应该朝“福利社会”方向发展，并认为这是全面建成小康社会和实现“共享发展”“中国梦”的重要途径，是加强社会建设和社会治理的重要保障。① 还有一些学者则强调要防止因提升福利水平而陷入“高福利陷阱”。② 同时，在媒体上围绕着企业劳动力成本、社会保障和医疗改革等具体社会政策也有较为激烈的争论。

“高福利陷阱”理论主要沿袭了20世纪新自由主义经济与社会政策理

---

* 本文原载《中国社会科学》2017年第6期。本文为国家社会科学基金重点项目“转变经济发展方式下的社会政策研究”（11ASH009）的阶段性成果之一。

① 参见景天魁《民生建设的“中国梦”：中国特色福利社会》，《探索与争鸣》2013年第8期；奂平清：《福利社会建设与社会治理——兼论社会政策研究的理论自觉》，《教学与研究》2015年第11期；刘慧勇：《十三五：起步迈向福利社会》，《中国投资》2015年第3期。

② 参见楼继伟《建立更加公平更可持续的社会保障制度》，《人民日报》2015年12月16日，第7版；李慧：《民生发展：警惕“高福利陷阱”》，《光明日报》2013年6月22日，第10版。

论中的基本论点，以及对欧债危机等现象的简单归因，缺乏依据客观数据的论证，因此难免偏颇和误导。而“福利社会”理论主要是从社会保护的立场论证自身合理性，并没有充分论证“福利社会”对经济发展的促进作用，因而很难回应“高福利陷阱”理论提出的挑战，其理论观点和政策主张也无法得到决策者的完全采纳。

当前，“构建福利社会”与“警惕高福利陷阱”两派观点争论的焦点问题在于现阶段我国应保持何种程度的总体福利水平。这是影响我国当前社会政策发展的基本问题之一。总体社会福利水平会受到各种主客观因素的影响，但最直接的影响是政府制定和实施社会政策的目标。如果一个国家的社会政策只是为帮助最贫困的人解决基本的温饱，那总体福利水平就不用很高，但如果社会政策的目标是为了在更大范围内改善民生、提高民生水平，进而赋予社会政策维护社会公平和提升人力资本的目标，那就需要有更高的总体福利水平。因此，要研究总体福利水平问题，首先要从分析社会政策目标入手。为此，本文以我国现阶段的社会政策目标为基础，分析和评价当前我国总体福利水平，并从转变经济发展方式条件下促进经济发展与社会福利共赢的角度论证我国进一步提高社会福利水平的合理性。

一　现阶段我国社会政策目标分析

1. 当代社会政策不同层次的目标

当代各国社会政策的基本目标是通过国家和社会的力量向民众提供基本生活保障和各项社会服务，满足民众基本需要。但各国制定和实施社会政策时往往在社会、政治和经济方面都有不同的目标，进而导致各国社会政策的水平和结构有较大差异。在社会目标方面，一些国家的社会政策仅仅是为保障贫困家庭最基本需要，而另外一些国家则是要通过较高水平的社会政策而更加广泛地提供社会服务，以提升社会质量；甚至还试图通过高水平的社会政策而全面实施再分配，以达到高水平社会平等。在政治目标方面，各国的社会政策都要解决社会问题、维护当前社会稳定，并有助于政党选举或稳固执政地位，但有些国家的社会政策有更高的政治目标，力图通过社会政策去营造更加公平、和谐的社会，为政治体制的长期稳定和社会的长治久安奠定重要的社会基础。在经济方面各国的目标差异最大，一些国家将社会福利视为经济发展的负担，因此尽可能压低社会福利水平而使本国经济在国际经济竞争中获得更大优势；而另一些国家则将社会政策看作积极的社会投资，更看重通过社会政策提升人力资本，进而增强经济竞争力，促进经济的长期可持续发展。

当代社会政策研究者也对社会政策的目标有不同的理解。二战后欧洲“福利国家理论”曾赋予社会政策较高的政治、经济和社会目标，但后来遭到新自由主义社会福利理论的反对。在后者看来，高层次的社会政策目标会带来更多的政治冲突，并且不利于经济发展。他们主张国家应将社会政策的目标定位在向最贫困的个人和家庭提供最低限度的保障和服务的较低层次，而不应向普通民众提供普惠性福利，也不应试图通过社会政策去调节社会分配，更不应让社会政策成为社会分配的主要方式。但新自由主义的社会福利理论最终没有被西方国家广泛接受。从20世纪后半叶到21世纪初，经过调整，中间道路的理论获得更广泛的接受。[①] 迄今为止，西方社会政策理论基本上是基于“积极的社会政策”理念，将社会政策目标定位于在政治、经济、社会各个方面都要发挥积极的作用，不仅要为各类弱势群体提供更好的社会保护，而且要为提高社会质量作出贡献；不仅要发挥再分配的社会功能，而且要有利于经济的发展。从社会政策发展的国际经验看，一个国家在特定时期的社会政策目标既不是越高越好，也不是越低越好，而是要切合国家的经济、政治和社会的发展水平，要满足民众的需要，并使社会、政治、经济等方面综合性效益最大化。

2. 我国社会政策目标的变化

我国过去计划经济体制下各种产品和服务的分配有很高的福利性，但改革开放以后，基本摒弃了这种福利性分配方式。20世纪80—90年代，我国在社会保险、就业、医疗、住房、教育等方面都进行了不同程度的市场化和社会化改革。在社会保险方面将过去由国家和企业负责的劳动保险制度改为三方负责的社会保险制度；在就业政策上将过去的政府分配就业改为以劳动力市场为主的就业模式；医疗卫生政策上大幅度引入了市场机制；对过去的福利分房制度进行了“住房商品化”改革；在教育方面也增加了个人付费。这些改革的具体内容各异，但总体特征是要让市场在资源配置上发挥更大的作用，并让个人和社会承担更多的责任。当时之所以要实行这种改革，从客观条件上看是由于当时劳动密集型外向型经济的竞争力对劳动力成本很敏感，不得不通过压缩社会福利水平而提升经济竞争力。然而，社会政策目标的下降导致社会保护水平降低和民生水平下降，并加剧

① 关信平：《社会政策发展的国际趋势及我国社会政策的转型》，《江海学刊》2002年第4期。

了收入分配差距扩大的效应。尤其是社会服务的市场化使医疗、教育、住房等对中低收入家庭的可及性明显降低，导致部分民众遭遇“看病难、上学难、住房难”，带来较严重的社会问题。

进入21世纪后我国及时调整了发展目标。在社会主义和谐社会建设目标的指引下，加强了以民生事业为核心的社会建设，通过更加广泛地制定和实施社会政策去保障和改善民生、缓解社会矛盾和解决社会问题。政府一方面在多个领域纠正社会服务过分市场化的做法，针对市场机制的不足，在医疗、教育、住房、社会保障等方面扩大福利性供应，提升各项社会服务的公益性和福利水平；另一方面不断完善社会政策的项目体系，扩大覆盖面，注重扭转城乡之间和地区之间的不均衡，并注重保护弱势群体，使社会政策的制度体系更加健全；再一方面各级财政的社会支出明显提高，在教育、医疗卫生、社会保障与就业、住房保障及扶贫等方面的财政支出水平占GDP的比例从2003年的5.23%上升到2015年的9.37%。① 从实践结果上看，在这一时期我国的社会政策确实在保障基本民生方面发挥了很大作用。民众在生活条件、医疗卫生服务、教育权利、住房条件等方面都有了基本的保障。

3. 当前我国社会政策目标的合理设定

经过十多年的发展，我国社会政策目前又面临着新的目标设定问题。社会政策目标设定既要基于特定时期的基本条件，也要符合国家经济、政治和社会发展的大目标，还会受特定社会和时期的民众态度和主流价值观的影响。在我国当前的情况下，社会政策除了要达到保障和改善民生的基本目标之外，还要在国家治理体系和治理能力现代化建设中发挥作用，因此既具有保障和改善民生的基本目标，也具有社会、政治和经济方面的目标。

首先，从社会政策保障和改善民生的基本目标看，过去十几年里社会政策在保障民生方面已经取得了很大成就，民生保障水平有了较大改善。但随着经济与社会的发展，我国民众在健康、教育、就业、住房等方面的需求也在不断提高，尤其是对各项社会服务质量和均等化的要求不断提高。这要求政府进一步加强和优化社会政策，提升各方面公共服务的质量水平和均等化程度。并且，在人口老龄化、城市化和人口政策变化的复杂背景

① 根据相关年份财政部预算司《全国一般公共预算支出决算表》和国家统计局公布的GDP数据计算，详见财政部网站和国家统计局网站。

下，进一步提升对老年人、儿童、残疾人等群体的普惠性社会服务，以切实达到改善民生的目标。

从社会目标上看，在过去十多年里，在“基本公共服务均等化”原则的指引下，我国的社会政策一方面增加了福利供应，另一方面也更加注重加强农村地区的社会服务，因而在实施再分配、维护社会公平和促进社会和谐方面发挥了积极作用。但迄今为止我国的收入分配差距仍然很大，各类群体获得各项社会服务的数量和质量仍具有差异，因而需要更进一步发挥社会政策的再分配作用，为实现社会公平价值目标和共享发展理念，以及完善社会治理和全面建成小康社会作出更大的贡献。

从政治目标方面看，尽管迄今为止的社会政策在维护社会稳定方面已经发挥了重要作用，但从长远政治目标上看，还需要通过更加积极和公平的社会政策来更好地化解各种社会矛盾，进一步促进社会和谐，加深广大民众对我国制度和道路的认同和支持，并且对外展示中国发展的软实力。

从经济目标上看，当前需要通过更加积极的社会政策去促进经济转型发展。我国过去以劳动密集型为主的传统经济发展方式客观上要求较低的劳动力成本，因而在较大程度上约束了社会政策的发展，是阻碍社会政策发展的重要因素。但近年来经济发展方式的变化正在历史性地改变着我国社会政策与经济发展的关系。新的经济发展方式将更加依赖内需、技术创新和高素质的劳动力，因而对刺激消费和提升劳动力素质的要求要远高于对约束劳动力成本的要求。也就是说，我国转变经济发展方式将在很大程度上消除或弱化过去长期制约我国社会政策发展的不利条件，并且要求通过社会政策来更好地释放内需和促进人力资本的大幅度提升。因此，在未来的经济发展中，除了要让市场机制更好地发挥作用之外，还应该让社会政策发挥更大的作用。

总之，当前我国新的经济、政治和社会条件及新发展目标既为进一步提升社会政策的目标提出了要求，也为之提供了新的条件。当前我国发展的总体目标是通过“五位一体”的发展战略去全面推进国家治理体系和能力现代化建设，并且要在2020年全面建成小康社会，实现共享发展。当前的主要条件是经济发展方式的转变对低成本劳动力需求的降低和对人力资本要求的提升，以及快速的人口老龄化和城市化导致民众福利需求提升。为此，应按照中央提出的“社会政策要托底”的要求，提升和优化社会政策目标，切实托住保障和改善民生的底，托住促进公平和共享发展的底，托住社会稳定的底，也托住转变经济发展方式和促进经济发展的底。更具体地看，当前我国社会政策应该以改善民众生活质量和提升总体社会质量为目标，不断改善民生保障水平、提高各项社会服务的质量；要发挥更大的再分配功能，为降低我国社会的不平等、促进社会公平和实现共享发展作出更大的贡献；并要通过更高水平的社会服务来提高我国的人力资本，要释放消费内需，从供给和需求两侧去增强经济发展的活力。

为了达到上述目标，当前和未来一段时间我国的社会政策面临以下重点任务：一是继续提高总体社会福利水平，以增强社会政策达到目标的能力；二是更加公平地分配公共资源，提升公共服务均等化程度；三是进一步促进在社会政策领域的社会参与，加强国家与社会的合作；四是进一步优化社会政策的运行机制，提高其运行效率。在以上几项重要任务中，提高总体社会福利水平是最基本的，同时也是争论较多的。

二　当前中国总体社会福利水平分析

1. 总体社会福利水平的含义及测量

所谓总体社会福利水平，是指按照人们的基本需要而非按照贡献和交换的方式分配的财富（物品和服务等）在总财富中的比例。丹麦社会政策学者哥斯塔·埃斯平-安德森曾用“产品和服务的去商品化指数”描述一个国家的总体福利水平，[①] 即一个国家和地区一定时期内创造出来的总财富中通过非商品化方式分配的比例。具体而言，总体社会福利水平一般指政府和社会组织直接面向个人和家庭而提供的各种现金转移支付及福利性（免费或低费）社会服务在国家或地区总财富分配中所占有的比例。这里所讲的社会服务包括公共教育、公共医疗卫生服务、社会保险、社会救助、就业服务、公共住房，以及针对老年人、儿童、残疾人等特殊困难群体所提供的专门化服务等，也即通常属于“社会政策”领域的公共服务。

当代市场经济条件下，政府社会政策的总体福利水平通常是用政府在这些领域的财政投入水平来衡量的。国际上一般将政府和民间在这些领域支出的总和称为“社会支出”。在当代各国，一般以社会支出占 GDP 的比例来衡量一个国家的总体福利水平或政府社会政策的总体水平，并进行国际比较。一个国家的社会支出包括政府财政的社会支出（国际上通常称之

---

① 哥斯塔·埃斯平-安德森：《福利资本主义的三个世界》，苗正民、滕玉英译，北京：商务印书馆，2010，第 31 页。

为“公共社会支出”）和政府之外的社会支出（国际上通常称之为“民间社会支出”）。随着各国民间社会力量在社会公益事业和福利性社会服务方面的作用日益增大，国际上越来越多地强调以政府和民间两方面的社会支出去衡量一个国家的总体社会福利水平。

2. 当前我国政府的社会支出及总体社会福利水平分析

从理论上看，我国总体福利供应至少要由三部分构成：一是单位和集体所提供的福利供应，二是民间社会组织提供的福利供应，三是政府通过社会政策而提供的福利供应。改革开放后城市企事业单位和农村集体经济组织的社会福利功能下滑，大多数企业职工在“五险一金”以外的福利很少。民间社会福利（公益慈善事业）虽然有所上升，但迄今为止仍很薄弱。我国的民间社会支出可按民间慈善捐赠、志愿服务价值和社会组织福利性服务供应的增加值（扣除其接受的慈善捐赠）三部分相加来测算。2015 年慈善捐赠的总额接近千亿元，全国志愿服务时间捐赠价值总量达到 600 亿元，[①] 2014 年全国社会组织增加值扣除获得的慈善捐赠以后为 113.7 亿元。上述几个数字相加约占 GDP 的 0.25%。[②] 这类民间社会支出对总体福利水平的贡献基本上可以忽略不计。

在单位、集体和民间社会支出水平都比较低下的情况下，我国的社会福利总体水平就只能靠政府财政性社会支出和社会保险支出来衡量。我国政府正式的财政预算和统计口径中还没有采用“社会支出”的概念和指标，但可将政府财政在教育、医疗卫生、社会保障与就业、保障性住房、扶贫五大类的支出加总，形成政府财政“社会支出”指标。根据财政部预算司公布的财政支出数据以及国家统计局公布的 2015 年 GDP 数据计算，我国在 2015 年全国财政性社会支出（狭义的公共社会支出）占 GDP 的比例为 9.37%。[③] 此外，我国社会保险基金支出在 2015 年占 GDP 的比例达到 5.76%。[④] 这两

① 《2016 年中国慈善蓝皮书发布 社会捐赠总量接近千亿元》，2016 年 5 月 30 日，http://www.charit y alliance.org.cn/org/7401.jhtml，最后访问日期：2016 年 7 月 30 日。

② 《2014 年社会服务发展统计公报》，2015 年 6 月 10 日，http://www.mca.gov.cn/article/sj/tjgb/201506/201506008324399.shtml，最后访问日期：2015 年 12 月 15 日。

③ 财政部：《2015 年全国一般公共预算支出决算表》，http://yss.mof.gov.cn/2015js/201607/t20160720_2365732.html，2016 年 7 月 20 日；国家统计局：《2015 年国民经济与社会发展统计公报》，2016 年 2 月 29 日，http://www.gov.cn/xinwen/2016-02/29/content_5047274.htm，最后访问日期：2016 年 7 月 20 日。

④ 人力资源和社会保障部：《2015 年度人力资源和社会保障事业发展统计公报》，2016 年 5 月 30 日，http://www.mohrss.gov.cn/SYrlzy hshbzb/dongtaixinwen/bunei yaowen/201605/t20160530_240967.html，最后访问日期：2016 年 7 月 20 日。

类支出在广义上均可以纳入政府的公共社会支出。因此，2015 年广义的公共社会支出（财政性社会支出加社会保险基金支出）占 GDP 的比例为 15.13%。用狭义的和广义的社会支出两个数据就能反映当前我国政府公共社会政策的总体水平。

3. 当前我国社会福利水平恰当性评价

要评价我国政府社会支出是否达到恰当水平，一方面要根据本国经济社会需要及条件情况来加以分析，另一方面也可以通过国际比较来加以分析。

首先，从民生保障的有效性上看，经过过去十多年的发展，中国的总体福利水平有了较大提升。一些研究者认为已经不能再简单地说中国仍是"低福利国家",① 但是，目前我国的民生保障水平仍然处于较低层次。我国的低保对象占总人口的比例只有 5%左右，而在城市中低保对象仅占常住人口的 2%左右。2015 年城市和农村平均低保标准分别只占当年全国城市居民和农村居民收入中位数的 18.6%和 30.9%。② 在医疗卫生和教育方面的公共服务质量也还存在很大缺口，优质医疗卫生资源和教育资源的供给总体短缺，并且分配不均。看病贵、看病难问题依然存在；大量农村中小学教育水平低下，非义务教育阶段存在费用较高的问题，且优质高等教育资源不足，导致高考竞争异常激烈，广大考生和家长对优质高等教育资源的需求难以得到满足。同时，面临人口老龄化的迅猛发展，我国在养老服务方面也面临越来越大的需要。综合来看，我国目前的民生保障只提供了基本的服务，按照党的十八大报告提出的"保障和改善民生"的要求，尤其是要面对未来日益增大的需要，我国的总体社会福利水平还应有较大的提升。

其次，从维护社会公平和促进共享发展的目标层次看，我国目前的社会福利水平更显不足。尽管维护社会公平和促进共享发展并不仅靠社会政策，但社会政策应该是主要的力量之一。尤其是在我国初次分配收入差距较大的情况下，社会政策在维护公平和促进共享方面的作用就更加重要。社会政策要有效起到作用，一是靠足够水平的投入，二是靠对公共服务更

① 王绍光：《中国仍然是低福利国家吗？——比较视角下的中国社会保护"新跃进"》，《人民论坛 · 学术前沿》2013 年第 22 期。

② 根据民政部公布的 2015 年城乡居民最低生活保障标准及国家统计局公布的城乡人均收入中位值数据计算。参见《2015 年社会服务发展统计公报》，2015 年 7 月 11 日，http://www.mca.gov.cn/article/sj/tjgb/201607/20160700001136.shtml，最后访问日期：2015 年 12 月 15 日；《2015 年国民经济和社会发展统计公报》，2016 年 2 月 9 日，http://www.gov.cn/xinwen/2016-02/29/content_5047274.htm，最后访问日期：2016 年 7 月 20 日。

加公平的分配。但目前我国在这两个方面都还存在较大不足，尤其是社会福利资源的投入水平低下，难以在促进共享方面发挥重要的作用。

最后，评价一国的社会福利水平也离不开国际比较的视角。本文将我国的社会支出水平与 OECD 国家平均水平进行比较。[①] 表 1 中的数据显示，从 1980 年以来，OECD 国家社会支出（social expenditure）占 GDP 的比例的总趋势不断提高，且在 2009 年以后一直维持在 21% 以上，在 2014 年达 21.6%。

表 1　OECD 国家公共社会支出（public social spending）占 GDP 的平均比例

单位：%

年份	1980	1985	1990	1995	2000	2005	2009	2010	2011	2012	2013	2014
百分比	15.4	17.0	17.5	19.3	18.6	19.4	21.9	21.7	21.4	21.6	21.7	21.6

数据来源：OECD，“Dataset：Social Expenditure-Aggregated Data，” http://stats.oecd.org/，2016 年 6 月 4 日。

根据 OECD 网站社会支出统计（SOCX）的口径，表 1 中的公共社会支出数据并不包括学前教育以外的公共教育支出。加上公共教育经费投入后（2012 年公共教育经费为 GDP 的 4.9%[②]），OECD 国家与我国可比的公共社会支出占 GDP 的平均比例达到了 26.7%。这说明与 OECD 国家的平均水平相比，我国的社会支出水平有明显差距。如果与 OECD 国家中社会支出水平较高的国家相比，我国的差距更大。例如，2014 年 OECD 国家中公共社会支出水平最高的十国的公共社会支出（含公共教育支出）占 GDP 的平均比例达到三分之一以上；其中水平最高的法国这一比例达到 36.8%。[③] 另外，如若更加全面地比较社会支出水平，还应加上民间社会支出情况。

① 在此，本文采用“社会支出占 GDP 百分比”这一国际上广泛采用的社会支出国际比较指标，其根据是这一指标反映的是在特定经济发展水平下一个国家或地区通过社会政策所分配财富占总财富的比例，因此可以在不同发达程度的国家和地区之间进行比较。况且中国经济已经有了很大的发展，在国际上已经不再被普遍看成是“发展中国家”，更不是穷国，而至少应该是中等收入国家，因此应该与 OECD 国家进行比较。

② OECD 统计网站上只有 2012 年教育支出占 GDP 的比例，且缺失两个国家的数据。此处的数据是笔者根据 2012 年除两个缺乏数据国家之外的 OECD 国家从小学教育到高等教育的公共经费投入总额占 GDP 的比例计算的平均比例。数据来源：OECD，“Educational Finance Indicators：Expenditure on Education as a Percentage of GDP，” http://stats.oecd.org，2016 年 9 月 5 日。

③ 数据来源：OECD，“Dataset：Social Expenditure-Aggregated Data，” http://stats.oecd.org/，2016 年 6 月 4 日；OECD，“Educational Finance Indicators：Expenditure on Education as a Percentage of GDP，” http://stats.oecd.org/，2016 年 9 月 5 日。

OECD 国家 2011 年民间社会支出占 GDP 的比例平均为 2.7%，[①] 远高于我国的 0.25%。在民间社会支出方面各国的体制有较大不同，很难用简单的统计数据加以准确比较，但已有数据至少可以表明我国的民间社会支出明显低于发达国家。因此，如果加上民间社会支出，我国总体福利水平与发达国家的差距就更加明显。

综上，我国的总体福利水平在过去十多年里有了很大提升，目前已不应再被简单地称为“低福利国家”，但从满足民众需要、维护社会公平和实现共享发展的实际目标上看还有明显距离，与发达国家平均水平相比也有一定距离，还有较大的提升空间。

三 新形势下提高总体福利水平对我国经济发展的促进作用

科学地分析我国社会福利的合理水平，除了从改善民生、维护公平和促进共享的价值角度分析之外，还需要从社会福利水平与经济发展关系的角度加以深入分析。这不仅是为了更好地回应“高福利陷阱”的质疑，更关键的是使决策者和民众了解提高社会福利水平对我国经济转型和经济发展的重要意义。

1. 福利水平与经济竞争力的关系

“高水平的社会福利要影响经济发展”是“高福利陷阱”理论的主要论点。但从国际经验上看，“高福利陷阱”观点无法从当今世界各国经济发展中获得证实。相反，相关数据表明，在以科学技术为经济发展主要动力的发达国家中，社会福利与经济发展有明显的正相关。我们过去一直用经济影响福利的因果关系去解释这一相关，认为是发达国家的经济实力带动了高福利。但事实上二者很可能是互为因果的关系，即这些国家的高福利也可能是促进他们经济发展的因素之一。将福利水平与经济竞争力的关系加以分析，这一论点的意义就会更加清楚。表 2 列出了 2011 年 OECD 国家中社会支出总额占 GDP 比例前十名国家在世界经济竞争力排名中的位置。

---

① 数据来源：OECD，“OECD2014 - Social Expenditure - Update - Figures - Data” - Figure 7 “In most OECD countries total net social spending is around 20% - 25% of GDP, From gross public to total net social spending, as a percent of GDP at market prices, 2011,” Social Expenditure Database（SOCX），www.oecd.org/social/expenditure.htm，2016 年 9 月 5 日。

表 2　2011 年 OECD 国家中社会支出总额排名前十位国家的社会支出及在世界经济竞争力中的排名

单位：%

国家	公共社会支出占 GDP 的比例	民间社会支出占 GDP 的比例	公共社会支出加民间社会支出占 GDP 的比例	国家经济竞争力排名
丹麦	30.1	5.1	35.2	8
法国	31.0	3.6	34.6	18
比利时	29.4	2.1	31.5	15
荷兰	23.5	7.4	30.9	7
瑞典	27.2	3.2	30.4	3
美国	19.0	10.9	29.8	5
意大利	27.5	2.2	29.8	—
奥地利	27.7	2.0	29.7	19
芬兰	28.3	1.2	29.5	4
英国	22.7	6.2	28.9	10

数据来源：社会支出的数据来自：OECD，“OECD2014 - Social Expenditure - Update - Figures - Data” -Figure 7 “In most OECD countries total net social spending is around 20% - 25% of GDP，From gross public to total net social spending，as a percent of GDP at market prices，2011，” Social Expenditure Database（SOCX）；各国在世界经济竞争力中排名的数据来自张璐晶《谁是乱世救星：世界经济论坛授权本刊发布〈2011—2012 年全球经济竞争力报告〉》，《中国经济周刊》2011 年第 36 期。

从表 2 中的数据看，OECD 国家总体福利水平最高的十个国家中有六个的经济竞争力排名居于世界前十名以内，另有三个国家位于前二十名以内，只有一个国家的经济竞争力排名在全球前二十名以外。这些数字说明，当今世界上的“高福利国家”中绝大多数同时也是经济竞争力很强的国家。从这些数据中我们至少可以得出一个结论：高福利并不必然会给经济发展带来损害，相反还可能是经济发展的动力，因此“高福利陷阱”的概念与事实不符合，至少不是一个必然的或普遍的现象。

另一个比较重要的现象是，尽管从 20 世纪 70 年代起西方“福利国家”的社会政策就饱受新自由主义的诟病。但从前面表 1 中的数据可以看出，从 20 世纪 80 年代初以来的 30 多年里，OECD 国家公共社会支出总体水平占 GDP 的比例从 1980 年的 15.4% 上升到 2014 年的 21.6%。尽管在社会支出增加的同时其支出的结构发生很大变化，但这些数据仍反映了福利水平持续提升的事实。发达国家政府之所以没有降低而是不断提升总体福利水平，除了要顺应民众的福利需要、维护社会公平和达到政府及执政党的政治目标之外，福利水平对经济发展有正向促进作用也是一个重要的因素。一些对北欧“福利国家”的研究也表明，如果制度设计合理，高水平的社会政策不仅不会拖累经济发展，相反可能成为经济发展的保障和动力。[①]

在发展中国家中总体福利水平与经济发展的关系更加多样化，受到更多复杂因素的影响，但迄今为止没有经验数据可以证明在发展中国家（包括“新型经济体国家”）福利水平与经济竞争力和发展潜力存在普遍的负相关。

2. 总体福利水平与经济发展方式的关系

从上述数据中可以推论，总体福利水平与经济发展复杂关系除了受经济发展水平影响之外，还明显受到各国不同经济发展方式的影响。从这个角度看，可以大致将不同的国家分为三类模式。第一类是以科学技术和人力资本为主要发展动力的高科技经济体，主要是一些发达国家。这些国家的劳动生产率很高，因此既能够承受高福利支出的负担，也需要较高的福利供应为其人力资本投资作贡献。他们较高的总体福利水平不仅仅是经济发展的结果，更重要的是经济发展的动力和保障。第二类是资源出口型经济体，他们依赖丰富的自然资源而获得较高的经济收益，并因此可以负担较高的福利支出。这类国家经济竞争力和社会政策的脆弱性表现在其经济容易受国际市场资源价格波动的影响。当资源价格较高时，这些国家的财政收入会上升，进而刺激福利增长；但资源价格下跌时，政府财力又会受到较大影响，因而难以维持其较高的福利支出。第三类国家是以劳动密集型制造业为基础的外向型经济体，其经济发展主要依靠丰富的简单劳动力，并依赖国际市场。在激烈的国际经济竞争环境下，他们不得不约束其劳动力成本，因而难以提高总体福利水平。并且，因为人力资本对经济发展的贡献不大，导致政府和社会对提高总体福利水平的动力不足。可以看出，在第二类和第三类经济模式下，社会福利都可能被看成经济发展的负担，而在第一类经济模式下政府社会支出对经济发展的负面影响相对较小，而对经济发展的动力相对较大。

3. 我国转变经济发展方式下提高福利水平对经济发展的积极作用

我国过去30多年里的经济发展主要是上述第三类模式，即以劳动密集型为主的经济发展方式，这对总体福利水平的提高有较强的抑制作用。在

① 佘宇：《福利国家模式是否必然影响经济增长：围绕北欧福利国家模式的争议》，《发展研究》2013年第2期。

一定时期里我国为了快速发展经济和增强国力而在一定程度上牺牲了共享和社会公平的价值。但时至今日，我国劳动密集型产业对经济发展的动力不再强劲，再继续维持低福利水平不仅在共享和社会公平的价值上不合理，而且对经济发展也没有积极意义，相反还可能使我国长期处于“中等收入陷阱”，不仅经济难以发展，而且会带来更多的社会问题。我国的经济不可能转向资源出口型经济，而只能转向技术密集型经济体。因此，只要结构和体制机制合理，提升福利水平就不会带来“高福利陷阱”。况且目前的福利水平离“高福利”还有相当的距离。从需求侧看，提高社会福利水平可以更好地释放内需；从供给侧看，提升总体福利水平可以更加有效地提升我国的人力资本水平，从而更加有利于创新和技术密集型产业的发展。

结　语

尽管我国社会福利水平在过去十多年里已经有较大的提升，但是与当前和未来发展的要求相比仍然处于偏低的水平。过去以劳动密集型为基础的外向型经济对我国社会政策有较强的抑制作用，但转变经济发展方式历史性地改变着社会政策与经济发展的关系。从国际经验上看，高福利模式并不必然阻碍经济发展，在技术密集型经济中还可能是促进经济增长的动力。因此，在转变经济发展方式的背景下，提升总体社会福利水平在经济、政治和社会多个方面都具有重要意义。在全面建成小康社会的进程中，我们既需要通过更好的社会政策去不断改善民生，满足民众的需要；需要通过社会政策去提升社会公平和实现共享发展，也需要通过社会政策去促进我国经济的转型发展。为此，我们应该以更加积极的态度贯彻中央“社会政策要托底”的要求，进一步提升总体福利水平，并且在此基础上加快促进社会力量的参与，提升公共服务均等化水平，优化社会福利的体制机制，并且提高社会服务运行的效率。

当前中国社会各阶层的消费倾向*

——从生存性消费到发展性消费

张　翼

摘　要：本文利用 2013 年 CSS 数据对中国社会各阶层消费倾向进行分析，发现农民阶层、工人阶层和老中产阶层的平均消费倾向较高；但受收入约束，农民阶层和工人阶层边际消费倾向较低。将消费进一步区别为生存性消费和发展性消费之后，显示的趋势是：农民阶层、工人阶层和老中产阶层的生存性边际消费倾向较高；新中产阶层与之相反，其生存性边际消费倾向较低，而发展性边际消费倾向却很高。由此可见，在顶层设计居民消费的供给侧结构性改革时，需要在生存性消费上瞄准农民阶层、工人阶层和老中产阶层，在发展性消费上瞄准新中产阶层和业主阶层。

关键词：阶层结构　消费升级　生存性消费　发展性消费

在当前全球经济持续低迷、出口乏力、投资不振的大背景下，消费成为“稳增长、调结构、促改革、惠民生、控风险”当务之急的动力机制。而中国的消费市场，正在从模仿型排浪式向多档次、个性化、多样化发展。为适应消费结构的新变化，决策层近期持续强调，要在适度扩大总需求的同时，着力加强供给侧结构性改革，加强优质供给，减少无效供给，扩大有效供给，提高供给结构的适应性和灵活性，增强经济持续增长动力。这反映了中国进入中等收入阶段之后消费的次第升级，也预示着社会阶层分化已导致消费市场细化，使其对供给结构形成了多元诉求。

---

*　本文原载《社会学研究》2016 年第 4 期。

因此，为刺激内需和改善供给结构所进行的顶层设计，既需关注不同阶层的消费偏好，也要重视各阶层生活质量改善的时代性和阶段性特征。在生产者和流通者以商品价格、商品质量和多样化个性特征形构供给市场的同时，消费者的消费也以其购买偏好逐渐形成等级性类属。这是消费社会学研究得出的基本结论。不管是“夸富宴”,[①] 还是“有闲阶级”的消费需求[②]，抑或理性或非理性消费方式[③],[④] 都是阶层分化过程中出现的消费趋势。在这种情况下，以阶层为变量分析人们的消费倾向，无论对需求侧改革，还是对供给侧改革都具有重要现实意义与理论意义。

一　理论背景、数据与变量

20世纪60年代，罗斯托将社会发展过程划分为“传统阶段”、“准备起飞阶段”、“起飞阶段”、“走向成熟阶段”和“大众消费阶段”[⑤]。1971年，鉴于社会发展的新态势，他又在《政治与成长阶段》中，在“大众消费阶段”之后增加了“超大众消费阶段”，以解释大众生活质量的提升趋势。改革开放以来，中国维持了30多年的高速增长，在将自己转变为世界第二大经济体的同时，也步入中等收入阶段。这在很大程度上提升了居民的消费结构。王宁认为，中国社会从总体上看仍是一个大众生产和精英消费并举的双轨社会，但城市正在步入消费社会[⑥]。

的确，人类进入工业社会与后工业社会之后，已逐渐摆脱农业社会的短缺状态，以机器大生产方式开启了供给之路，增加了消费品的可选择性，越来越明显地表现出消费社会的特征，逐步从生产者社会转变为消费者社会[⑦]。西美尔认为，在上层阶层强调消费异质性的同时，中间阶层和底层民

---

① “夸富宴”是博厄斯（Franz Boas）定义的一个概念，后经他的学生本尼迪克特（Ruth Benedict）再度解释为夸克特人的散财宴仪式，即以明显浪费的方式夸耀自己的富有，并将自己与其他人区别开来。凡勃伦也曾将有闲阶级的消费概括为炫耀性消费。

② 凡勃伦：《有闲阶级论》，蔡受百译，北京：商务印书馆，1964，第75—95页。

③ 丹尼尔·贝尔：《资本主义文化矛盾》，赵一凡等译，北京：人民出版社，2010，第119、194、280页。

④ 丹尼尔·贝尔区分了在理性主义和非理性主义影响下消费的差异，指出在后工业社会，“欲求”（wants）代替了“需求”（needs）。

⑤ 罗斯托：《经济成长的阶段》，国际关系研究所编译室译，北京：商务印书馆，1962，第10页。

⑥ 王宁：《从苦行者社会到消费者社会》，北京：社会科学文献出版社，2009，第1页。

⑦ 齐格蒙特·鲍曼：《全球化——人类的后果》，郭国良、徐建华译，北京：商务印书馆，2013，第76—79页。

众会通过对“时尚”的模仿拉近其与上层阶层的差距[①]。波德里亚认为，进入消费社会后，人们对物的消费已从使用价值转化为对其社会地位表征的追求。所以，消费才在宏大社会叙事中更加凸显阶层的符号化含义[②]，人们开始不看重消费品的使用价值，而偏向于消费品的符号价值。对此，丹尼尔·贝尔也有过颇为精到的分析[③]。

已有相关研究刻画了从商品短缺社会向商品过剩社会、从封闭型社会向深受全球化影响的开放型社会的转型及转型后的时代特征。但市场经济的波动性所导致的结果是极其复杂的。在经济上升时期，消费品的供给如萨伊定律一样，会自动产生需求。在经济下行时期，消费的“疲软”会使“剩余更为剩余”，这使政府不得不“去过剩产能”和“去库存”。于是，在认可消费结构的阶层符号特征存在的同时，还需继续深化研究，在差异化市场需求的框架下，“匹配”出各阶层，特别是中下阶层能够接受的制度安排，以满足或刺激大众的消费欲望，使供给侧结构适应需求侧结构的变化。毕竟，消费产生的满足感，或消费差距相对缩小带来的获得感，才能最终影响大众的幸福感。

较早以指标形式描述消费阶层差异的是德国统计学家恩格尔。他发现伴随人们收入的增长，食品在其总消费中的占比会逐渐下降。国际粮农组织依据恩格尔系数的高低，将消费阶层划分为最贫困阶层、勉强度日阶层、小康阶层、富裕阶层和最富裕阶层。[④] 改革开放以来，中国的恩格尔系数不断下降，从1978年城镇57.5%、农村67.7%下降到2000年城镇39.2%和农村49.1%；2010年进一步下降为城镇35.7%和农村41.1%；到2013年，中国恩格尔系数已经降低到城镇35.0%和农村37.7%[⑤]。利用恩格尔系数的分层作用，李培林、张翼从学理意义层面讨论了阶层作为一个客观变量对东

---

① 齐奥尔格·西美尔：《时尚的哲学》，费勇等译，北京：文化艺术出版社，2001，第70—90页。

② 让·波德里亚：《消费社会》，刘成富、全志刚译，南京：南京大学出版社，2001，第68—69、84—85页。

③ 丹尼尔·贝尔：《资本主义文化矛盾》，赵一凡等译，北京：人民出版社，2010，第140—147页。

④ 按照联合国粮农组织的规定，恩格尔系数在0.60以上为最贫困阶层，在0.50—0.59之间为勉强度日阶层，在0.40—0.50之间为小康阶层，在0.30—0.40之间为富裕阶层，在0.30以下为最富裕阶层。参见李培林、张翼《消费分层：启动经济的另外一个视角》，《中国社会科学》2001年第2期。

⑤ 《2014年消费对GDP增长贡献率达50.2%》，http://www.gx.xinhuanet.com/newscenter/2015-06/04/c_1115508040.htm。

南亚危机时期中国内需启动的政策含义[①]。

但恩格尔系数具有局限性。其一，伴随收入的上升，在长时段里，它的确会处于下降态势。可在短时段中，它有时会处于上升态势，有时会处于下降态势。其二，一般情况下，一个社会的恩格尔系数比较稳定，但在某些特殊因素影响下，如因为供给市场结构的重大变化，消费者的消费结构亦会发生转变；由于其他消费项占比的上升或下降，恩格尔系数会出现重大波动，使其失去对生活质量差异性的解释力。例如，消费者房租支出的上升、高档耐用消费品的购买、较高教育费用的支出等，都可能会降低家庭的食品消费支出占比。在这种情况下，恩格尔系数的降低非但不能说明当期生活质量的提升，反倒预示着人们可能会降低食品消费支出，抑或压缩其他项消费支出，从而影响当期生活质量。[②]

事实上，通过节衣缩食购买昂贵的“耐用消费品”，的确是有些人的消费偏好。另外，一般情况下，按揭贷款需用很长时间才能还清，但经济环境却处于周期性波动状态。因此，如果经济下行降低了人们的当前收入或预期收入，在按揭贷款不可能随之减免时，恩格尔系数的降低就更与现实生活质量的提高相背离。食品价格的上升，非食品价格的下跌，或收入差距拉大导致上层阶层收入增速较快、下层阶层增速较慢等，都会引起一个社会的恩格尔系数变化。也就是说，有时它不会伴随收入的上升而处于绝对下降态势。

另外，从恩格尔系数的基本原理中可以发现，在消费支出中，食品、衣服等生活必需品占比会趋于下降，而非生活必需品和服务消费占比会趋于上升。因此，将消费划分为维持基本生存所需与用于未来发展所需两大类，更有利于对阶层消费变化状况的分析。很多人在研究收入构成与消费结构时，会将各种不同来源的收入与不同渠道的消费统合或分列，依据自己的理论偏好细化研究[③]。[④]

在理论上，人们都有不断提高消费水平的心理愿望，但在收入约束下，

① 李培林、张翼：《消费分层：启动经济的另外一个视角》，《中国社会科学》2001 年第 2 期。

② 除住房外，导致恩格尔系数发生变化的因素还有很多，比如教育支出、医疗支出，抑或因年老生活不能自理而发生的保姆费支出的增长等，都会降低食品支出的占比。

③ 李实、罗楚亮：《我国居民收入差距的短期变动与长期趋势》，《经济社会体制比较》2012 年第 4 期。

④ 李实和罗楚亮的研究发现，教育、医疗、健康等支出的差异不仅影响人们当前的收入差距，而且还对子女的发展机会构成重要影响。参见李实、罗楚亮《我国居民收入差距的短期变动与长期趋势》，《经济社会体制比较》2012 年第 4 期。

消费决策的优先序列会有所不同。所以，为满足实际需求而发生的消费结果会表现出层次性。恩格斯在1891年为《雇佣劳动与资本》写的导言中，将消费资料划分为生活资料、享受资料、发展和表现一切体力和智力所需的资料[①]。马斯洛在需求层次论中，也将人们的需求满足程度区别为生理需求、安全需求、社交需求、尊重需求和自我实现需求。按照马斯洛的理解，人们会率先满足生理与安全等方面的需求，然后再满足社交、尊重和自我实现等需求。因此，用于基本生存需求的消费，对于下层阶层来说，具有根本的意义：人只有维持生命的存在，才可能追求未来的发展。所以，以定量方式将以家庭为单位的消费数据区别为当前用于消费者个人及家庭其他成员为维持劳动力的生产和再生产而发生的基本消费——生存性消费，以及为追求更高生活质量和未来发展机会而发生的消费——发展性消费，[②]对于政策制定者来说，具有顶层设计意义：这不仅对消费市场的刺激有瞄准意义，而且对供给侧结构性改革有指导意义。

与经济学家以货币方式抽象出消费支出的列项分析不同，社会学家主要关注不同阶层对具象化商品的消费选择与消费地点的安排，以及消费的文化意义。[③] 例如，问卷设计经常询问被访者在什么地方吃饭、在什么地方购买衣服；家里是否有电脑、电视、冰箱、洗衣机、小轿车等。调查的基本假设是：在大饭店吃饭、在品牌店购衣的人阶层地位较高；同理，家里有电脑、冰箱、洗衣机、电视、小轿车等人的消费水平高，阶层地位也高。上述指标在卖方市场阶段，甚至在从卖方市场向买方市场转型的最初阶段，无疑具有阶层区分意义。但到了买方市场阶段后，因各类商品使用价值差别不大，但符号价值差异较大，因此商品种类作为阶层区分指标有时不一定灵敏。比如不同品牌的小轿车、电视、冰箱、电脑、洗衣机的价格与品质存在很大区别。如果只粗略以这种分类变量来进行阶层区分，其间的差异就难以细化。但如果在问卷调查中询问每一被访家庭的某一耐用消费品（如小轿车）的品牌、价格、配置、耗油量、购买地点等，无疑极其繁琐，

---

① 参见卡尔·马克思《雇佣劳动与资本》，北京：人民出版社，1961。

② 享乐性消费也可归到发展性消费中。

③ 相关研究参见戴慧思、卢汉龙《消费文化与消费革命》，《社会学研究》2001年第5期；周晓虹主编《中国中产阶层调查》，北京：社会科学文献出版社，2005；李春玲：《中产阶级的消费水平和消费方式》，《广东社会科学》2011年第4期；王建平：《中国城市中间阶层消费行为》，北京：中国大百科全书出版社，2007；朱迪：《混合研究方法的方法论、研究策略及应用——以消费模式研究为例》，《社会学研究》2012年第4期。

而且这种数据也很难得到[①]。[②] 有关品牌与古董消费的调查，在“山寨”货充斥市场的大背景中，更难辨析真伪，也难以对数据做出判断。

在这种情况下，如果不计阶层消费的具象品位差异，而假定著名的品牌产品更具价格竞争力，并假定成交价格能够反映阶层之间支付能力的差异，则可以家庭购买能力，或一个家庭当期支付的某类商品或服务的货币额度为标准，以阶层视角去研究人们的消费倾向与消费结构，并以此为基础来讨论具有市场针对性的刺激政策。加里·贝克尔通过量化模型分析，形象地将家庭或个人的消费行为视为一种“生产或再生产过程”，即可以通过对某消费品的消费而产生具有阶层意义的满足感，以使收入效用最大化[③]。

本文使用中国社会科学院社会学研究所 2013 年调查得到的 CSS 数据。该数据采用随机抽样法在全国采集了 10206 个案例资料，其中男性占 50.77%，女性占 49.23%。在样本的地区分布上，东北地区、华北地区、华东地区、华中地区、西南地区、西北地区分别占 8.04%、12.08%、28.35%、29.47%、14.75%和 7.32%。问卷详细询问了每一案例的阶层归属、收入与消费情况，对被访家庭的饮食、衣着、水电、房租、赡养，以及红白喜事、教育、旅游、娱乐、家用电器、房屋按揭、通信、交通等支出进行了区分登录，研究者可据此分析被访对象的消费结构。

本文以货币化的消费支出为分析对象，考察不同阶层的实际购买（消费）能力。通过平均消费倾向的分析揭示消费与收入的关系，通过边际消费倾向的分析展示收入增长对消费增长可能带来的弹性变化，从阶层分析的视角提出政策性建议。下面对主要变量进行具体说明。

第一，在操作性概念中，以被访者的阶层代表家庭的阶层。有研究认为个人的阶层并不能代表家庭的阶层，但质疑者提不出替代方案。同时，有更多研究发现，父亲的阶层地位对子女的阶层地位有正向的影响；丈夫的阶层地位与妻子的阶层地位高度正相关[④]。本文以被访者的财产占有状况（是否属于业主阶层）、工作岗位的技术需要程度、工作中的权力支配关系等为标准，将阶层变量分类为业主阶层、新中产阶层、老中产阶层、工人

---

① 皮埃尔·布尔迪厄：《区分：判断力的社会批判》，刘晖译，北京：商务印书馆，2015，第 300—350 页。

② 布尔迪厄在分析不同阶层的消费取向时，将文化资本、消费品位与消费品表征的传统与现代等时代特征结合在一起论述。

③ 加里·贝克尔·S.：《家庭经济分析》，彭松建译，北京：华夏出版社，1987，第 9—10 页。

④ 张翼：《中国阶层内婚制的延续》，《中国人口科学》2003 年第 4 期。

阶层与农民阶层。

这里的阶层建构与赖特的阶层框架设计有相似之处①，但也有所区别。比如说，因土地占有方式的差异，中国的农民阶层与西方语境中的农民阶层存在某种程度的区别。在赖特的框架中，农民阶层更像是农场主阶层，占有土地并雇用农业工人（farmer workers）耕作。但中国的农民却更像自耕农——在村民小组内以相对均等的承包地、以家庭为单位自我安排生产与再生产。所以，在美国的社会语境中，“农民”（farmer）是相对富裕的人，而农业工人则收入较低。正因为如此，需要将操作性概念区别如下。

业主阶层指拥有产业并雇佣他人劳动的阶层②。③ 赖特更加看重雇佣人数的多寡。但在CSS问卷调查中，整个业主阶层的人数相对较少，所以这里不区分大业主阶层和小业主阶层，而将其统一合并为业主阶层。

中产阶层又可分为新中产阶层和老中产阶层。在学理上，之所以将中产阶层区分为新中产阶层和老中产阶层，是因为这两个阶层不仅存在阶层内部的收入差距，而且还在家庭出身、受教育程度、生产劳动组织方式等方面存在很大区别。

工人阶层指受雇于各类企业的蓝领劳动者。这一阶层既包括半技术半体力劳动阶层，也包括主要依靠体力挣取工资的劳动阶层。

农民阶层指以农林牧渔业为业的种植农、养殖农和渔民，即主要以家庭联产承包责任制为制度基础形成的农业、牧业、渔业从业人员。如果被访者属于农业雇佣工人，在分析中将其并入工人阶层；如果是农场主，则将其并入业主阶层。

第二，在消费中，将家庭人均饮食、衣着、水电、住房、医疗、赡养及红白喜事等支出定义为家庭成员用于满足基本需求的消费，即生存性消费；将家庭人均教育、旅游、娱乐、家电、通信、交通等开支定义为满足自身及家庭成员未来发展需要的消费，即发展性消费。如果不计消费品的品牌，而从支出结构这一维度去考量生活质量的改善问题时，教育、旅游、娱乐、家电、通信、交通等消费无疑具有更积极的预示发展的意义。一个家庭一般会先支出生存性消费，再考虑发展性消费。应该指出的是，住房

① 埃里克·奥林·赖特：《后工业社会中的阶级——阶级分析的比较研究》，陈心想译，沈阳：辽宁教育出版社，2004，第76—92页。

② 埃里克·奥林·赖特：《后工业社会中的阶级——阶级分析的比较研究》，陈心想译，沈阳：辽宁教育出版社，2004，第76—92页。

③ 赖特将业主阶层区分为雇用了10人及以上的阶层与雇用了10人以下的阶层。

消费既存在生存性消费支出，也存在为投资而购买的发展性消费支出。但问卷调查中没有区别这一点，故难以做出更为细致的判断并对数据进行分类计算，这一问题将留待随后调查加以改进。

本文将消费定义为平均消费倾向和边际消费倾向。平均消费倾向指一个家庭的当期支出占当期收入的比率；边际消费倾向指一个家庭当期消费支出与家庭当期收入的弹性变化状况。[①] 分析时，先用绝对收入假说模型分析各阶层的平均消费倾向和边际消费倾向，然后在控制家庭其他相关变量的情况下，分析各阶层在生存性和发展性消费方面的边际消费倾向。

二　各阶层平均消费倾向和边际消费倾向

消费受收入结构的影响。人们的收入会通过家庭进行再分配，那些收入较高的家庭成员，会在利他主义原则下，将自己收入的一部分或全部贡献给无收入或收入较低的其他家庭成员[②]。所以，家庭人均消费的额度在消费研究中起着非常重要的作用。消费者可按照自己的偏好购买商品的款式，但必须在家庭人均收入的限制下完成当期的消费支付。[③] 在这一维度上，阶层消费分析具有了市场购买意义的约束力。

将各阶层区别为业主阶层、新中产阶层、老中产阶层、工人阶层和农民阶层后，从表1中可以发现，在劳动力总人口中，业主阶层占4.67%，新中产阶层占12.98%，老中产阶层占13.92%，工人阶层占33.60%，农民阶层占34.83%。由此可见，经过改革开放30多年的发展，中国社会结构的轴心——阶级阶层结构已经发生了重大转型，从农民阶层为主的社会转变为中产阶层、工人阶层和农民阶层占比大体相当的社会。如果将新中产阶层和老中产阶层合并，将业主阶层也并入中产阶层中，则中产及以上阶层、工人阶层和农民阶层人口各占劳动力总人口比重的1/3左右。[④] 中国社会阶层结构的这一变化结果，是理解当前所有社会政策配置的基础。

---

① 根据凯恩斯绝对收入假说，$C_t = a + bI_t + U_t$，其中 C_t 为一个家庭在 t 期的消费，a 为截距，I_t 为家庭在 t 期的收入，b 为边际消费倾向。

② 加里·贝克尔·S.：《家庭经济分析》，彭松建译，北京：华夏出版社，1987，第195—203页。

③ 在数据处理中，如果个人以独居的方式生活，则将其视为单个人的家庭。

④ 劳动参与人口不同于劳动力人口。在人口学中，一般将15—60岁之间的人口或15—64岁之间的人口称为劳动力人口。但劳动力人口并不一定完全参与到实际的劳动力市场之中。劳动参与人口指实际参与到劳动力市场中的人口。在CSS中，只记录了访问员访问时参与到劳动力市场并获得收入的被访的职业与收入等信息。所以，这里专门作出区分。

表 1 各阶层的人口结构与消费倾向（初始模型）

单位：%

	各阶层人数占劳动参与人口的比重	各阶层家庭平均消费倾向	各阶层家庭边际消费倾向
业主阶层	4.67	44.47	0.177***
新中产阶层	12.98	76.23	0.471***
老中产阶层	13.92	83.24	0.513***
工人阶层	33.60	83.94	0.395***
农民阶层	34.83	101.53	0.315***

注：（1）因家庭阶层地位由户主阶层地位所代表，在计算各阶层人数占比时忽略了家庭人口的多寡这一因素。（2）*** $p<0.001$。

无疑，中国社会阶层结构的变化强化了社会转型的趋势，一方面体现出强烈的工人化趋势，另外一方面也显示出明确的中产化趋势。可以说，中国处于自有史以来工人阶层占比最高的时期，也是中产阶层增速最快的时期。将来，伴随着农业现代化的推进、土地流转速率的加快，以及高等教育招生数量的攀升，农民阶层的人数还会继续缩小，其占劳动力总人口的比重还会继续下降。在特大城市与大城市后工业化特征的不断凸显中，工人阶层的数量在达到一定程度后会处于“徘徊”状态，即工人阶层占劳动力人口的比重会失去迅速增长的动力；一旦工业化完成，工人阶层会维持原有规模。老中产阶层的数量会与受儒家文化影响的东亚国家和地区一样，在占据一定数量后渐趋稳定。唯有新中产阶层的数量还会不断增长，其占劳动力人口的比重会继续攀升。与其他市场经济国家一样，业主阶层占劳动力人口的比重都不可能太大。①

中国未来的消费市场会在新中产阶层力量的逐渐壮大中继续转型，但这一转型是渐进的。伴随中国经济体量的增大，依靠投资强力拉动增长的模式将逐步式微；伴随中国与国际市场关系的深化、国际贸易争端的频发，利用外需助力发展的波动性也会日渐明显。在这种情况下，国内消费的作用将比以往任何时候都更加重要。

中国社会阶层结构的分化伴随着收入差距的拉大而展开。虽然近几年来，国家统计局公布的基尼系数趋于缩小，但截至 2015 年末，还高达 0.462②，这

① 根据现有调查数据，在东亚各国，业主阶层或雇主阶层在劳动参与人口中所占比重稍高一些；但在西方各国，这个阶层人口占整个劳动参与人口的比重稍低一些。

② 李晓喻：《中国基尼系数“七连降”贫富差距继续缩小》，http://www.gov.cn/zhengce/2016-01/20/content_5034573.htm，2016。

意味着中国属于收入差距较大的国家。由收入所决定的平均消费倾向也显示了这种差距的影响。从表1中可知，业主阶层的平均消费倾向为44.47%，新中产阶层为76.23%，老中产阶层为83.24%，工人阶层为83.94%，农民阶层为101.53%。农民阶层的平均消费倾向之所以超过100%，原因在于对某些最贫困的家庭而言，即使没有当期收入，也必须支出一定金额以维持基本生活所需。在这里，凯恩斯所论述的平均消费倾向的递减规律清晰地呈现出来——伴随着收入的提高，平均消费倾向会趋于降低。收入较高的人，比如业主阶层只会将少部分收入用于当期消费，其他部分会用于储蓄或投资。收入较低阶层必须将当前的大多数或全部收入花费掉以供所需，维持与社会发展同步所必需的消费标准。

不同阶层家庭的边际消费倾向并没有伴随阶层地位的提高而趋于降低，而呈现中产阶层高、业主阶层与农民阶层低的态势（如图1所示）。即在收入增加过程中，有些阶层的消费弹性比较大，有些阶层的消费弹性比较小。从2013年的数据中可以看出，业主阶层和农民阶层消费弹性相对较低，新中产阶层、老中产阶层和工人阶层相对较高。上述数据所呈现的态势具有重要的政策含义，试分析如下。

第一，要以内需刺激经济增长，必须首先提高较低阶层的收入水平。虽然处于较高地位阶层家庭的人均消费额度会高于较低阶层家庭的人均消费额度，即上层阶层消费者会消费更高的人均净值，但其人口少、平均消费倾向比较低。这部分人的消费在达到一定程度时，会难以继续创造有效需求。在收入差距较大时，因全社会收入中业主阶层占据较大比重，下层会因为缺钱而“消费不足”、上层则会因为“消费饱和”而失去消费冲动。当国内市场的消费品不能满足上层阶层之需时，海外旅游与海外购物（包括网络邮购）就会成为这一阶层的选择偏好，他们会将在国内市场不能获得的满足感释放在国际市场上，形成“需求外溢”。这种将内需转化为外需的行为对全球市场的刺激很明显，但对国内市场的刺激则可能是负面的。要避免上层阶层将可能的内需转化为外需，就需要加强国内商品的品牌竞争力，在供给侧增加上层选择的可替代性。如果国内的消费品品牌价值或服务品牌价值及其竞争力难以快速提升，则上层阶层的海外购买偏好就不可能在短期内改变，这反过来会影响内需刺激政策的效果。

从平均消费倾向的数据看，新中产阶层、老中产阶层、工人阶层和农民阶层都显示了较高的消费积极性，但农民阶层、工人阶层和老中产阶层的消费潜力更大。这三个阶层的人数达全部就业参与人口的80%多（见表1）。

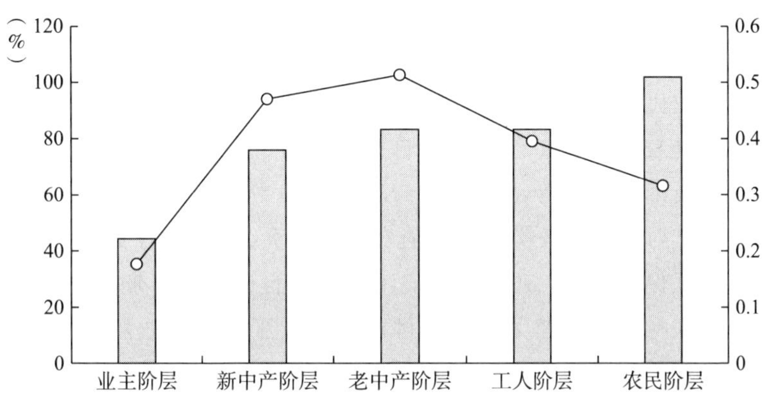

图 1　各阶层的平均消费倾向和边际消费倾向（曲线表示边际消费倾向）

注：柱形表示平均消费倾向，折线表示边际消费倾向。

他们收入的增加，不仅会提升全社会的需求能力，还会在更大程度上改善全社会的生活水平。从长远来看，提升较低阶层的收入水平，更能刺激内需的增长；但提升农民阶层、工人阶层和老中产阶层收入的过程是漫长的。一个社会的收入结构一旦形成，或分配机制一旦固化，调整起来就非常艰难。此外，在企业的整体管理能力与技术含量不高时，单纯提升人工成本的做法，还会影响其国际竞争力。所谓中等收入陷阱，就是一个社会进入中等收入阶段后，人工成本的上升速度超过了科技创新所带来的劳动生产率的上升速度，使得企业竞争力无法继续提升的陷阱。所以，不管是农民阶层、工人阶层，还是老中产阶层，其收入的提升需要与劳动生产率的提升同步。消费结构的变化依赖于收入结构的变化；收入结构的变化，依赖于产业技术结构的变化；而产业结构的变化，又依赖于市场结构与技术创新的速率。

第二，边际消费倾向的倒 U 型特征，[①] 不仅证明业主阶层收入的提高难以刺激消费的弹性增长；而且说明农民阶层的收入增长可能只会提升部分商品和服务的消费弹性。只有新中产阶层、老中产阶层、工人阶层的消费弹性比较大。其中，老中产阶层的边际消费倾向最强，原因在于老中产阶层已具有一定程度的生产资料，可以比较稳定地维持既有生活。此外，这个阶层中的一部分人来源于城镇化过程中的失地农民。那些在城市安置了

① 将收入水平分为不同等分时，有些研究显示出“倒 U”型特征，有些研究显示出“马鞍形”特征。参见杨天宇、朱诗娥《我国居民收入水平与边际消费倾向之间“倒 U”型关系研究》，《中国人民大学学报》2007 年第 3 期。

一爿店面而形成自雇状态的、由农民市民化而来的人在短期内具有较强的置业与消费冲动。

为什么农民阶层的平均消费倾向很高，但边际消费倾向则较低？一个可能的原因是农民阶层还存在自给自足的成分，比如很大一部分农民的蔬菜、粮食以及部分水果等是自己生产和自己消费的，未发生商品化买卖过程。另外，其对社会服务类商品的消费则少之又少。[①] 医疗保险和养老保险的广覆盖、低保障模式，还迫使他们不得不为自己准备未来的“保险”。到现在为止，农村居民养老保险的给付额远远低于城镇企业职工养老保险的给付额；农村的医疗保险——新农合虽然有很大程度的完善，但报销额度与收费结构还存在很多问题。在很多承保医院，不能报销的药物的使用比例比较高，不能报销的检查费还占据相当大的比重。这些因素在很大程度上限制了农民阶层的消费能力。在中西部偏远的农村地区，节衣缩食现象还很突出。按照中国传统文化，农村老人需要依靠自己的子女养老，但人口流动已将成年子女拉入城市或周边的城镇。成年子女进入城镇或城市后的置业消费通常数额较大，使他们很难再通过收入的转移比较有力地支持父母的老年生活。这就使得农村人口的老龄化、老龄人口的空巢化、村庄的空洞化以及村庄社会公共物品与服务的稀缺化同时发生。一方面，老年农民希望存钱以供生活不能自理时所需；另一方面，村庄的公共物品与服务日渐向城镇和县城集中，降低了农村人口消费的可及性，这会限制和约束农民阶层的当前消费需求。

新中产阶层具有更高的人力资本和文化资本，也有着较为固定的收入与社会保险，他们的消费能力更强，这决定了其边际消费倾向较高。这个阶层的消费大体摆脱了对使用价值的简单追求，在全球化浪潮中，他们更关注消费的符号价值。可以说，后工业社会特征的逐渐凸显，还会继续强化新中产阶层对消费品符号价值的喜好。当消费品的使用价值退居其次，其表征价值上升到较高地位时，厂商对消费者的竞争，抑或全球厂商对消费者的竞争，就会在阶层分化的市场中富有针对性地展开。

在新中产阶层迅速成长、老中产阶层维持一定规模、工人阶层壮大到一定程度而农民阶层趋于缩小的阶层分化格局中，伴随着整个社会“中高

---

① 在农村的空心化过程中，教育、医疗卫生、养老、商业网点等正在逐步从偏远地区撤离并向乡镇和县城集中，这使农村各类服务的供给侧出现了结构性短缺。这个问题在山区及其他交通不方便的农村地区表现得更为突出。

收入阶段特征”的强化，中国更需重视消费品的阶层消费针对性，在与国际厂商、国际品牌的竞争中培养自己的消费群体。如果中国厂商的市场瞄准人群不够细化，就不可能增强自身的竞争力。

三　不同阶层生存性和发展性消费的边际消费倾向

生存性消费占比较大时，人们处于生存型消费状态；发展性消费占比较大时，人们处于发展型消费状态。显而易见，一个阶层发展性消费的边际消费倾向越高，其生活质量的提升趋势就越显著。

通过表 2 可以看出，在生存性消费扩展模型中，农民阶层、工人阶层和老中产阶层的边际消费倾向较高，分别达到 0.249、0.241 和 0.302，新中产阶层在生存性支出方面的边际消费倾向则只有 0.168。业主阶层在生存性支出方面的边际消费倾向很低，只有 0.002，且并不显著。由此可见，在当前中国社会，农民阶层和工人阶层的主要消费需求仍集中于对生存性需求的满足。受收入约束的影响，这两个阶层会将更多的支出花费在衣、食、住，以及日常的水电、医疗、对老人的赡养和红白喜事等方面。

对农村来说，红白喜事的开支是一个绕不开的必要花销。在熟人社会，人际关系的维护、朋友之间的来往、亲缘家庭之间的支持等，都需要通过固定的仪式性事件加以维护。农民之所以可以节俭当期消费的其他项目，但难以消减人情开支，其主要原因在于在差序格局中，根据血缘关系、姻缘关系和朋友关系的亲密程度，不同的人会为亲友/朋友拿出一个大体上“说得过去”的人情金额，[①] 以满足人情交换所需，这在某种程度上刺激了红白喜事等方面的支出，但为人们织结了一个相对安全的社会支持网——在其处于某种困境时，可以获得乡邻的帮助。另外，伴随着耕地价值的攀升与新农村建设速度的加快，农民花费在住房方面的投资也大幅上升。从土木结构到砖石结构再到钢筋混凝土结构的住房的变化，从平层院落结构到多层楼房结构的转型，显示了社会整体意义上的进步。但对那些贫困家庭来说，如果其院落与住房“跟不上形势”翻新，会在村落中形成“对比性压力”，这与“夸富宴”的功能大体一致。最近几年，各级政府配套的乡

① 很多地方号召要移风易俗，婚事和丧事简办，但收效甚微。一个重要原因在于传统亲缘人际关系网络仍具有很强的社会支持力。即使在现代化程度较高的城市社区，如果人们居住的熟人环境仍然存在，则维持这种关系网络的消费就不可避免。

村道路硬化与危房改造费用，也对农村村落的整治和房屋的修建起了“诱致性”作用。花费在老人身上的医疗费与赡养费，也是农民阶层的一个主要开支。尽管新农合已在很大程度上增强了农民使用医疗资源的能力与机会，但农民信得过的医院却主要集中在县城与地方中心城市。在这种情况下，一个病人住院治疗，就得有好几个人随同轮流护理。于是不得不发生一些药品外的开销，比如护理者居住在县城或中小城市的旅馆的费用、购买食品的花销等，在一定程度上加大了农民阶层的负担。这种约束性结构在很大程度上限制了农民阶层发展性消费的边际消费倾向，从表 2 中可知，这一数值只有 0.096。

表 2　各阶层生存性与发展性消费的边际消费倾向（扩展模型）

生存性消费					
	农民阶层	工人阶层	老中产阶层	新中产阶层	业主阶层
常量	3144.867***	3092.476***	4892.054***	3233.185***	7155.003*
人均家庭收入	0.249***	0.241***	0.302***	0.168***	0.002
家庭居住区域（城镇=1）	215.516	1280.117***	-459.356	1638.880	2221.005
家庭人均存款债权等	-0.016	0.041***	-0.030	0.020***	*** 0.078
家庭人均受教育年数	246.553	995.813***	64.349	357.643**	230.585
家庭人均耐用消费品藏品等现值	0.039**	0.056***	0.017	0.000	*** 0.061
家庭人均生产经营资产现值	0.001	0.018***	0.000	-0.005	-0.002
N	1830	1562	688	584	195
Adj R^2	0.130	0.292	0.248	0.273	0.552
发展性消费					
	农民阶层	工人阶层	老中产阶层	新中产阶层	业主阶层
常量	370.617	-955.624	-765.375	-4255.860	-7965.284
人均家庭收入	0.096***	0.146***	0.204***	0.257***	0.002
家庭居住区域（城镇=1）	97.827	430.309	-609.307	4847.203	2891.371
家庭人均存款债权等	-0.033	-0.012	0.017	-0.029	*** 0.073
家庭人均受教育年数	364.917*	873.236**	822.760	1564.047	4921.152
家庭人均耐用消费品藏品等现值	0.168***	0.236***	0.144***	0.054**	*** 0.278
家庭人均生产经营资产现值	0.043***	0.047***	0.000	0.005	-0.003
N	1872	1612	710	598	200
Adj R^2	0.092	0.236	0.225	0.098	0.231

注：（1）在绝对收入假说的扩展模型中，控制了家庭居住区域、家庭人均存款债权等、家庭人均受教育年数、家庭人均耐用消费品藏品等现值、家庭人均生产经营资产现值等。（2）* $p<0.05$，** $p<0.01$，*** $p<0.001$。

工人阶层是一个正在提升生活水平的阶层。这一阶层的大部分成员来自农民工，也有少数国企工人。[①] 国企工人的收入是稳定的，且会随着当地物价水平的变化得到“调资”政策的保护。近期城镇职工养老保险连续11年每年以10%的速率提升,[②] 增加了受惠企业工人未来生活的“保险性”，逐渐释放出了他们的消费信心，推动了其生活质量的提升。但国企工人毕竟数量有限。经由农民工转化而来的产业工人，在市场波动中虽增加了收入，名义工资有了提升，但在城镇的生活成本却伴随着房租的上涨和食品价格的攀升而加大了。青年农民工要结婚，对男性而言，如果在家乡的县城没有住房，就难以娶媳妇。城市房价推高在一定程度上掏空了购买者的家庭积蓄，压缩了购买者家庭在其他方面的消费能力。[③] 一个农民工或一个农民工家庭的全部劳动力，需要积攒多年的打工收入，才能达到“首付”额度。而完成首付之后的按揭，则会长期挤压当期消费。因生存性消费必须维持在一定的标准，所以，用于进一步改善与提升生活质量的发展性消费就很难得到满足。需要强调的是，由农民工转化来的工人阶层因没有户口而不能融入当地城市，其消费需求还很难完全释放。他们徘徊于不同的城市之间，缺少居留的确定性心理，往往不得不关注生存性消费，而难以追求发展性消费。其家庭的留守性与分离性并存的特征，也抑制了家庭作为一个整体而产生的消费动力。在模型中，工人阶层的边际消费倾向虽高于农民阶层，但低于老中产阶层和新中产阶层，仅为0.146。

老中产阶层是以自雇方式维持生计的阶层，其中的绝大多数属于改革开放以来发展出的个体户等小本自雇经营者。还有一部分积累了少量资金的农民工，在城市或家乡的城镇开店创业，成为开夫妻店的个体经营人员（城镇或城市的老龄化过程为他们提供了就业空间）。有些失地农民也因获得了拆迁补偿的“底商”而加入这类低端服务业中。因为处于服务业的低端，且处于阶层内部的密集竞争状态，他们的收入相对有限。但这一阶层

---

① 在20世纪90年代末期与21世纪最初几年的企业改制中，集体企业的数量已越来越少。在地级城市层面，国有企业的数量已不多。绝大多数集体企业工人或转制到私营企业，或在买断工龄后退休。但在国有企业的改革过程中，原来曾经提倡的“减人增效”，在很大程度上转变为“换人增效”，即通过对“职工的农民工化”，一定程度上降低了人工成本。亦即所谓“老人老办法，新人新办法”。

② 2016年城镇企业职工养老保险的增加额为6.5%，参见《2016年退休人员养老金增加6.5%》，http://news.163.com/16/0415/19/BKNDR72E00014SEH.html。

③ 虽然高房价支撑的房地产的繁荣开源了政府的土地财政，但利用市场之手剥夺了民众（特别是以居住为目的的民众），大大降低了其对其他商品的消费能力。

的家庭成员可以团聚在一起，故其生存性消费的边际消费倾向最高，也有发展性消费的冲动，他们的发展性消费的边际消费倾向仅低于新中产阶层，达到 0.204。

新中产阶层是一个迅速提升了生活水平的阶层。他们接受过大专及以上的教育，在收入上高于农民阶层、工人阶层和老中产阶层，在工作上属于白领劳动者。这一阶层的新进入者往往会因为需要在就业城市购置房屋而心存压力，但当其完成这一消费过程之后，则会逐渐突破生存性消费的约束。从总体上看，其生存性消费的边际消费倾向比较低，而发展性消费的边际消费倾向却最高。所以，中国当前的消费升级与消费的个性化趋势，显著地体现在这个阶层身上。他们深明人力资本的含义，舍得在教育上投资，更愿意花钱供子女出国留学；他们极其重视身心健康，已成为美容和保健消费的主力；他们了解商品的特殊符号含义，追求品牌的市场价值；他们在电器革命过程中，已经更换过好几代家用电器；他们也是轿车消费的主力军，逐渐使中国成为“轮子上”的国家，并拉动了自驾游，活跃了旅游经济；他们也开启了周末的消费市场，繁荣了城市宾馆、餐饮与郊区乡村的“农家乐”。正因为如此，他们在发展性消费方面的边际消费倾向才达到了 0.257，是所有阶层中弹性最高的。

但意外的是，模型中业主阶层既没有显示出生存性消费的显著性，也没有显示出发展性消费的显著性。为什么理论上应该比较富裕的业主阶层，在消费支出的弹性上，尤其在控制家庭人均生产性固定资产等变量后的边际消费倾向会失去统计显著意义？原初的设想是，雇用他人劳动的业主阶层，在平均意义上收入居于社会的最上层，应该更多地追求发展性消费，由此也应该在模型中显示出较高的发展性消费弹性。但数据处理结果却有违初衷。原因何在？可能的解释是：一方面业主阶层的部分发展性消费被计入了企业的成本，这也是业主阶层惯常的做法，比如某些家用电器、汽车、以企业名义购买的改善型住房等，[①] 可以计入企业固定资产。另一方面，业主本人及家庭成员的出国旅游费用、教育培训费用、娱乐费用、通信与交通费用等也可以变相计入企业日常经营性支出。对于某些家族化的小业主阶层来说，家庭生活成本与企业经营成本混在一起。因此，统计数据的不显著并不一定表示这个阶层在发展性消费方面存在保守性。

可以看出，当前中国社会结构的轴心——阶层结构的变化，导致了消

① 即使在北上广深这些大城市，政府对以企业名义购买的房屋也不限购。

费市场的显著分化。农民阶层和工人阶层生存性消费的边际弹性较大；老中产阶层既有较强的生存性消费弹性，也有较强的发展性消费冲动；新中产阶层已将主要消费动力转移到发展性消费方面；业主阶层这一新富阶层的消费可能已超越了发展性消费阶段，而达到了较高的享乐型阶段，将主要消费目标设定在某些特殊的服务类商品上（享乐消费也应属于发展性消费）。虽然媒体经常报道业主阶层的炫富案例，但 2013 年 CSS 数据没有问及这方面的信息，故难以进一步分析。

各阶层在生存性和发展性消费方面的边际消费倾向，一方面有利于政府制定具有针对性的消费刺激政策，另一方面有助于市场瞄准各阶层对当前提高生活质量的诉求现状，从而做出供给侧改革的尝试，因此具有极强的政策含义。

第一，农民阶层和工人阶层是生存性消费的主要驱动力量，老中产阶层是生存性消费和发展性消费的主要动力。随着经济的增长与社会的发展，这三个阶层已在一定程度上提升了消费水平，改善了生活条件。中国人的预期寿命之所以能够提升到 75 岁左右，[①] 原因于改革开放提升了全民的生活质量。但时代的进步也将整个社会的贫困线与平均生活水平提升到了新的高度。能够吃饱、穿暖、看电视，甚至农民阶层家庭的厨房开始装备煤气与电磁炉等，是经济发展与社会进步等赋予的基本生活条件。随着土地的流转与村落住房的楼阁化，农民阶层的生存性消费还会继续扩张。在 2009 年的“家电下乡”[②] 和“汽车下乡”[③] 之后，可以继续引导农民阶层深化生存性消费。工人阶层在完成了家用电器“以旧换新”的消费革命后，在家庭装修方面也可以启动新一轮的消费刺激。新的收入水平会产生新的需求，而新需求层次的提升，会进一步增强对消费品质量与安全程度的关注，这也会从需求端刺激供给侧的结构性改革。

---

① 根据第六次全国人口普查详细汇总资料计算，2010 年我国人口平均预期寿命达到 74.83 岁，比 10 年前提高了 3.43 岁。参见《中国人口平均预期寿命达 74.83 岁十年提高 3.43 岁》，http://news.sohu.com/20120810/n350317599.shtml。

② 从 2007 年 12 月起，家电下乡开始在山东、河南、四川及青岛三省一市试点。农民购买补贴范围内的家电产品，可获得 13%的财政补贴。从 2009 年 2 月开始，这一政策在全国范围内推行。后来，财政部、商务部、工业和信息化部发布了《关于家电下乡政策到期后停止执行等有关问题的通知》，家电下乡政策于 2013 年 1 月 31 日结束。

③ 根据国务院 2009 年 1 月 14 日公布的《汽车行业调整振兴规划》，在 2009 年 3 月 1 日至 12 月 31 日，对购买 1.3 升及以下排量的微型客车，同时对将三轮汽车或低速货车报废换购轻型载货车的，给予一次性财政补贴。2010 年初，又将“汽车下乡”政策延长到 2010 年 12 月 31 日。

当然，中国社会结构的变化，会使人们的食物消费结构发生重大转型。从以粮食为主的消费向粮食和肉禽蛋奶糖菜等结合的消费转变，从依靠化肥和农药生产的食品消费向卫生、环保、安全的食品消费转变，从医疗保健服务水平较低的阶段向医疗保健服务水平较高的阶段转变。新中产阶层与业主阶层正在或已经发生了这样的转变，农民阶层、工人阶层也比以往任何时候都开始关心食品安全和食品营养。总体而言，农民阶层、工人阶层、老中产阶层等在奶类、肉类、糖类、茶类的消费方面，还与新中产阶层和业主阶层等存在很大差距。在老龄化过程中，老年人的医疗护理需求等也应该是生存性消费的重要领域。有关这方面的需求，不用刺激也存在刚需空间，就看供给侧能不能有阶层针对性地完成供给过程。现在各地电视、广播电台等媒体广告的一项重要内容就是向老年人推销医疗保健产品，但真实、有效、安全的药物与保健产品却很有限，这给了投机钻营的药贩很大的盈利空间。只要看看城市老年人家里堆积的名目繁多的保健品，就可以发现问题所在。[①] 所以，生存性消费的结构性改善，在某种程度上也具有“消费发展”的引导意义，也应该是供给侧改革的题中之意。但充斥于集市低端市场的价低质次、粗制滥造、蒙蔽欺骗的商品，却严重损害了农民阶层、工人阶层和老中产阶层的消费权益。因此，中国的生存性消费市场，也在需求结构与供给结构之间存在重大的错位与矛盾。

第二，新中产阶层和业主阶层是发展性消费的主力。不管是在大城市还是在中小城市，他们都带动了消费品的升级换代。在新中产阶层与业主阶层迅速提高发展性消费的过程中，因市场供给的产品质量、服务质量与个性化特征远远满足不了这两个阶层的需求，存在结构性短缺，所以外资产品在中国的销售才获得了长足的发展。大到名牌轿车市场，小到非常个性化的照相机、手机与手包，以及化妆品市场，外资都占据了很大份额。国内企业现在面临的主要矛盾，是中产阶层崛起所产生的巨大消费动能以及业主阶层扩张的消费欲望与发展性消费产品短缺之间的矛盾。从 2015 年的手机消费可以看出，尽管经济下行趋势明显，但苹果手机所开发的新产品——iPhone 6s 和 iPhone 6s Plus 却在几天内就被预订一空。在使用价值退居其次，符号价值、广告导引、市场话语霸权的影响下，整个社会的消费都会在竞争中日趋激烈。此外，发展性消费中的教育、保健、养生、娱乐

① 在市场监管缺位的情况下，恰恰是来路不明的各类“保健品”损害了老年人的健康，增加了医疗保险的压力。

与旅游等市场，还有待深度开发。那些开发得比较好的地方，在交通的可及性与服务质量的保障性方面还很欠缺。如何提高整个社会的生产与工作效率，缩短人们的工作时间，增加节假日与周末的“有闲供给”，也应是启动消费升级的必要政策内容。从出国购物热潮的转向（从名牌奢侈品逐渐波及日用品和常用药物）趋势看，中国不是需求不足，而是需求与供给的错配影响了需求端的扩延。这个问题不解决，海外购物的从众趋势就不会逆转。

四 结论与讨论

最近，消费对国民经济增长的拉动作用逐渐强化。这使投资驱动性增长转变为消费驱动性增长的预期更为强烈①。但仔细分析就会发现，在全社会必须消费一定量产品才能维持发展的要件约束下，在促动 GDP 增长的因素中，主要因投资和出口的相对萎缩才使消费占比居高不下。在外需难以提振的大背景下，内需的作用还需要继续激励。消费升级既是经济与社会发展的结果，也是全社会各阶层提高生活质量的路径依赖。

改革开放以来，中国社会结构的重大变化在很大程度上提升了整个社会的消费水平，并由此改变了需求侧的内部结构，也使各个阶层焕发出了改善当前生活质量的消费欲望。但厂商供给的商品却仍然难以满足消费市场结构的内在变化，这在很大程度上抑制了全社会的需求，使其难以释放出现实拉力。供给侧结构性改革的目的在于弥合商品配置与需求转型之间的裂隙。各个阶层对发展性消费和生存性消费的不同诉求，会开拓出极其广阔的市场动力。但充斥于市场的低端商品，尤其是那些存在安全隐患、质低易损的商品，不仅违背了上层阶层的消费观念，而且还在很大程度上损害了下层阶层的消费权益。所以，只要供给侧结构性改革成功实现颠覆性创新，市场就会以需求侧结构的变化形成交易的积极回应。

综上，结合中国社会各阶层阶梯式改善消费结构的分析，通过对各阶层平均消费倾向和边际消费倾向、生存性消费和发展性消费的研究，可以得出以下结论。

第一，对中低阶层而言，收入提升是消费升级和生活质量改善的关键。

① 《2014 年消费对 GDP 增长贡献率达 50.2%》，http://www.gx.xinhuanet.com/newscenter/2015-06/04/c_1115508040.htm。

从平均消费倾向可以看出，农民阶层、工人阶层和老中产阶层最具消费潜力。他们迫切需要通过消费改善当前的生存性生活质量。但收入水平限制了这几个阶层的消费。在收入增速有限的情况下，对未来生活的预期越是“安稳”或“保险”，将越有助于消费，反之则难以释放消费动力。社会保障的“保险”功能还有待释放。在经济环境日趋复杂的背景下，任何简单化、口号化地提升下层阶层收入水平的提法，在短期内都难以落实。

所以，对于农民阶层来说，在国际粮价低于国内粮价的大背景下，受人均种植面积较小的约束，依靠粮食增产以提高收入的办法已渐趋式微。粮食直补、农资综合直补、良种补贴数额十分有限；通过转移支付建立的新农合和居民养老保险的制度红利，也已释放到尾声。在通货膨胀的影响下，这种低保障广覆盖的模式所起的“保险”作用越来越低。经济下行影响了中央财政增速的可持续性。这会在一定程度上弱化政府通过转移支付以支持下层阶层发展的政策运行能力。农民阶层收入的提高，只能依赖农业现代化。农民阶层平均年龄的提升所导致的老龄化，正日益威胁农业、农村和农民的可持续发展。如何继续提高劳动生产率、通过有益的土地流转、更大幅度缩小农民阶层的人口规模以提高人均种植面积，成为提升农民阶层收入的必由之路。而只有当农民或农业工人的收入高于或等于外出打工的收入时，年轻人才可能愿意回村种地，并借此保障自己的消费需求。

工人阶层的收入在过去十多年已有很大的增长。农民工通过“以脚投票”和“弱者的反抗”，改变了20世纪末期的劳资关系格局，改善了自己的劳动环境。但由于企业技术升级过慢、劳动过程的工艺水平与自动化水平较低，限制了其在国际市场的竞争力。依靠“三方谈判”机制继续提升收入的可能性受到企业利润摊薄的影响。因此，科技创新能力的提升速度，就成为工人阶层收入持续改善的前提条件。城市房价的居高不下，增加了工人阶层的按揭压力和租房压力，“为银行打工”成为整个社会普遍的抱怨。通货膨胀对收入较低阶层的消费约束力远远高于收入较高阶层。在这种情况下，如果不控制衣食住行等生存性消费的成本，工人阶层发展性消费的开支能力就释放不出来，他们就难以持续改善自身生活品质。在人口红利逐渐消失的过程中，劳动生产率的提升就成为工人阶层提升收入和消费水平的主要举措。

虽然老中产阶层既有生存性消费的冲动，也有扩展发展性消费的希望，但主要从事服务业的老中产阶层，其收入增长的空间逐渐收缩，经营的店面也在电商的冲击下门可罗雀。要转变为高端服务业，也难以获得银行贷款的支持。他们在低端服务业中的互相竞争，也收敛了利润。地方配置的鼓励创业的支持政策还没有完全落到实处。虽然他们很想将自己的营生做大做强，但残酷的市场竞争和经济的波动等压缩了其发展的空间。他们不可能像市场转型初期那样赢得“以小博大”的机会了。在这种情况下，其收入的提高既有赖于自身对市场的准确把握，也有赖于他们所提供的服务产品质量的提升。

第二，较高的阶层——新中产阶层和业主阶层已经基本超越了对生存性消费的诉求而开始追求发展性消费。他们的收入相对稳定，是技术升级与劳动生产率提升的最先受益者，他们抵抗社会风险的能力也强于下层阶层。这两个阶层在衣食住行等消费上会更看重消费品的内在价值。在发展性消费上，他们会更加追求高端服务业的品牌价值。在物质欲望的满足过程中，也会看重精神世界的满足程度，这会增强他们对文化产品的挑剔性。与高质量、个性化、凸显符号价值、具有民族特色的物质消费品的短缺相一致，高质量、有民族历史深度、具有较强艺术表现力的文学艺术、绘画艺术、电影、电视、话剧等文化产品，也处于短缺状态。整个社会呈现出一种矛盾状况：一方面是为新中产阶层所拒斥的粗制滥造的剧目的批量生产，以及收视率与上座率的持续低下，另一方面却是进口大片的高票房。在这种消费结构的供给格局中，要刺激新中产阶层和业主阶层的消费，就得解决这两个阶层消费品位的提升与民族产品产能供给差距的矛盾问题。另外，还需创新和开发与时代发展相适应的哲学社会科学等精神产品，以引导人们在现代化和后现代化过程中的世界观。如果物质供给的繁荣不能与精神世界的丰富相伴，上层阶层就易于演化出物欲横流的消费观，消解整个社会的发展价值。

第三，要区分生存性消费品和发展性消费品的生产和供给方式。农民阶层、工人阶层和老中产阶层的消费诉求主要集中在生存性需要的满足方面，所以，生存性商品的生产还可以延续类型化、批量式供给之路。毕竟收入较低阶层会将消费品的使用价值作为主要考量标准，这会继续维持生存性消费的模仿型排浪式特征。但新中产阶层和业主阶层的消费，却已过渡到特例化、多样化、代际化、档次化阶段，这就需要将生产工艺与信息技术结合，将消费品的生产与互联网结合，走私人化、定制化、特色化之路，逐渐从大批量生产阶段首先过渡到小批量定制阶段，再过渡到私人个性定制阶段。互联网、社交媒体与智能手机的普遍使用，能够使消费者在线追踪商品信息，也为该类消费的流行奠定了坚实基础。在服务业上，也需要创新以消费者为中心的市场供给，开发出类型多样的保健、教育、娱乐、旅游、养老、休闲、生态环境等产品，满足新中产阶层和业主阶层的品位定位。

事实上，从生存性消费向发展性消费转型，在发展性消费中从耐用消费品向服务类消费品转型，是一个必然的过程。比如说，在农民阶层的工人化过程中，一个社会对“服务”的消费量会迅速增加；在农民阶层和工人阶层向中产阶层的转化过程中，一个社会对“服务”的消费量会更为迅猛地增加。甚至于原本在家庭内部形成的生产和服务功能（小到打扫卫生与厨房劳动，大到照看孩子和老人等），也会转而依靠社会服务业的扩张而获得满足。与此同时，阶层的品位特征与符合化诉求冲动，不仅会为“商品”带来个人定制的需求空间，而且还会为“服务”创造出更为便捷的个人定制的供给结构。

第四，消费刺激政策尤其是某些优惠政策的出台，要在各阶层之间进行收益的公正性评估，让人民群众共享改革开放与时代发展成果。考察改革开放以来不同时期的发展就会发现，在经济下行时期，政府出台的消费刺激措施经常率先为上层阶层创造更多机遇，却较少关注中下阶层的收益。比如，2011 年政府先是对住房实行限购，打击炒房行为，对持有不满 5 年的普通住房全额征收营业税。但到 2015 年 3 月，却只将二手房交易周期限定在 2 年之内，即对持有住房满 2 年的普通住房免征营业税。这解套了炒房资金，一方面使炒房者实现了前期炒房的既定收益，另一方面也诱使其将炒房资金转移到大城市，继续套取利润。银行出台的贷款政策也是在鼓励富人持有多套住房，比如企业购买住房不限购，某些商住房既不限贷也不限购等，在很大程度上拉大了收入差距和财富占有差距。工人阶层为满足生存性消费而购买一套房，需要终身还按揭；新富阶层却在炒房过程中搭上了政府刺激的便车，以改善需求的名义，赚取巨大差额收益，强化了阶层间财富占有的不平等。[①] 中国社会因收入不平等所造成的消费不平等，正在向纵深演化。发展的目的是什么？发展的结果是什么？对这两个问题的正确回答，会矫正刺激政策的收益分配方向。在各阶层间建立动态政策收益平衡机制，是当下需要仔细考虑的重要问题，也是国家治理体系和治理能力现代化建设的必由之路。为缓解消费不平等状况的恶化，需加强对下

---

① 根据 2015 年 CSS 数据，如果将家庭人均持有的房产折合为现值，则以房产为代表的财富占有基尼系数已经达到 0.6。

层阶层的福利投入。那种头疼医头、脚疼医脚的政策和缺少社会公正评估的制度设计，看起来是以消费刺激经济发展，反倒会埋下风险，为日后的社会治理增加巨大成本。

本文采用阶层结构视角，从生存性消费和发展性消费的层级特征出发，研究了中国当前社会的消费问题。在理论上，有助于社会学站在家庭人均消费结构的角度思考社会分层与消费分层问题。在实践上，也可以从不同阶层消费升级的内在需求角度，发挥相关经济政策与社会政策的配置有效性。事实上，只有瞄准不同阶层家庭的消费层级及其升级的可能性设计刺激措施，才能在经济下行背景下，以有限的社会资源和经济资源激励出更大的消费市场，使供给侧结构性改革的效果尽可能快地传导到需求侧。

图书在版编目(CIP)数据

群学荟萃：陆学艺社会学发展基金会“社会学优秀成果奖”获奖论文集．Ⅲ．上卷，第5—6届／中国社会科学院社会学研究所，北京市陆学艺社会学发展基金会编．北京：社会科学文献出版社，2025.3. --ISBN 978-7-5228-5028-3

Ⅰ.C53

中国国家版本馆CIP数据核字第20258AG817号

群学荟萃Ⅲ

——陆学艺社会学发展基金会“社会学优秀成果奖”获奖论文集(上卷)(第5—6届)

编　　者／中国社会科学院社会学研究所　北京市陆学艺社会学发展基金会

出 版 人／冀祥德
组稿编辑／谢蕊芬
责任编辑／庄士龙
责任印制／岳　阳

出　　版／社会科学文献出版社·群学分社（010）59367002
地址：北京市北三环中路甲29号院华龙大厦　邮编：100029
网址：www.ssap.com.cn
发　　行／社会科学文献出版社（010）59367028
印　　装／三河市龙林印务有限公司

规　　格／开 本：787mm×1092mm　1/16
印 张：14　字 数：237千字
版　　次／2025年3月第1版　2025年3月第1次印刷
书　　号／ISBN 978-7-5228-5028-3
定　　价／198.00元（上下卷）

读者服务电话：4008918866
版权所有 翻印必究